医药企业
转型升级战略

史立臣 ◎著

中华工商联合出版社

图书在版编目（CIP）数据

医药企业转型升级战略/史立臣著．—北京：中华工商联合出版社，2016.1

ISBN 978-7-5158-1575-6

Ⅰ.①医…　Ⅱ.①史…　Ⅲ.①制药工业—工业企业管理—研究

Ⅳ.①F407.7

中国版本图书馆 CIP 数据核字（2016）第 005772 号

医药企业转型升级战略

作　　者：史立臣
责任编辑：于建廷　王　欢
责任审读：郭敬梅
封面设计：久品轩设计
责任印制：迈致红
出版发行：中华工商联合出版社有限责任公司
印　　刷：北京鑫益晖印刷有限公司
版　　次：2016 年 5 月第 1 版
印　　次：2016 年 5 月第 1 次印刷
开　　本：710×1000 毫米　1/16
字　　数：280 千字
印　　张：21.75
书　　号：ISBN 978-7-5158-1575-6
定　　价：86.00 元

服务热线：010－58301130
团购热线：010－58302813
地址邮编：北京市西城区西环广场 A 座
　　　　　19－20 层，100044
http：//www.chgslcbs.cn
E-mail：cicap1202@sina.com（营销中心）
E-mail：gslzbs@sina.com（总编室）

工商联版图书
版权所有　侵权必究

凡本社图书出现印装质量问题，
请与印务部联系。

联系电话：010－58302915

博瑞森图书：企业阅读　本土实践

亲爱的读者朋友：

也许您是博瑞森图书的老读者，也许是新朋友，欢迎您阅读博瑞森图书！

当今中国，各行各业都存在着转型升级的压力与机遇。博瑞森图书与您一同应对转型挑战并发现其带来的机遇。

我们一直在问：什么样的书能为您解决管理难题并带来启发？

我们一直在找：哪些作品能帮助企业从跟随到领先？

我们一直在做：把最好的作品以最便捷的方式呈现给您，纸质版、电子版、书摘邮件、微信……

我们策划图书的原则是：

● 企业阅读——与您一样，做水中的游泳者，而非岸上的观众或教练，企业的困惑就是我们的任务。

● 本土实践——与您一样，立足本土环境，追求卓越实践，传播最适合当下中国企业的管理之道。

我们也向所有的企业管理者、管理咨询专家和企业研究者征稿，让更多被实践检验的好思想、好方法迸发出来，为企业助力！（bookgood@126.com 或 QQ：1963328416 或手机号 13611149991，绝非"自费出书"，不向作者收取任何费用）

如果有一天，您把博瑞森图书视为您优秀的事业伙伴、管理助手，我们也就实现了自己的梦想。

博瑞森图书

凡购买本书的读者，都将免费获赠本书精华电子版＋书币，请登录博瑞森管理图书网，输入刮刮卡号码，即可下载电子版、领取书币。

一直想为医药行业同行们写一本针对医药企业战略转型的书，以期指导医药行业同仁们提升自我、看清格局，正确构建自己药企的升级战略，而目前市场上还没有一本针对医药企业发展、转型、升级进行深度分析的书籍。行业同仁们都是从很多理论性较强的书籍中获得一些知识和指导，以至于很多理论和案例不适用医药行业或者不适用药企。

本书花费了笔者两年的时间，由于工作繁忙，只好一点点地积累。夜深人静的时候，正是我伏案笔耕的最好时机。回想两年成一书的时光，感慨万千。

为了把本书写好，笔者拜访了很多医药行业内的企业家、行业专家，医疗机构的知名医生，基层市场的药店、店员和门诊医生，以及一些老中医，收集了很多值得借鉴的珍贵写作素材和案例。在此，再次感谢诸位业界同仁和专家们的大力支持。

本书也是笔者多年医药企业从业经历和多年医药管理咨询从业经历

的结合，既注重高度又注重实战，是凝聚了很多业内智慧的书籍。

所以，本书不是长篇大论的理论书籍，是一本侧重实战性、侧重可实施性的医药行业战略宝典、经营宝典。本书既可供药企高层参照构建适合自身企业的发展战略，也可以作为药企管理层和基层员工提升自身能力和高度的典范书籍。

本书将带你深入理解医药行业运营模式和商业模式的本质，指导你在激烈的行业竞争中如何看清行业的本质，如何看清自己企业的资源和能力，如何向优势领域聚焦，如何构建企业的发展战略，并探讨如何强化你的团队和企业的管理体系，如何建立健全风险管控机制和风险应对机制。

在医药产业整体变迁的时代，加上新的时代因素、新的技术因素、新的竞争因素、消费者新的消费习惯等，大浪淘沙，不主动进行战略转型的药企、观望等待的药企、没有战略目标的药企、管理混乱的药企、缺乏创新能力的药企、市场应对能力差的药企、经营思维落后的药企，等等，可能逐渐衰败，沦为被淘汰者，而那些具有创新性、研发能力强、积极成功转型、资源掌控能力强等类型的药企有很大的发展机遇。

通过阅读本书，会让你理清在医药行业的从业思路，会让你理清自身药企的发展思路，会让你拨开迷雾，看清前进的方向，获得发展企业的手段，从而让你所在的药企成为医药行业变迁中的强者。

序尾，再次感谢在本书写作过程中帮助我的朋友们，也感谢很多年来的合作客户和项目组成员。我希望未来通过不断地自我修炼，不断地为行业同仁呈现更多、更有价值的观点，不断地为行业同仁撰写更多、更经典的书籍。

　　也欢迎行业同仁的批评指正。

史立臣

目录

第一章　药企转型新机遇

第一节　药企转型 4 大优势

目前其实国内外医药企业都面临同样的医药竞争环境，在这个时间点上，外资药企和中国药企其实基本面临同样的转型困境，区别是转型起点不同，但终点可能相同。中国的医药企业正用 10 年的时间来追赶全球外资药企，也许 10 年后，到 2025 年，二者的差距会有明显的改变。

现在，很多中国药企仍然努力地向外资药企这个曾经的师傅学习怎样经营。只不过以前从营销上学习，学习外资药企的学术化营销，学习外资药企的政府关系管理，学习外资药企的人力资源管理方式，等等。

但是，很多人没想到的是外资药企这个曾经的师傅，也正面临着巨大的转型压力，而中国药企将会在这场没有硝烟的市场竞争中获得更多的投资机会和发展机遇。外资药企和中国药企二者在未来的发展中将会彼此交融，有分有合，犬牙交错，时而针锋相对，时而携手合作，时而分道扬镳，时而若即若离。

在研发上，外资药企在研发上面临前所未有的困境，有大批专利药到期，而研发投入巨大收效甚微。由于新药研发不足以支撑以重磅专利药为主的经营模式，未来 5 年内，外资药企的形势基本上是全球性裁员，非核心加工部分逐步向亚洲或者中国迁移，区域差异性裁撤销售人员、生产人员、行政人员和研发人员，以期在新药无法持续支撑企业发展的情况下降低运营成本。

中国药企的研发虽然落后于外资药企很多，但到目前为止，已经初步具备了研发较为高端药品的能力。近两年新批准的药有了明显增加，研发人才的素质也不断提高。中国药企在仿制药方面有着外资药企无可比拟的优势。国内药企正加大创新投入，向创新药大品种升级，赢得定价优势，而首仿药物已成为中国药物创新的重要领域。首仿药申请数量激增，是2015年上半年新药申请量快速增长的最主要因素。恒瑞、华海、科伦、正大天晴等传统研发强队是首仿药方面领先的第一梯队。

在营销上，全球合规趋势日紧，之前依靠贿赂的营销运营模式受到了巨大的挑战，而外资药企还没学会怎样应对营销模式的改变。之前依靠重磅专利药营销的模式不再延续，而外资药企还没学会怎样进行操作空间和利润空间都远远低于专利药物的仿制药营销。虽然一些外资药企为了持续获得专利药的垄断收益，不惜采用诉讼、专利成分保护、改变药品配方、申请延长在一些国家的保护期、与仿制药企业通过金钱交易延迟入市、游说医生和相关协会攻击仿制药安全性等手段阻止或延迟仿制药上市竞争，但未来，外资药企仿制药营销成为其生存的基础。在没学会怎样进行仿制药营销的情况下，外资药企只有通过裁员的方式来降低成本。

而中国药企在仿制药营销上已经走过了几十年的路程。在仿制药营销上，外资药企可能会成为中国药企的学生，因为中国药企早就学会了用较小的营销成本获得最大的营销业绩。仿制药规模化生产在产能严重过剩的中国市场早就不再是问题。大规模的仿制药生产，不仅能满足中国市场的需求，还会满足全球市场需求。尤其我国目前已成为世界第一大原料药生产和出口国、世界第二大OTC药物市场、全球第三大医药市场，中国市场将是中国药企竞争的主方战场。中国药企在中国市场有着天然的和政策方面的绝对优势，这将会让习惯于高毛利支撑的外资药企的营销模式难以为继。

在产业布局上，由于很多外资药企之前凭借重磅专利药物获取了巨大的经济收益而大肆扩展业务单元，在缺乏新的经营业绩支撑的前提下，需要收缩弱势业务单元或者非相关业务单元。比如，诺华与GSK（葛兰素史克）互换了肿瘤和疫苗业务，诺华剥离旗下流感疫苗业务，礼来收购诺华的动物保健品业务。

跨国药企近几年开始回归核心业务，不再一味地追求扩大化，强化主营业的趋势越加明显。由于人力成本的无限上涨，非核心业务拉长了销售战线，直接导致利润回报率直线降低，因此专注主业将成为各家跨国药企的发展趋势。外资药企的产业布局转型必须使其资源和能力得到充分发挥以支撑持续增长，而不仅仅追求规模扩张的经济效应。于是，多数外资医药企业放弃了多元化战略，从单一化走向多元化又回归到单一化。

而中国药企在产业布局上与外资药企正好相反。由于在产业布局、研发、资源整合、能力提升等方面都缺乏足够的积累，在全球医药企业转型期，中国医药企业必须走过这个积累过程。而且由于中国药企多、小、散、乱、差的局面并没有发生根本的改变，中国医药行业的集中化趋势还远没有走完，所以，中国药企在 5 年内还是以多元化的产业布局为主。在多元化的同时，也会出现兼顾逐步向优势业务单元集中的趋势，或者中国药企的兼并重组就是强化优势业务单元，那么就会出现中国药企一边多元化，一边向优势业务单元集中的现象。

在人力资源管理上，外资药企高薪、高福利、高提成或高奖励的模式已经由于专利药大批到期以至于原有营销模式难以为继成为鸡肋，所以，就会出现很多外资药企人才到中国药企任职后出现水土不服的现象，一方面是营销手段不适合中国药企，另一方面，人力资源体系差异导致中国药企必须依靠辛苦获得的业绩才能获取高额收益的情况，这让习惯于直接拿高薪的人才不适应。

有一家国内药企把某个外资药企的人才挖过来后，直接把外资药企的薪酬绩效模式也照搬了过来。谁知，半年后业绩没增长，人员成本上升很大一块，而且，更为严重的是员工不是依靠业绩获得高额收益，而是依靠在企业内的人缘。因为考核中业绩所占比例很小，所以，大家都在忙于维护与考核部门的关系，没有人关注实现了多少业绩。因而，中国药企的薪酬绩效体系要求简单、实用、有效，不能过于复杂，因为太复杂的薪酬绩效体系不适合现在的中国药企发展情况。

中国药企和外资药企虽然升级转型的起点不同、角度不同，但最终会殊途同归。5~10年后，外资药企的优势不再完全压制中国药企，到时中国药企在竞争能力、研发能力、仿制药营销能力、全球市场份额获取等方面都会获得非常大的成功。

但在这个过程中，大多数中国药企会被淘汰。按照近几年各个细分行业的淘汰率估算，5~10年后，制药企业淘汰率会达到60%，医药商业企业淘汰率会达到80%，连锁药店淘汰率达到50%。

被淘汰的中国药企基本是没有进行升级转型的药企。那些安于现状的药企、那些只会卖产品不会卖价值和服务的药企、那些等待观望的药企、那些抱残守缺的药企、那些完全依赖几个品种生存的药企、那些没创新能力的药企、那些管理混乱的药企、那些只会讲故事的药企、那些没资源整合能力的药企……最终会消失于医药行业的历史尘埃中。

第二节　8 类药企难以转型成功

2015 年是药企、保健品企业和医疗器械企业转型的关键年度，也是药企、保健品企业和医疗器械企业战略规划的开篇年度。在这个年度中，有的已经成功实现了初步转型升级，有的还在转型升级探索的路上，有的还在观望，有的还在迷茫，有的已经放弃……

笔者近几年参与的药企转型升级管理咨询项目，也是历尽波折，磕磕绊绊，过程非常复杂，经常有反复、争议，还好，基本都达到了转型的初步目标，但未来的转型路还会出现波折。

为什么药企转型如此艰难呢？

笔者经过分析很多药企转型升级的案例，发现了几个规律：

（1）过于依赖既往成功模式的药企难以转型成功。

这类药企一般依靠既往的某种营销模式或经营模式奠定了发展的基础，内部的管理和市场的管理都形成了较大的思维惯性，同时，对既往的成功模式有着较大的庇护心理，从而无视现在市场竞争的巨大变化，还陶醉于既往的成功中，拒绝有人对其经营进行优化或者指手画脚。

更为可怕的是，这类药企不仅部分高层还处于陶醉期，其中层和基层员工更是如此，已经养成了一批忠于既往模式的忠实信徒。

（2）习惯于照搬照抄其他企业模式的药企难以成功。

这类药企比较多，更信奉拿来主义，不愿意按照自己企业的特质进行升级转型，而是看别人的药企怎么做就总想拿过来直接用。

某个药企老板问我："为什么其他药企对控销模式运作得很好，自己的企业拿来后就做不好？"针对这样的问题，我实在没法回答，因为答案太简单，怕伤了这位老板的面子。

其实答案真的很简单，就是成功运作控销的药企为了控销，制订了多项适合本药企的管控措施、实施方案，而且，基本都是符合药企产品属性特色的。不是所有药企、所有的药品都适合做控销，比如以××滋补为主销产品的药企。

（3）没资源掌控能力的药企难以转型成功。

未来的医药行业的竞争，是资源和能力的竞争。如果自身缺少转型资源，又不能很好地从市场、政策和平台上获取资源，那么，这样的转型是没意义的。

药企资源不一定都是资金、人才和研发，还有很多其他重要的资源，比如生产资源、政府资源、产品资源、医药电商平台资源等。任何药企都不可能具备转型所需要的所有资源，但即使不具备这些资源也可以通过其他优势资源置换获取，或通过提升资源获取能力一步步实现。

（4）内部管理混乱的药企难以转型成功。

这类药企由于自身管理非常差，所以，推进转型升级方案也是难以真正落地，很多转型关键点无法真正落实到位。比如人员散乱，流程混乱，资源分散，难以形成凝聚力，在这种情况下，执行力基本就是空话。没有执行力，转型升级就是个笑话。

所以，这类药企还是先强化内部管理再谈转型升级。

（5）过于关注短期业绩的药企难以转型成功。

一些药企的老板只顾及眼前利益，看不到或者不愿意看未来发展的风险和障碍，认为只要今年度过去了，明年也不会太差，得过且过的心态严重。这样的药企、这样的老板，不会有什么发展前景。

还有一类是上市公司，由于每年度的经营业绩要求，在投资机构、市值和股东等的重压下，必须保证每年度的经营指标业绩，这就是被所谓的机构绑架。这类药企活得很累，聪明的上市公司高层会分流一部分资源注入到未来的发展中去，但很多上市药企仅仅是一年一年地煎熬。

（6）依靠讲故事而不是实业经营的药企难以转型成功。

很长一段时间内由于股市牛市的影响，很多上市和非上市药企都对编故事获得市值提升或者资本青睐津津乐道。于是出现了一批药企，不注重实业经营、业绩提升、并购发展、研发提升，反而热衷于向市场、机构、股市输送各种类型的故事：战略转型故事、重量级新高管进入故事、并购故事、研发故事、专利故事、战略合作故事、医药电商故事、进入医疗行业故事、移动医疗故事、可穿戴设备故事，等等。

这类药企的特点就是药企自己也不知道成不成，也没有什么大规模的资源投入，先讲一讲，讲完了开始编辑下一个故事，因为讲好了故事可以获取二级市场增值或者获得资本的青睐。

如果出于市值管理考量，偶尔做一做故事家未尝不可，但不能把讲故事代替实业经营，因为企业的经营业绩才是实实在在的东西。我们现在可以通过讲故事获取未来的投资，但到了未来你还有什么？

（7）没有创新意识的企业难以转型成功。

创新有很多种，如产品研发创新，经营模式创新，内部管理创新、资源整合创新、平台建设创新、营销模式创新……

全球医药行业整体处于转型期，没有创新就没有发展。抄袭其他企业的创新模式不叫创新。

（8）战略缺失的药企难以转型成功。

这一点最为严重。很多药企根本没有发展战略，得过且过，走一步是一步，走一年是一年，根本不去理会未来会怎样。

有的人说，战略都在老板的脑袋里。其实战略不是给老板制定的，而是给企业制定的，给整个企业的员工制定的。如果员工不知道企业的发展目标和发展方向，也只能随遇而安，得过且过。

有的药企制定了战略规划，但要命的是战略方案放在老板的办公室。老板天天观赏，不向员工灌输，不向责任部门分解战略指标，没有战略指标考核，没有年度战略审计会议。

有的药企找综合性咨询公司制订了发展战略，也做了员工培训，也做了战略指标分解，但这个发展战略的制定项目组，包括项目经理与合伙人在内，没有一个是医药行业出身的，都是门外汉。所以，这样的咨询公司制定的战略缺少三大关键部件：产品线规划（因为不懂所以不敢做），战略资源平台构建（很多都不知道政策和资源情况，更谈不上敢给企业构建资源整合平台），医药电商布局（看不清，不敢做，也不懂），其他如业务单元战略等就更不可能有了。

综合性咨询公司的发展战略基本就是简单套路：战略目标、战略愿景、战略组织、战略分解、战略风险。这个套路形成的方案基本都是通过修改其他企业的（不一定是医药行业的企业）战略规划报告而来。因为其中基本没什么体现医药行业特点的内容和相关药企自身特色的内容，这样的战略对药企来说，如果执行的话，基本就是无效的，甚至结果是灾难性的。

药企做战略转型升级，一定要考虑清楚自身的发展历程、自身的资源特性、自身的能力方向、自身的药品分类、自己的优势、自己的劣势，等等，把这些综合起来，再来考量药企未来的发展，制定有自身特色的战略升级转型规划。

第三节 药企转型升级 5 大途径

医药企业实现转型升级的途径有很多，从实用角度来说可以分为 5 大类：商业模式转型，管理转型，定位转型，运营模式转型和跨界转型。各类转型模式不是彼此孤立的，而是彼此融合、相互交融的。

好的药企可以在战略规划中把各类转型模式规划进企业的发展历程中，这样可以更好地整合并利用各种资源和机会，以期最大化地服务药企。

（一）商业模式转型

什么是商业模式？现在的概念和定义很多，比如 B2B、B2C、O2O 等。笔者比较认可的商业模式定义是：为实现客户价值最大化，把能使企业运行的内外各要素整合起来，形成一个完整的、高效率的、具有独特核心竞争力的运行系统，并通过最优配置和组合的形式满足客户需求、实现客户价值，同时使企业运营系统达成持续赢利目标的整体解决方案。

除了复杂的定义以外，其实商业模式说白了就是赚钱模式或者盈利模式。

单纯的卖产品不叫商业模式，而中国大部分药企就是在卖产品。中国医药行业很多企业把代理模式、经销模式、控销模式、分销模式等叫作商业模式，其实这是营销模式，不是真正的商业模式。营销模式可以根据产品的不同进行个性化的变化或者修正，但商业模式一旦固定就很难短期改变。

制药企业的商业模式也有一些成功范例，只是形式比较少。较为典型的是广告拉动模式，比如哈药集团依靠广告营销树立起几个优秀的OTC品牌，外加仁和集团可立克、江中制药的健胃消食片等品牌。

还有被称为业界PE的复星医药的投资运营模式。复星医药凭借这个独特的商业模式把一个名不见经传的小药企做成了综合性集团公司。

还有以新药研发为主的研发导向模式。比如近期在10亿元医药知识产权案件中胜诉的常州三维工业技术研究所有限公司就是研发导向模式。

现在，外资药企也在调整自己的商业模式，因为依靠专利药物的商业模式在3~5年内会丧失驱动能力。所以，外资药企一方面要继续推行以研发创新药物为主的原有商业模式，另一方面还要稳定住原有过了专利期的重磅药品的市场和业绩，通过调整价格、改变营销模式等方式为消费者提供更多的增值服务，这就是外资药企的战略连贯性和在恰当时机调整商业模式的做法。

（二）管理转型

很多药企目前的情况是管理比较混乱，尤其是民营企业。由于内部的裙带关系，或者是草莽创业过程中带来的随意任性，习惯性信用缺失，等等，让很多管理规范成为形式。

部分国企管理也比较混乱。因为体制因素，一些国企内部利益倾轧现象凸显，大家关注的并不是如何经营好企业，而是防范或者算计。

药企管理转型涉及的方面较多，如管理制度、事务流程、权限划分、集团管控、组织重构、人力资源、薪酬绩效、企业文化、营销管控，等等。

在管理转型上，存在很多思路、方法和路径，主要是提升药企的执行能力、团队文化认同感和让内部管理顺畅，减少内耗，提升效率，最终提升经营业绩，降低运营成本。

对药企来说，最合适的就是最好的。

（三）定位转型

定位之父杰克·特劳特认为定位就是让品牌在消费者的心智中占据最有利的位置，使品牌成为某个类别或某种特性的代表品牌。这样当消费者产生相关需求时，便会将定位品牌作为首选，也就是说这个品牌占据了这个定位。

国内药企在定位上有很多案例，而有些案例可能是无意为之。比如说到补钙产品，很多人想到三精制药；说到青霉素，很多人想到华北制药；说到降血压产品，很多人就想到降压零号。其实这些企业是无意识被个别产品定位了，药企本身并不仅仅生产和经营这一类药品。

国内药企在定位上比较经典的案例也有很多。比如康芝药业，原来是一家医药商业企业，后来洪江游看到国家医药相关政策对儿童药的扶持和儿童药市场的巨大后，开始重新定位，把康芝药业重新定位为儿童药生产商。虽然经历了尼美舒利事件，康芝药业还是一如既往地坚持儿童药制造商的定位，转型步履坚持不懈。尼美舒利事件后，康芝药业很快重新搭建起了一系列主打产品，其主销产品布洛芬颗粒很快铺满渠道和终端。

南京医药在经历了多产业、多业务单元运作后，出现大面积亏损。后来痛定思痛，在与联合博姿合作后，决定把"三非"（即非控股、非盈利、非主营业务）资产进行剥离，剥离后的南京医药重新定位到主业即医药流通商业上来。

（四）运营模式转型

运营模式也叫经营模式。现在很多药企的运营模式是单一的，比如药品经营。也有一些企业在医药行业大变迁的过程中突破了单纯的药品经营，开始横向布局业务单元或纵向发展产业链。

对医药企业来说，运营模式的内涵包含三方面的内容：

一是确定药企要为政府、医院、药店、门诊和消费者等利益相关者提供什么样的价值和服务，也就是药企在整个医药医疗产业链中的位置；

二是药企的业务范围是什么，是单纯的药品生产和销售，还是除了药品以外提供更多的增值服务，同时还提供保健品、快消品、投资业务、种植业务，等等；

三是药企如何来实现价值和服务，采取什么样的手段。比如在"互联网＋"的概念下，仁和集团从药品生产和销售转化为药品＋"和力物联网"、"叮当快药"APP、"仁和云健康"、智能可穿戴设备等，业务范围急剧扩大，为消费者提供更多的增值服务和更多的产品，并通过互联网的手段把自身的价值和服务向社会、向消费者提供，这就是典型的运营模式转型。

（五）跨界转型

药企跨界经营已经不是什么新鲜事。比如以岭药业跨界做健康饮料，连续推出怡梦、津力旺、莲花清菲饮品。

中新药业投资3亿元打造功能性植物饮料项目，计划推出枣饮料、蓝莓饮料、南瓜汁饮料、五味子饮料、金银花饮料等，从而形成健康饮料序列产品。

还有很多药企跨界进入医疗领域，并购医院，形成医药、医疗协同发展的业务格局。

不过，到目前为止，医药行业内跨界经营成功者寥寥。跨界进入快消品领域的企业，细数下来，云南白药的云南白药牙膏是成功案例，马应龙进入肛肠专科医院经营是成功案例，广药白云山跨界王老吉凉茶是成功案例。

为什么医药企业跨界进入食品、饮料等快消品行业如此热情？其实不过是国家大健康产业的引导，加上医药企业生产食品、饮料和如洗发液等快消品非常容易，而药企进入医疗领域则需要较为庞大的资金实力和较高的经营能力。

第四节　药企实现转型升级应该具备的基础

一个药企如果想进行转型升级，就要先确定自身的资源、能力、条件、人才、决心，等等。如果没做好转型升级的准备，那么即便制订了非常适合企业的转型升级方案，最终也会被束之高阁，不了了之。

现在很多药企都在广泛地宣传要进行转型升级，但鲜有建树者。原因就是这些药企只会喊口号，用以鼓舞企业员工或者资本市场。要知道，药企的转型升级不仅仅是说说那么简单，而是需要仔细研究、仔细分析、仔细调研、仔细构建转型方案的。

药企的转型升级关系到药企的未来发展，所以，必须加倍小心谨慎，要符合企业实际，不可以好高骛远，制订一些假大空、完不成的转型目标。这样既浪费了企业的资源，又令企业丧失了发展的机会点。而且，不切实际的转型升级，可能导致企业滑向失败、颓废，甚至到关门倒闭的境地。

药企要实现转型升级，应当具备以下基础：

（1）先要下定决心。

没决心是难以成事的，药企转型升级之路本就不好走，荆棘坎坷，步履艰难，反反复复，所以，药企高层的决心很重要。不管开始有多难，不管过程有多难，都要坚持不懈，不达目标誓不罢休。

而且，药企要把转型升级作为每月的月度会议第一项内容予以沟通讨论，确定每个领导者、每个部门转型升级的工作内容、工作目标、工作职责，讨论上月的得失、下月的弥补和改进措施。

（2）药企内部要协同一致。

同舟共济，才能披荆斩棘，所向披靡。

现在很多药企，由于股权、历史沿革和利益之争等因素，高层领导班子不团结的情况比比皆是。国有企业钩心斗角严重，民营企业也一样。有些民营企业表面一团和气，事事都听老板的，但是，私下结党营私，暗地里处处和老板对着干。

药企转型升级如果想成功，药企的高层领导班子必须要意见统一、协调一致，不能中途出现掣肘之人，否则就会容易前功尽弃。这一点是笔者在为很多药企提供管理咨询服务时觉得是最为重要的事情，所以特别提出来。

（3）要对行业、企业自身、竞争对手、国家政策有充分的了解。

没有调查就没有发言权。现在很多药企进行战略构建，进行转型升级，基本是闭门造车。

即便是一些药企请管理咨询公司来做，这些咨询公司的项目组也不会下到市场上去调研药企服务的客户及竞争对手的市场表现，客户对药企的评价和建议，以及药企的产品在市场上表现。

药企的转型升级不是造出来的，是根据医药行业发展历程、根据药企自身的资源和能力、根据竞争对手的策略分析、根据对国家政策发展导向指引、根据药企领导层的战略眼光分析梳理出来的。

如果一个战略转型升级方案的制订团队闭门造车，全凭想象，那这个方案药企最好不要用，否则，可能让执行力强的药企进入万劫不复的深渊。

（4）管理上要梳理流畅，提升效率。

没有高效的管理机制，药企转型升级就是个笑话。

现在很多药企内部管理混乱、制度缺失、流程缺失、人治化严重、"裙带关系"严重，基本上处于野蛮生长阶段。

很多老板感叹："为什么一种有效的营销模式在别的企业就能大量地提升销量，在我这就不行？"其实，老板们应该明白，不同的土壤养育不同的人，"橘生淮南则为橘，生于淮北则为枳"。

所以，药企要转型升级，就需要先对药企自身的执行力、运营效率、薪酬绩效和组织架构进行梳理。不先梳理这些管理层面的东西，即便做出最好的战略转型升级方案，也没有任何意义。

（5）有较好的现金流和盈利能力，拥有生存之本。

药企要谈转型，首先要能够生存。不能生存的药企，转型升级基本是一句空话。因为药企战略转型升级是一件花钱的事情，甚至是花大钱的事情。

有些药企可能现金流不好，或者盈利能力也差，但融资能力比较好，有较宽的融资渠道，这样其实也可以进行战略转型升级，但需要的资金压力、人才压力、市场压力较大。

所以，药企想要进行升级转型，就首先要有一定的资金实力或者具有较好的融资能力。

（6）建立支撑企业转型升级的资源。

计划进行转型升级的药企，首先要理清自己的家底，也就是清楚自己有多少资源。这些资源包括资金资源、研发资源、产品资源、人才资源、市场资源、政府关系资源、合作客户资源、消费者资源、渠道资源、终端资源、临床资源、电子商务平台资源、营销资源、媒体资源，等等。

有多少资源办多少事。有些药企完全不顾及现在或未来的资源是否匹配，将目标定得很高，把步子迈得很大，结果，走到半路就走不动了。车子再好，没油也是白搭。

所以，计划进行转型升级的药企，还是先坐下来细细对自己的资源和能力进行盘点，看哪些是现在拥有的，哪些可以在未来某段时间拥有，哪些可以通过合作、置换的方式获得，哪些可以通过并购的方式获得。

（7）拥有足够支撑转型升级的信息化运营平台。

未来的医药行业竞争，肯定要将政策化、信息化、电子化和数据化作为主要竞争手段，以期提升经营效率，最终获得良好的经营结果，所以，构建信息化的运营平台，也将是药企转型升级的关键要素。比如药企要对接全国各地的招标系统、医院进货系统、商业进销存系统、政府信息系统、消费者专业服务提供系统、第三方电商平台系统，等等，都需要一个强大的信息化运营平台。

比如现在很多并购后的药企或者业务单元不能很快进行整合，导致资源分散和浪费。如果有较为强大的信息化运营平台，就可以为并购的药企或者业务单元快速导入总部的信息化运营平台，从而将药企总部的财务管控体系、管理制度体系、流程体系向并购的药企或业务单元辐射，把被并购方的一些运营行为全部纳入管控、服务、支持体系。这样，即便是集团型药企，也可以通过强大的信息化运营平台实现多点、多层次、多组织、多部门、多资源配置的协同运作，从而能够为客户或者消费者提供最佳的服务和最好的产品。

一个药企如何转型，如何构建战略升级转型的基础，并没有固定的格式或者说法，上面七点仅作为参考，同时要将《8类药企难以转型升级成功》结合起来进行思考。

药企转型升级基础的构建，还是要结合药企自身的各种资源和能力来确定转型升级策略。药企转型升级的核心目标是最大限度地凸显自身的优势之处，向高利润区转移。

药企的转型是量变，升级是质变。先量变再质变，这是一个渐进的过程，所以，药企转型升级千万不要进行所谓的大变革或是革命，进行所谓的从根本上改变，这种做法是极度愚蠢的。药企在转型升级过程中，应当能够维持现有的盈利能力，实现平稳过渡。

需要警惕的是，现在的药企经不起折腾。转型不是赌博，药企转型升级不适合用"休克"疗法。在药企转型过程中必须时刻监控各种风险因素，确保在转型的过程中，药企能够保持可持续发展。

第二章　途径 1：商业模式转型

成功的医药企业商业模式转型分为 6 种：

（1）由单一药品转向提供成套药品或整体解决方案；

（2）由综合性药企转向以专科为主的药企；

（3）由没有竞争力的普药群向优势特色的中成药转型；

（4）由普药向创新药转型；

（5）由单纯的经营药品向以药品为主、快消品为辅转型；

（6）由生产为主向研发为主转型。

第一节　由单一药品转向提供成套药品或整体解决方案

一、只会卖药品的药企未来没有出路

到目前为止，医药企业还没有脱离卖产品的思路：找产品卖点，找适应人群，找销售渠道，找推广方式。如果是临床产品就利用运作空间优势进行利润分配，如果是药店产品就加大店员培训等。

总之，最终只要把产品卖出去，形成销售业绩就完事大吉。这就是目前火热的控销，也是仅限于产品层面的思维。如果不改变这种单纯卖产品的商业模式，很难为医药企业的未来发展形成有效的升级动力。

如果单纯卖产品不能为药企的发展提供发展动力，医药企业就必须由提供单一药品转向提供成套药品或提供整体解决方案。

比如步长制药根据赵步长教授创建的"脑心同治"和"供血不足乃万病之源"两大医学理论造就了脑心通胶囊这个销售额累计已经超过 100 亿元的大产品，而且热销 20 余年。

以岭药业创始人吴以岭教授以"络病学说"理论为依托把通心络胶囊、参松养心胶囊、芪苈强心胶囊构建成系列产品。尤其是通心络胶囊，成为国内心脑血管疾病前三大治疗性品种之一。同样，由于有治疗理论的支撑，通心络胶囊也是长久不衰，热销多年。

步长制药和以岭药业通过提供成套药品和解决方案的方式来承载药品销售，这类方法非常有效，但也存在一定的桎梏。赵步长教授和吴以岭教授都是国内稀缺的专家人才，绝大部分药企甚少能有如此优质的研发人才资源。

但也不必气馁，国内也有很多专家型资源，可以通过聘请的方式成为医药企业的研发指导顾问，承担研究课题，这是大型产品或重磅产品需要做治疗理论研究的做法。

其实我们有一点可以明确，就是我们比普通消费者更专业，也就是说，对普通消费者来说，医药企业的研发人员就是专家级别的。没有差异，这就需要医药企业的研发人员对现有产品进行重新定义。

还有一个现象就是为什么保健品让很多消费者趋之若鹜。并不是保健品销售有多好的卖点，也不是覆盖率非常高，而是保健品经营企业有着一套理论体系支撑。即便这个理论体系是虚假的，但只要有健康知识讲座，那么就有很多老人参与。不管是会议营销还是电视台的养生讲座，都是先有一通健康理论支撑，之后过渡到具体产品，也就是说，先有一整套对消费者"有益"的解决方案，之后才出现目标产品。中国保健品真实销售的80%就是这样用健康或疾病解决方案的方式销售出去的。

那么，医药企业可以借鉴上述两种做法，如果有很强的理论研发实力或研发资源整合能力，就走第一种，如果没有，就走第二种保健品的方式。

A企业做藿香正气丸，多年一直销售不佳。后来市场部对自产的两个产品藿香正气丸和黄连素进行搭配，形成治疗腹泻的一个经典组方。藿香正气丸是中药产品，侧重于消炎、镇痛，而黄连素是西药产品，用于肠道细菌感染引起的腹泻、腹痛，疗效明显，这样西药治标，中药固本，标本兼治。二者组合后，A企业的两个产品当年销售额翻了两番。

还有一个治疗脚气的产品，店家推荐时就是用B企业的组合策略。第一个用于清洗，第二个用于除臭，第三个用于治疗，附带赠送一团纱布，顾客涂抹治疗药物后简单裹足，避免沾染。这个组合很贴心。

医药企业进行商业模式转型，眼睛不要单纯地盯着产品，而是看消费者到底需要什么，真正的需求是什么，提供整套解决方案并加上整套产品，可能更适合消费者。

医药企业商业模式转型关键要有大格局、大观念，不能眼睛只盯着现在正做的事情，也不必过多地关注理论层面的书籍，而要从市场竞争、自身产品特性、自身能力要素、自身资源要素等进行综合评估，找到最适合自身的发展机会点，找到自己最擅长的方面，不断优化，最终在这个方面做成顶级专家，这样医药企业商业模式的转型就成功了。

二、药企如何进行产品组合

药企的产品组合其实是从自身向消费者延伸，而整体解决方案是从消费者的疾病或需求向药企的产品和服务延伸。

药品组合在医药行业一直都存在，尤其是中医。药企层面的药品组合，说白了就是联合用药。联合用药就是为了达到治疗目的而同时或先后应用两种或两种以上药物。当然，有些药物不能联合使用，否则会出问题，比如麻黄素与痢特灵就不能联合使用，这要求组合药品的人要有专业的药物知识。

需要明确一点，笔者谈论的药品产品组合和战略层面的组合，不是简单的营销层面的药品组合，二者是有区别的。

战略层面的产品组合是具有较大稳定性和持久性的，而且要有疾病、药品知识、附带设备或药品属性的差异性黏结。而营销层面的产品组合则有比较多的变化，相对比较灵活，可能从疾病、知识或者属性某一方面进行简单的构造，甚至四者都没有，而是搭售，或者变相促销。比如购买某款药品达到一定积分或者数量，就赠送一盒保健品。

（一）如何构建战略层面的产品组合

那么战略层面的产品组合如何构建？

1. 要对药企的产品进行梳理

很多药企其实有四种产品：一是在销产品，二是贴牌产品，三是储备产品，四是保健品。

至于在申报产品则不应算在内，因为现在国家食药监总局（CF-DA）的《国家食品药品监督管理总局关于开展药物临床试验数据自查核查工作的公告（2015 年第 117 号）》导致很多在申报排队的药品未来有很大的不确定性。

而贴牌产品也可能需要考虑在产品组合中的效应。因为贴牌不过两种：第一种是把自己拥有文号的产品租赁给其他药企，而且有租赁周期，自己生产，赚取工费，不参与销售；第二种是生产别的企业的文号产品，进行代加工。在进行组合时尽可能地屏蔽掉这两种药品，必须需要时，也只能做可替代性产品准备。

产品梳理的第一步是进行价值排序。药企本身是企业，公益性不是必备的，而收益是必须的，那么，就要先把利润率高而且价格高的产品进行排序。

需要明确一点，患者购买药品，首先看药品的疗效，其次是品牌，最后才是价格。在患者购买药品过程中，价格因素在一些疾病中，尤其是慢性病中，不是主要因素，但价格对药企来说却是第一位的。

至于质量，这一点患者没办法评判，唯一依靠的是"大企业生产的药品质量有保证"，或者偶尔店员的推介会起作用。

对所有药品进行价值排序，由于药企经营模式不同，坐标的内容有很大区别。比如以代理为主的，就不要以零售价格为坐标轴，否则就失去了排序的意义。综合考虑可控成本因素，对用毛利率还是用净利率作为坐标轴，可根据药企自己的财务习惯确定。

如图 2-1 所示，经过排序后，我们会对自有药品有一个初步印象，如果以中间十字作为数标轴，就会清楚地知道哪些产品的毛利率较高而且售价较高，比如第一象限；哪些产品毛利率低而且价格较低，比如第三象限。

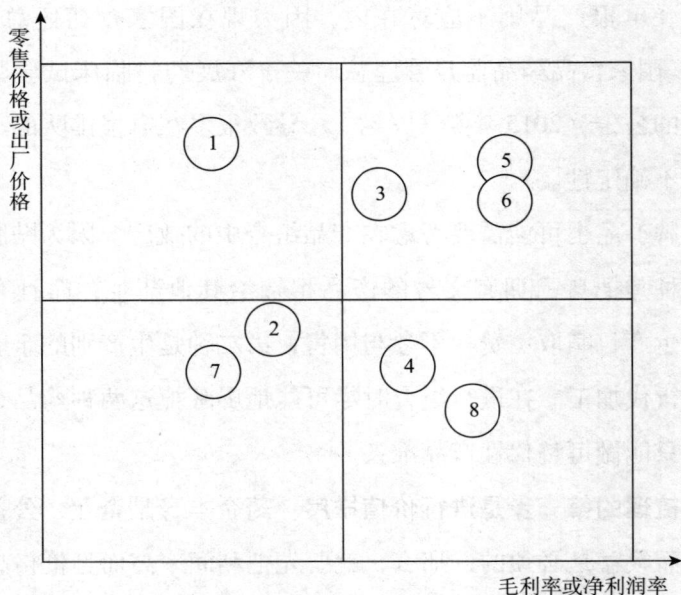

图 2-1　药品价值排序矩阵

通过药品价值排序矩阵，可以清楚地知道，第一象限、第四象限的药品是药企重点发力的药品，而处于第二象限、第三象限的药品是规模性产品。尤其是第三象限的药品，如果能依靠规模优势在招标或者药店价格竞争上取胜，则可通过规模化尽可能放大，否则就列入谨慎发展目录中。

产品梳理的第二步：通过药品价值排序后，就可以做排序表。其实我们很多时候梳理用的是三维矩阵，如表2-1所示。

表2-1　药品价值排序表

	1	2	3	4
重点发展药品				
次重点发展药品				
规模化药品				
谨慎发展药品				

2. 以重点发展药品为核心进行产品组合

重点产品都是代表治疗某一类疾病的，那么，治疗这类疾病使用单一的某一重点产品可能效果不如组方好。既然医生在为患者就某一疾病诊断后都是以组方的形式出现，那药企为什么不可以**围绕重点产品对现有药品进行提前组方呢？**

这里仅列举几类组方样式。

（1）处方药＋处方药。形成新的治疗理念并对医生进行宣传，这类组方可能需要临床试验验证最佳效果。

这一点对专业性要求较高，需要精通医、药的专业人士，综合运用相关疾病的治疗理论，比如美国也研制出了用于防治心脑血管病的"多药片"。尽管这些复方制剂的效果尚需得到循证医学的验证，但是综合控制多重的心血管病危险因素这一理念已获得心血管医学界的广泛认同。

（2）**处方药** + OTC。主要目的是强化处方药的作用，形成有效的联合用药治疗机理。但这一点对大医院的医生宣传意义不大，可以多用在门诊、社区、药店等医生用药水平较低或者专业性较低的终端。

比如急性支气管炎，如果主要产品是头孢类，如头孢克肟，那么可以根据患者是否感冒而形成不同的药品组合方案。

患者未感冒的组合方案是头孢克肟 + 复方甘草片（处方药 + OTC）。

患者感冒的组合方案是头孢克肟 + 复方甘草片 + 板蓝根冲剂（处方药 + OTC）。

（3）OTC + OTC。主要用于药店和诊所，可以明确地教给店员和医生。比如十二指肠溃疡，组合方案是奥美拉唑 + 复胃散胶囊 + 复合维生素 B 片。

（4）**药品 + 保健品**。如果药企自身有非常好的保健品（价格不要太贵），可以通过教育消费者、店员或者医生的方式进行更深的组方。比如高血压患者，除了服用正常的药物，服用一些虾青素、小麦胚芽油、大蒜油胶囊等就很不错。

前面例举的几类组合，我们可以用鱼刺图进行更深层次的组合，如图 2 - 2 所示：

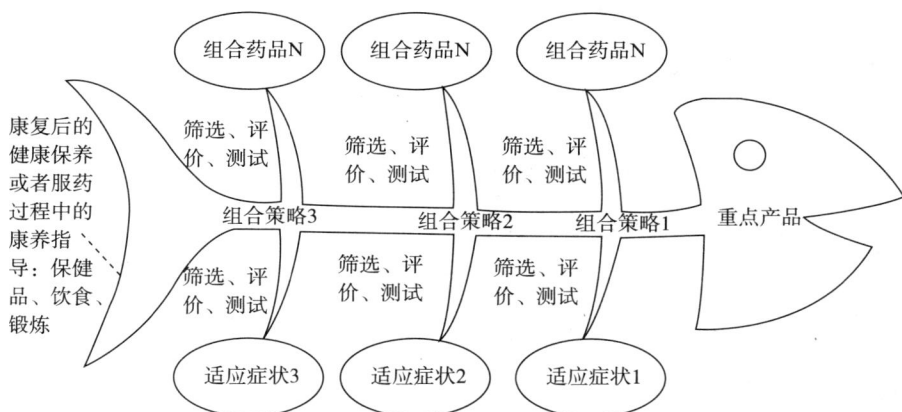

图2-2 几类药品组合的更深层次组合

（二）药品组方的最大效用应用

药企因为只会卖产品，就显得距离患者非常远，未来如果想长久持续地形成品牌销售惯性，就必须贴近消费者。尤其是OTC产品，如果还是仅仅局限于在药店或诊所对店员和医生进行教育，销量很难有较大的增量。

所以，药企必须借助相关的手段让消费者了解企业的产品，怎么让消费者去了解？可以通过健康知识宣传手册、挂历、APP、微信、疾病知识讲座、健康指导等方式进行。

我们在某个药企的管理咨询项目上对某城市的5个相邻小区，总计3672人进行测试。

首先，我们选中S药企的一款OTC产品（附近药店都有销售）M，其功效是治疗慢性胃病。我们围绕这款产品进行3类产品组合：

（1）M+OTC。

（2）M+保健品。

（3）M+饮食。

由于 S 药企没有保健品，所以我们临时从药店中选了 3 款保健品（价格不是很高）。针对 3 个组合进行文字上的详细描述，并把描述的内容制作成图文并茂的胃病宣传手册，后面附件内容包括日历、老黄历、蔬菜的功效等，目的是让消费者能长期留存，而不是随手丢弃。

手册共计发放了 600 本（其实总计印制了这些）。由于宣传手册上面有咨询电话，我们两个月内接到了共计 1938 个咨询电话。咨询电话接听处是临时在这个城市设立的呼叫中心，起初只有 1 人，后来陆续抽调了 5 人，中途电话量减少，又陆续减少呼叫中心人数。

我们发放手册时，一些附近药店和门诊的人员也领取了大约 40 本，不知道他们为什么感兴趣，后来也没有特意向他们询问和调研。

结果，M 药品在这 5 个小区的药店和门诊内一个月内销售额由原来的每月 4000 元，暴增到每月 5 万多元，而组合的 OTC 产品销量由原来的每月 3000 多元，增加到每月 9000 多元。

更令人意外的是，这个城市内 M 药品当月销量除了上面 5 个测试小区，销量居然增加了 60% 以上。

临时搭配的保健品也有了明显增幅，我们仅统计了其中 3 个小区的 3 款保健品销量，3 款保健品增幅分别为 200%、276%、320%，这个数据基本和小区的人口数量成正相关。

尤其是咨询电话，经过数据分析后，发现有 30% 并不是来自测试的 5 个小区，而是其他小区的。

继续测试：

我们把文字描述的胃病治疗方案内容简化，形成简易版本的药品组合宣传手册。因为测试对象是药店的店员和门诊人员，所以，一些针对消费者的内容基本删掉。

我们给另外一个城市的所有药店门诊都发放了宣传手册，共计发放 700 本。但连续两个月内，这个城市 M 药品销售没有像对消费者宣传一样有非常大的增量，大约增加了36%，与M药品组合的OTC产品增幅约为11%。

总结： OTC药品进行组合对店员或门诊宣传效果是有的，但不如针对消费者宣传效果好。

说明一下，我们编制宣传手册4个人花费了大约15天时间，几易其稿。

上述案例说明，药企在进行药品组合后，要进行宣传。尤其是OTC类产品，一定要对消费者进行宣传，而不是仅仅对药店的店员或者门诊人员进行宣传。需要注意的是，宣传内容中不要带有明显的药品宣传痕迹，宣传手册要通俗易懂。

三、药企整体解决方案的思路

（一）为什么整体解决方案如此重要

药企的整体解决方案，是从消费者的疾病或需求中向药企的产品和服务延伸。

随着中国医药行业竞争态势的发展和全球医药创新的发展，制药企业向服务化转型成为必须。现在，许多全球药企除聚焦优势医药产业外，业务增值、管理模式升级、营销模式转型都有明显地向消费者疾病、健康解决方案转型的倾向，未来会成为药企必然的选择。

在消费者健康、诊疗和养生等环节，单纯的药品或者保健品的比例正在逐步降低，尤其是药品。国家推行药占比，让药品大规模增量变成不可能，而各健康平台、移动医疗、智能医疗等都在抢夺消费者在健康诊疗养生等方面的投资，掠夺药企生存和发展的根本。

谁最了解药品？可能只有生产药品的企业自身。

如果一个药企还是仅仅知道单纯地卖药品，而不去考虑并贴近消费者的真实感受，那么，药企未来的路子会越走越窄。因为消费者非常需要提升自身在健康、诊疗、养生、护理等方面的专业知识，从而更好地享受现代科技和经济发展带来的巨大生活变迁。

尤其是中国目前极度缺乏全科医生，而且现在基层医疗的诊疗水平都比较低。虽然医生教育推进了好多年，但在基层的医疗水平、用药水平、健康指导水平仍较为低下的境况下，指导医生合理用药也将成为药企发展的必然选择。那么，药企就需要对基层医生提供符合当地疾病诊治与合理用药习惯的解决方案。

现在的移动医疗、智慧医疗、远程医疗等有着"互联网＋"特性的各平台和企业，其实都在为消费者提供各种类型的关于消费者诊疗、健康的整体解决方案。可以说，整个医药、医疗、保健、养生等大健康行业都在向整体解决方案的方向发展。即便是针对医生的整体解决方案，最终目的也是为了更好地服务消费者。

而且，中国药企绝大部分都在生产同质化的药品。药品本身的生产过程如果符合 GMP，那么基本没有本质的区别，即便有，也仅仅是品牌和营销手段的不同。所以，为消费者在健康、疾病和养生方面提供一站式或者系统性的整体解决方案，将成为一个药企区别于其他药企的根本所在。

如果以岭药业或者步长药业除了卖产品外，还对患心脑血管疾病的消费者在长期饮食、用药、锻炼等方面进行坚持不懈的指导，并因此而获得可观的用药消费者数据，那么这两家企业任何一家都会很快成为巨型药企。

因为心血管疾病是对人类健康构成极大威胁的一类疾病，已成为当今世界人口的第一大死因。我国心血管病死亡率列第二位，每年死于心血管疾病的约有 500 万人，而患有各类心血管疾病的人群至少有 2.6 亿人。现在，我国正进入心血管疾病爆发期。

但是，分析目前国内消费者在心脑血管方面的用药、保养、锻炼、饮食等方面的情况，基本是混乱的或者无知的。这给很多无良的保健品企业巨大的可乘之机，通过虚假宣传、夸大保健品功效、人情公关等方式让中老年人频频上当，花费大量的费用来购买保健品。甚至很多老年人放弃了持续的药物治疗，而专门服用保健品，从而严重耽误了治疗时机。

那么，作为生产心脑血管药物的生产厂家，为什么不能通过多种渠道和方式，逐步展开对消费者在心脑血管疾病方面的专业知识宣传、合理用药宣传、合理服用保健品宣传和合理饮食锻炼方面的宣传？而且，一旦做好了这种工作，消费者将对品牌形成长期的高度信任，使企业形成很好的品牌美誉度，具有很高的黏性。

所以，针对消费者的整体解决方案，将成为未来药企的关键竞争点。因为整体解决方案不仅让药品有了本质上的差异，而且，药企可以凭借整体解决方案粘牢的消费群体，改变单纯的药品利润增长点，构建新的商业模式。这个商业模式一旦构建成功，不仅会为药企带来丰厚的利润，更会为药企的发展带来无穷的机会。

（二）如何构建医生、店员诊疗和用药整体解决方案

既然未来药企竞争的根本是提供除单纯的药品以外的整体解决方案，那么，怎样构建整体解决方案呢？

药企的整体解决方案分为三大类型：一是为医生诊断疾病提供用药解决方案；二是为药店店员提供药品联合用药解决方案；三是为消费者自我药疗提供用药解决方案。

其实很多药企，尤其是外资药企，在为医生诊断疾病提供用药解决方案方面已经做了很多工作，比如新产品推介时就会指导医生如何合理使用新品，如何联合用药，如何避免毒副作用，说明对哪些疾病有效等。但由于近些年全球医药营销领域盛行商业贿赂，很多药企基本淡化了学术推广，反而依靠给医生塞钱的方式来"指导医生用药"，弱化了为医生诊断疾病提供用药解决方案的初衷。

而对于消费者怎样合理用药，则基本没有多少药企去做，因为药企习惯于自身的营销惯性，通过渠道和终端面对消费者。结果，药企的经营被渠道和终端辖制，距离消费者越来越远。

1. 怎样为医生诊断疾病提供用药解决方案

为医生诊断疾病提供用药解决方案分为两种：

一是构建新的某疾病治用药疗体系。比如步长药业赵步长教授创建的"脑心同治"和"供血不足乃万病之源"两大医学理论和以岭药业创始人吴以岭教授的"络病学说"理论。

构建新的某疾病治疗体系需要较强的医学、药学理论和实践基础，更需要对疾病和药物创新性的实践研发和理论研发。很多专家明确表示：在疾病和用药方面，中国乃至全球的医生都存在很多差异。针对同一个病症，不同的医生给出的药方都可能不尽相同，这主要是因为医生对疾病的理解不同，对药物的具体使用方法理解不同。树立针对疾病的正确治疗理论和用药理论是全球医生和药学研究人员一直追求的极致目标。

既然在疾病和用药方面中国乃至全球医生都存在很多差异，那么，如果中国药企在没有如外资药企重磅炸弹药物的竞争研发前提下，为什么不去仔细研究中国医生的用药差异问题，从而找出新的最为有效的用药方案和疾病治疗方案？

构建新的某疾病治用药疗体系这一点太过于专业，笔者非药品研发和疾病治疗的专业人士，只能从药企经营角度去阐述。

但笔者看到一点，目前全球药企都进入了仿制药全面竞争状态。虽然外资药企之前对仿制药销售的经验不能和中国药企媲美，但对疾病和药物的理解能力远远高于中国药企。一旦外资药企在仿制药经营竞争领域构建更为系统的、更为有效的医生疾病诊治方案和医生联合用药方案，中国药企则在仿制药领域彻底失去优势。

笔者认为构建新的某疾病治用药疗体系，首先要有专家团队，其次要有重点关注的疾病领域，最后要和药企自身产品对接。如果药企自身的产品不能满足，就可以通过并购等方式获得药品文号。

具体怎样做，这是个庞大、艰巨而复杂的工作，需要药企自身综合思考。

二是构建基层医生用药解决方案。笔者在为药企做营销工作和做管理咨询项目时，曾走访过大量基层医疗机构，比如县级医院、乡镇卫生院、门诊等，发现一个非常突出的问题，即很多基层医生在用药上存在问题。就这个问题，笔者征询过很多专家。很多专家说现在基层医生在疾病诊疗和用药方面存在很大的提升空间，所以同样的疾病预防、治疗和康养都无法和三级医院比，这也是消费者不信任基层医疗机构的根本原因。由于不信任，消费者一有病症就往大医院跑。

国家也一直非常重视基层医生的培训和能力提升，如《中共中央国务院关于深化医药卫生体制改革的意见》就明确提出要健全基层医疗卫生体系，加强基层卫生服务人才的队伍建设，着力提高基层卫生服务机构的服务水平和质量。

但基层医疗管理机构能够为基层医生提供的继续医学教育项目少，而且经费不足，严重影响了基层医生诊疗和用药水平的提高。

既然基层医生对疾病诊疗和用药存在很大的提升空间，而医疗机构自身又没有更多的资源对现有医生进行全科教育，那么中国药企为什么不去做这个工作？

很多药企会说："我们也做了大量的基层医生教育工作，但效果不明显。"企业所说的这个"效果"主要是针对药品销量的提升。

笔者曾经参加过很多药企组织的基层医生教育会议或学习班，但很有意思的是，这些药企基本都是请一些知名大医院的医生先讲一通用药知识、疾病诊疗手段，中途或结束后简单介绍一下药企的产品，之后就是聚餐了。笔者也曾问询过参与的医生对药企药物记住多少，遗憾的是，很多基层医生都不记得了。

如果中国药企针对不同区域、不同医疗层级提供不同的疾病和用药解决方案，就会获得稳固的基层医疗市场。

笔者认为，如果中国药企不尽快进入为基层医生提供诊疗和用药整体解决方案领域，那么有很强研发能力和用药知识的外资药企会很快察觉这个市场的机会点。因为合理有效的医生疾病诊治方案和医生联合用药方案一旦大面积推行，就会具有较大的排他性。尤其是当外资药企针对中国基层医疗市场推行其合理有效的医生疾病诊治方案和医生联合用药方案时，就会获得绝大多数基层医生和患者的认可，到时中国药企最后一块生存的市场也会失去。

好在外资药企还没从失去专利药物的惯性市场竞争策略中清醒过来，值得庆幸吧。

笔者走访很多基层医生和业内专家，梳理出一个指导基层医生用药、提供诊疗整体解决方案的大致运作步骤：

（1）基层市场疾病种类的调研确定。

（2）根据药企自身资源选取最有利于自身的疾病种类。比如药企擅长生产肿瘤类药品，那就主要围绕肿瘤这一疾病构建针对基层医生的整体解决方案，同时把药企自身的系列药品分解开，编辑进方案里面。注意，在把药企的系列药品编辑进方案中时，不要有太明显的广告痕迹，否则效果会大打折扣。

（3）围绕选中的疾病种类仔细研究有效合理的治疗途径，同时配以药企自身的药品种类。这个药品种类最好系列化，针对不同的疾病症状、不通的体质、不同的伴随性疾病，提供不同的治疗方案、用药方案。

（4）对治疗方案、用药方案进行专家会谈，甚至进行临床试验，让专家评价、修正和确定最终方案，也可以一开始就组建专家团进行项目运作。

（5）获得主管部门，比如CDC、卫计委等的支持（可选项）。

（6）把方案汇编成册，形成《某类疾病诊疗和用药医生指导手册》并辅以参与专家、药企的简介和联系方式。

（7）选定样板区域，请当地卫计委配合，对基层医生宣讲。可以结合学分制、选取优秀学员进行深造等方式引导医生参与学习，同时对《某类疾病诊疗和用药医生指导手册》中的药品进行全方位铺货。

（8）持续改进和提升《某类疾病诊疗和用药医生指导手册》的内容，可以增加新的疾病种类方案。

需要注意一点，现在很多药企做的一些医生推广是以产品为核心的，这容易让医生产生逆反心理。而有效的基层医生诊疗和用药是以疾病为核心的，让医生愿意参与其中，这两者是截然不同的。

2. 怎样对药店店员提供药品联合用药解决方案

这一点其实很多药企做得比较散，因为很少有药企通过提供联合用药解决方案的方式进行店员教育，基本是对店员进行产品宣传的教育。这是个很大的误区，因为单纯向店员进行单个药品的教育，是没意义的，结果还是靠给店员推介费用解决销售问题。

其实店员也需要疾病诊疗和用药知识的培训。现在国家很少有关于药店店员的培训，药店自身也不愿意出费用对店员进行系统培训，药店店员一直被定位为简单的卖药人员。所以，消费者在药店购药时，基本是在听店员喋喋不休地推荐药品，"风湿症是吧？用这个药企的药品挺好。""那个不行，就用这个药品。"……

现在消费者防范心理很重。经常购药的中老年人基本不会买店员推介的产品，因为被喋喋不休地推销的药品很容易引起消费者的戒备。

    笔者见过一个学医出身的店员的推销技巧。我因为腹痛，去药店买药，原计划买氟哌酸，同时也对药店店员有着较重的戒备心理，但当时接待店员的言语让我听从了店员的建议。

    店员并没有直接问我买什么药物，而是询问我的病情。在我简单说明后，她说我不是因为肠炎引起的腹痛，而是由于着凉，可以不服用药物，回家用热敷和按摩就可以解决。我很诧异，因为一般药店店员都是拼命地推介药品，而不考虑你的感受。

    我问："如果热敷的同时服用药物，是否会好得快一些？"她说："服药肯定快一些，但别服用氟哌酸，最好用颠茄片。如果有慢性腹泻的症状，还可以服用一些附子理中丸，这样可以根治经常性腹泻和腹痛。"

    结果，我没买几元钱的氟哌酸，而是买了颠茄片和附子理中丸，花了80多元，但心里感觉很好，因为这个店员自始至终就没有像其他店员一样喋喋不休地向我卖药，尤其是极度推荐我买某个牌子的药品。她在发现我想买她推介的药品时，并没有建议我买贵一些的，而是帮我选取了价位一般的药品，并说："这个药品我们有四个牌子，我建议你服用这个中端价位的，效果一样。"

    购买结束，在我拿药走时，她还追上告诉我，不要喝凉水，多喝开水，热敷时小心，不要烫伤皮肤。

    看，这位店员厉害吧，自始至终就没说一个"买"字，但她把几元的生意做成了近百元的生意。

    后来我向附近的老人们打听了一下，他们告诉我说，去那家药店基本都是找这个店员买药，因为她细心、负责、专业。

通过上述案例，我们可以明确一点，药店的店员也需要有较为专业的基本诊疗知识和联合用药知识。但店员很少有途径获得这类知识，药店也不愿意出大量的培训费用帮助店员提升，获取这些知识。

那么药企为什么不去做这个工作呢？

其实药店店员的基本诊疗知识和联合用药知识没有多复杂。如果药企针对基层医生做了《某类疾病诊疗和用药医生指导手册》，那么这个手册完全可以作为店员培训手册。如果手册过于专业，就可以用通俗的语言重新进行编制，让店员一看就明白。

如果药企没有针对基层医生的《某类疾病诊疗和用药医生指导手册》，可以就区域性常见疾病编制一份简易的疾病诊疗和联合用药指导手册，发给店员并做长期培训，这肯定比单纯给店员回扣强得多。

（三）如何构建针对消费者的整体解决方案

1. 构建消费者用药整体解决方案的重要性

目前，消费者用药情况比较混乱。据一份调查报告显示，只有24％的人知道什么是处方药和什么是非处方药；50％的人不知道处方药和非处方药；26％的人误认为OTC代表处方药。这份报告反映出普通消费者在专业性相对较强的药品知识方面的认知缺失非常严重。

相关数据显示，中国每年大约有几百万患者入院治疗，与药物不良反应有关，比传染病致死的人数高出数倍。在中国的聋哑儿童中，有60％以上是由于不合理用药所致。在中国的1000万聋哑人中，60％～80％也与药物的不良反应有关。另一项数据显示80％的人生病时会到药店自行配药。

笔者通过对专家走访，梳理了12个消费者不合理用药点：

（1）滥用抗生素。感冒发烧、肚子痛，都用抗生素、抗感染药物。

（2）服用药物不按规定用法、用量，随意增减药物剂量。

（3）多种药品并用，中西药混用，忽视药物间的相互作用，基本没有联合用药知识。

（4）不注意用药禁忌。

（5）凭借经验自我诊断用药。

（6）认为价格高的药品、进口的药品、新特药是疗效最好、质量最好的药品。

（7）听从相似病患的建议，购买可能与自身疾病不相符的药品。

（8）在医院购买的药品遵医嘱用药，但用完后自行购药则乱买乱用药。

（9）乱用滋补类保健品和药品，不知道自身的体质是不是适合，比如人参、冬虫夏草等。

（10）服用过期变质药。

（11）听从保健品销售人员的忽悠，迷信保健品。

（12）不注重或不知道不同疾病的预防方法、饮食规律。

可以说，消费者用药情况非常混乱，消费者用药、保健、锻炼水平亟待提高。

2013 年，国务院在《提出关于促进健康服务业发展的若干意见》中提出，到 2020 年基本建立覆盖全生命周期、内涵丰富、结构合理的健康服务业体系，打造一批知名品牌和良性循环的健康服务产业集群，并形成一定的国际竞争力，基本满足广大人民群众的健康服务需求。健康服务业总规模将达到 8 万亿元以上。

在医药领域内，所谓的大健康产业通常包含两个层面：一是指与人体健康相关的产品，比如保健食品、药妆等；二是包括体检、疾病康复等的医疗服务，即疾病预防、养生保健、护肤美容等领域。

美国 2011 年大健康相关人均消费为 100 美元，而我国同期人均消费值仅为 7 美元，发展空间非常广阔。

中国的大健康产业将为中国药企的发展提供广阔的市场前景，而提升消费者对药品使用的安全性、合理性、有效性是中国药企大健康产业发展的一个重要领域。如果在这个过程中，再把消费者疾病预防、疾病康养和饮食锻炼等结合起来，就形成了综合的消费者健康整体解决方案。

其实，现在很多移动医疗、智慧医疗、医药电商、挂号网等平台类企业都是在为消费者的健康、疾病提供解决方案。

但是现在医药电商的发展存在几个问题：

（1）距离真正的消费者太远，而且，很多平台正在做距离消费者越来越远的事情。

（2）没有真正找到消费者在疾病、用药、健康等方面的真正需求。说明一点，买药从来不是消费者最主要的需求。

（3）都是面对消费者提供碎片化解决方案，而不是综合考虑为消费者提供服务。

（4）都没找到真正的盈利模式。

（5）定位不准确。很多平台如医药电商定位在消费者自我药疗水平很高或者医院处方药可以外流基础上，但事实上这两个基础都不存在。

（6）消费群体的选择错误。现实中，药品、保健品消费量最大的是中老年人，尤其是老年人，而所谓的 APP、移动医疗、医药电商平台等都距离老年人非常遥远。喜欢新奇的年轻人偶尔会买一次药品，但购药感觉非常不好，担心不及时、担心质量、担心真假、担心运输过程出问题。

（7）现实中的竞争对手被臆想屏蔽。药品不同于其他消费品，需要专业人士的用药指导。现实中，药品非常容易获得。在任何城市，药店、门诊、医院的数量远远大于商场的数量，并且基本都是围绕社区布点，而且现场有店员甚至坐堂医生或者门诊医生指导用药，而且药品出现质量问题可以很容易解决。

医药电商的竞争对手极其庞大。截至 2014 年年底，药品零售企业和门店经营企业有 42 万家，农村药品供应网点有 58 万个。截至 2014 年 3 月底，全国医疗卫生机构数达 97.8 万个，其中医院 2.5 万个，基层医疗卫生机构 91.8 万个，专业公共卫生机构 3.2 万个，其他机构 0.3 万个。

将近 200 万个医药、医疗布点都在卖药，请问消费者获取药品是不是非常容易，还需要从网上购药吗？时间短、有用药指导、药品质量有保证、毒副反应处理及时，甚至有医保支付对接，医药电商在卖药上怎么和近 200 万个竞争对手竞争？作为补充或许可以。

所以，医药电商如果还是依赖消费者网购药品，不去真正分析消费者的需求，则平台类医药电商就真的成了"炮灰"，而现在的医药电商的高层们就真的成了"先驱"。

总之，无论药企，还是其他医药电商、移动医疗等，要想从经营药品、器械、保健品、功能性饮品等方面持续获利，就必须从消费者的真实需求出发，获得更为长久的发展基础和发展模式，而这就是为消费者的疾病、健康、养生提供整体解决方案，也是消费者迫切需要的。

2. 具体操作

为消费者提供的疾病、健康、养生整体解决方案，要从营销层面提升到战略层面，系统地进行规划才能发挥最大作用。

消费者的疾病、健康、养生整体解决方案包含 7 个方面：

（1）重大疾病解决方案。重大疾病是国家现在非常重视的，医保也重点关注，商业保险计划进入。

（2）慢性病整体解决方案。慢性疾病患者可以说是制药企业的提款机，因为患者需长期用药且群体稳定。

（3）非慢性病常见疾病解决方案，比如头疼脑热、感冒发烧等。

（4）中药中医健康指导解决方案。这是一个最适合中国药企的巨大市场，目前拜耳、勃林格殷格翰，还有美国的一些药企都在进入或者计划进入。

（5）通过饮食、锻炼进行疾病预防、疾病康养、养老养生的解决方案。这个未来将成为最大的市场。消费者在疾病预防方面渴望获得专业知识，在健康方面渴望获得专业指导，在养生、养老方面渴望有系统的指导。

（6）解决方案的获取途径和沟通渠道，如网站、APP、图书、期刊、手册、微群、QQ 群、平台、可穿戴设备、移动医疗……

（7）定期的见面沟通和讲座产生持续的品牌影响力，提升专业形象。

上述 7 个方面就构成了关于消费者在疾病、健康和养生养老方面的整体解决方案。这 7 个方面不是彼此孤立的，而是相互融合的，重点是提升消费者自我药疗、自我保健的知识、能力和方法，同时，通过对某类疾病国际最先进的治疗技术、治疗方法、治疗理论等来长期黏结消费者，让此类疾病的消费者长期黏结在药企的品牌上。

只要是消费者需要的，就是药企要做的。即使消费者没考虑到，药企也要提前为消费者考虑到并且提供到。

如果药企能够明白，消费者永远不是要购买你的药品，而是要治疗自身的某种疾病，而是想要治疗疾病的解决方案，那么，药企就会在提供白色治疗（服用药物）基础上，为消费者提供包括绿色治疗（非药物治疗）在内的疾病治疗解决方案。

比如有腰肌劳损的患者，单纯吃药可能症状的缓解不明显，那么，药企就应该在提供活血化瘀等相关药物的基础上，告之消费者通过热敷、理疗、针灸、按摩等非药物手段进行药物辅助治疗效果更佳，并通过合理坐姿、合理锻炼、合理饮食等进行调节。即便是康复后，还要注意哪些问题以防止复发，同时，还要告之消费者哪些因素会导致腰肌劳损，或者药企可以让专业的防治腰肌劳损的教练，编制一套让消费者每天定时做的保健操。

如果这样，药企就不是仅仅提供药物，而是为消费者提供"药物＋辅助治疗＋锻炼＋康养＋预防"的解决方案，就会在消费者中树立"腰肌劳损治疗专家"的形象。

需要明确的是，药企为消费者制订整体解决方案并没有固定的格式。笔者曾经为几家药企的主销产品指导制订过某类疾病的解决方案，由于药品不同、疾病种类不同、药企的运作思路不同，所以，几家药企的解决方案不尽相同。如果有固定格式，就失去了竞争的意义。药企可以通过自身药品的优势，选择主销药品的规格，围绕主销药品规格为消费者制订解决方案。

但有一点可以说明，制订整体解决方案真的不是很复杂。只要专业人士参与，后期讨论定稿，很容易制订。就是因为药企有大量的这类专家人士，所以说最了解药品的、最了解疾病的还是药企自身。需要说明的是，广告类的所谓解决方案就不要谈了。关键是怎样利用、传播这个整体解决方案，这一点最重要。

下面是一个糖尿病慢性病整体解决方案的目录，仅供参考。

一、认识糖尿病

1. 什么是糖尿病

2. 糖尿病的分类

3. 糖尿病的临床表现

4. 糖尿病的危害

5. 糖尿病流行的一般规律

6. 哪些因素容易引发糖尿病

7. 发病率

8. 死亡率

二、糖尿病的简单诊断

三、糖尿病的治疗

（一）糖尿病的药物治疗

1. 国内治疗现状、治疗技术、药物

2. 国际治疗现状、治疗技术、药物

3. 国内外糖尿病治疗存在的问题

4. 某药物在糖尿病治疗中的优势（药企的产品）

（二）糖尿病的非药物治疗

1. 心理治疗：心情愉悦

2. 饮食治疗：不同糖尿病病人的食谱，糖尿病病人的食疗方（可以加入药企的产品）

3. 锻炼治疗：不同糖尿病病人的锻炼方法

4. 保健产品辅助药物治疗（药企的产品）

5. 饮食、锻炼的注意事项

6. 禁忌事项：烟、酒、熬夜等

（三）服用××药品（药企的产品）的原则

1. ××

2. ××

3. ××

4. ××

（四）服用××药品（药企的产品）与其他治疗糖尿病的药物联合用药原则

1. ××

2. ××

3. ××

4. ××

5. ××

（五）糖尿病治疗的误区

1. ××

2. ××

3. ××

四、糖尿病的预防和康养

（一）糖尿病的预防

1. ××

2. ××

3. ××

（二）糖尿病的康养

1. ××

2. ××

3. ××

五、本药企有关糖尿病的平台、论坛、QQ 群、微信群等传播平台

六、本药企可以协助患者根据不同病情寻找更好的治疗手段和专业的治疗糖尿病的医院。

还有很多内容，就不一一赘述。各位一定不要被上面的内容框住，因为不同疾病、不同药品、不同药企应有不同的思路，重点是整个解决方案要始终围绕消费者的需求这个核心，千万不要做成广告内容。

制订好解决方案内容后，就要考虑传播渠道和路径，还有就是怎样让消费者长期关注相关内容，不能做一次就没有下次了。例如要把自己做成糖尿病治疗管理专家，这需要药企一方面综合系统地研究糖尿病治疗药品，另一方面更主要的是扩大药企自身的糖尿病产品线。如果某药企要在消费者群体中成为几个疾病领域消费者认可的专家，如糖尿病治疗康养专家、高血压治疗康养专家、心血管治疗康养专家、肿瘤治疗康养专家等，就非常厉害了。其实，在全国消费者心目中树立起其中一个方面的专家形象，也早能发展为上百亿元的规模了。

但需要注意的是，药企一定要选择好自己的专家形象领域，因为一旦确定了，就非常难以改变。现在很少有药企在做这件事，即使是一些药企选择了定位为儿童药专业企业形象，但除了做儿童药产品，别的什么都没做，这种做法还不如不去选择树立某一疾病领域或人群领域的专家形象。

所以，现在选择成为一个或几个专家形象的机会非常难得。很多外资药企在剥离非主营业务，向主营业务强化，其实就是要成为某个或某几个治疗领域的消费者和医生心智中的专家，强化、锁定治疗领域的专业优势，形成明晰的品牌区隔。

经典案例：梯瓦把一粒药卖了近 20 年，仍竞争强劲

以色列梯瓦制药工业有限公司（Teva Pharmaceutical Industries Limited，NASDAQ：TEVA，以下简称为梯瓦）是全球著名的跨国制药企业，致力于非专利药品、专利品牌药品和活性药物成分的研究开发、生产和推广。梯瓦是全球排名前 20 位的制药公司，也是世界上最大的非专利药制药公司。

梯瓦有一款治疗多发性硬化症（MS）的专利药品：克帕松。虽然市场上有多达六种新药在和克帕松竞争，但克帕松还是以安全性更持久，几乎没有任何副作用，同时凭借梯瓦为消费者提供的整体解决方案而在十几年时间里，一直处于全球第一的位置，且处方量高于第二名 40%。

除了优秀的药品质量，克帕松保持长盛不衰的根本原因就在于梯瓦使用共享解决方案。

梯瓦的共享解决方案关注三个方面：

（1）帮助患者获得所需的治疗手段。

（2）为患者提供一对一的注射训练，以保证其获得最佳的使用体验。

（3）提高患者对品牌的忠诚度。

早在 1997 年，梯瓦就已经组建了 MS 患者社区，由其收购的共享解决方案咨询有限公司为患者提供全天候的护士服务。社区配有专门的呼叫中心，注册护士会 24 小时不间断地回答电话咨询，还会给在中心注册过的患者致电。患者第一次用药时就被联系起来，这确保他们在及时用药方面不会出现任何障碍。此外，社区还提供专门在医生办公室为患者做注射培训的护士，患者和忙碌的医生都非常喜欢这项服务。"共

享"概念不啻为 MS 领域的黄金法则。社区里的患者不论使用何种疗法，解决方案都一律共享。患者和呼叫中心的护士在多年后形成了良好的关系。

为提高品牌忠诚度，梯瓦在医保支付方面为患者提供帮助以保证患者获取药品的渠道通畅，对于符合标准的患者提供零付费等多种合规的财政补贴政策，从而获得更好的品牌效果。

（1）数字化营销渠道

2012 年 3 月，梯瓦联系医生和 MS 患者在推特上举办了一场线上会议，成为首个就处方医疗产品举行推特会议的公司。会上很多患者询问了克帕松和其他同类药品的情况。这场会议证明了制药企业是可以运用社交媒体与患者互动的。

很早之前，梯瓦就和 Intouch 解决方案公司共同开发了一个网站。在网站上登记注册的患者不仅可以获得梯瓦提供的内容并提出咨询，更重要的是他们可以用这个平台互动，这可以算是比脸谱网还早的线上社交平台。2015 年，梯瓦又和 Intouch 解决方案公司推出了一款新型网页版 Tracker，作为此前克帕松专属 APP 的补充。它能帮助患者管理自己的注射安排，其中包括提醒患者轮换注射部位、设立疗法提醒和接收用量警报。在共享解决方案网站上注册过的患者可以直接登录网页版 Tracker，跟踪自身注射情况、整体感觉和当前状态。

MS 的医生现在主要集中为神经科医生，而梯瓦在全美共有大约 200 名医药代表，实地服务着差不多 7000 名神经科医生。在医生方面，Intouch 解决方案公司和 Harrison and Star 公司进行了合作（该公司为梯瓦直接面向患者的专业机构），为该领域的医药代表提供内容和销售信息。这些材料全部为电子版，可供医药代表在 iPad 上查阅。

克帕松拥有全部的数字化营销渠道，比如客户关系管理、数据库营销、搜索优化、线上陈列策略和广告横幅，以及富媒体。但梯瓦副总裁、中枢神经系统事业部总经理 Derkacz 认为，数字化营销绝不是万能的，"我们从不会在任何一种所谓创新上冒险，因为我们的优先项永远都是那些能围绕患者和医生，让他们记住克帕松是什么和能干什么的策略，然后让患者和医生自己选择自己喜欢的渠道和内容。"

（2）巧用名人效应

MS 在全球有超过 200 万名患者，是一种会侵犯神经纤维、损伤髓鞘，导致瘢痕形成和神经损伤的疾病。临床表现各式各样，可能是轻微的疼痛或视觉模糊，也可能是突然无法站立或者讲话。绝大多数患者每日都必须进行常规注射。它来无影去无踪，而对于复发性 MS 患者来说，复发周期可能会是几天、几个月，甚至像癌症一样，长到令患者都快忘记自己患了病。这种无法预知的进程恐怕是患上它最痛苦的原因。

梯瓦请来乡村音乐歌手克雷·沃克、媒体人杰克·奥斯本做宣传。杰克·奥斯本于几年前确诊患有 MS，之后他制作了一系列真实的线上视频集来讲述自己如何生活，以及人们对于该疾病的错误理解。除了赞助"你也许不知道杰克·奥斯本也有 MS"这一联合项目外，梯瓦还向 MS 协会捐款 10 万美元，用以表彰杰克·奥斯本在推动 MS 普及中的努力。

梯瓦在不冠名、纯教育性质的活动中投入资金，正是借用名人效应，与那些刚刚确诊或者已经治疗一段时间，可能觉得很孤独的患者分享体验和心得，使他们对名人产生惺惺相惜之感。随着大多数新确诊的 MS 患者选择克帕松的处方，更多的人了解了该病的症状和选择疗法的重要性，这意味着梯瓦会有更多的开方和销售。

"即使专利药到期，但我们将一如既往地构建品牌在患者当中的忠诚度。在这场竞技的最后，我完全相信大多数的医生和患者，再加上支付方，都会选择一种被临床证明过的疗法，这是肯定的。"梯瓦神经系统药物市场副总监 John Hassler 说。（注：本案例来自于 E 药脸谱网）

3. 构建针对消费者的整体解决方案的注意事项

很多药企制订整体解决方案会进入一个误区，就是总想把自己的企业介绍、自己的产品尽可能地放大，或者多篇幅进行宣传，这种做法非常不可用。

因为如果你的整体解决方案让消费者感知为广告产品，那么距离扔进垃圾筐也就不远了，因为消费者内心对广告类的书籍期刊都是比较反感的。

以前，笔者的营销管理咨询团队在为一家小型药企拓展当地市场。这家药企（简称 S 药企）在边远的一些省份有一些销量，但在本地却销量非常少。S 药企的老板希望一年内当地市场在拓展后销售业绩能占到整个销售业绩的 40%，而原来只有 12%。

笔者的项目团队在对当地市场进行了为期 14 天的调研后，进行了梳理和总结，发现最主要的问题是当地很多消费者对 S 药企和 S 药企的产品知之甚少，而 S 药企也没有在当地的诊所、药店和医院进行大范围铺货。

在做了当地市场的营销规划后，项目组提出做一份铜版印刷品，主要是针对当地消费者用药进行合理指导。这样消费者既能提升用药知识、合理用药，也能较为透彻地了解 S 药企及其产品，从而形成长期品牌黏性，并产生购买行为。

但 S 药企的老板较为固执，觉得对消费者来说用药指导意义不大，将内容全部改为 S 药企的详细介绍、药品介绍、保健品介绍。S 老板认为，之前消费者不购买 S 药企的药品，主要是因为当地消费者不清楚 S 药企，不清楚 S 药企的产品。

项目组多次沟通未果，给笔者打电话。笔者也苦劝 S 药企老板，但他一意孤行，让企业人员修改了内容，共计 30 页，还花费高价用优质铜版纸印刷成小册子，共计印刷 5000 份，每份 6 元。他非常满意印刷的宣传小册子，经常爱不释手地拿出来观赏，并作为赠送佳品送给很多来药企的朋友。

经过 5 天的发放后，S 药企老板宴请项目组说："就等着销量飞涨吧，有这么好的印刷品，大家都会爱不释手，仔细阅读。"

但一周内，订货量并没有明显上升，药店和门诊订货量上提了约 15%。一个月后，药店和门诊订货量上提了 14.6%，变化不大。笔者的项目团队走访了大量的药店、门诊后，发现销量上升的根本原因是新组建的销售团队扩大铺货量、提升覆盖率的结果，而印刷品的作用好像根本没产生。

这非常奇怪，于是我们询问了发放印刷品的人员。这些人员都说，消费者拿到手之后很多都没看，走出稍远一点随手就扔掉了，有一些他们还得去拾起来，否则卫生大妈就不让他们发放，而拾起来的基本不能用了，因为都脏兮兮的。

在和 S 药企老板协商后，我们聘请了几名当地医生和药企的专业人员用了周末的两天时间，把内容重新编著。这次完全从消费者合理用药、饮食、锻炼等角度出发，把 S 药企的一些药品分散编著到内容里面，合计 35 页，结尾两页对 S 药企和药品进行简单介绍，并注明联系方式。

为了避免浪费，我们第一批印刷了 1000 册，费用每册 6 元（还是原来的印刷标准），进行试探性发送，同时委托6家药店和10家门诊参与发送。

结果，一周内本区域订货量上浮了79%，一个月内本区域订货量上浮了135%，到第三个月的时候，本区域销量基本达到了整个销售业绩的36%，距离40%的目标不远了。

案例总结：

编制消费者用药整体解决方案，一定不要做成纯广告形式，同时，最好形成每季度一期的刊文，这样可以长久地黏住消费者。

笔者对医药行业内和医药行业外的案例进行了整理，总结出制订消费者整体解决方案的注意事项：

（1）内容要注重消费者在疾病方面的治疗、预防、康复及健康指导，不要过于宣传药企的产品。

（2）印制的版本要有一定厚度，不要简单地只有几页纸，没有保存的价值。

（3）要有专家团队（医疗专家、医药专家、康复专家）的倾力制作，不要应付了事。

（4）发送途径不要仅限于当街发送，配合药店或者诊所效果更好。

（5）针对年轻的消费者，传播的内容和传播的途径要时尚化，不要过于古板。

（6）整体解决方案要有纸质版、电子版两种形式，同时要进行网络推广，使之成为消费者进行疾病和健康方面的常备工具书籍。

（7）要分季度或半年度进行一次更新，尤其要及时将新的治疗技术资讯提供给消费者。

（8）要获取真实消费者的数据，通过呼叫中心配合长期黏住消费者。

（9）在慢性病管理上要多下功夫研究。

（10）要多角度、多渠道、多频次地链接消费者，可以通过定期的疾病咨询活动、健康知识讲座等让消费者更加信赖企业。

（11）要从药品、保健品、饮食多方面为消费者提供产品，这样可以让消费者获得系列的产品服务和指导服务，从而更能长期粘住消费者。

总之，消费者整体解决方案是个工作量非常大，尤其是后期的工作量非常大的工作，但一旦展开，就要坚持做下去，要争取做到有300万以上的真实客户目标。

随着大健康产业在中国的发展，我国的消费者教育发展，为消费者提供整体解决方案将成为药企竞争的重点。

"药品＋药品正确使用＋增值服务"的运营模式将成为药企利润的主要来源。药企要想使自己的整体解决方案打动客户，就要构建一个良好的、能频繁运用的客户数据库，通过技术手段而不单单是服务热线的方式链接客户。黏住客户、开发新客户，这是真正的大数据应用，而不是以前的所谓大数据应用。

一个好的消费者疾病、健康、养生整体解决方案带来的利益是多方面的。对药企来说，整合了客户和市场资源，简化了客户管理流程，提高了运营效率，带来更高的客户满意度与忠诚度，更重要的是建立了一种区隔性的竞争优势；而对于消费者来说，一站式的解决方案提供了明确的用药指导，避免了用药错误导致的风险，增加了疾病的康复时间，而且把消费者所有的问题一次性解决，更便捷、更高效也更省钱。

第二节 由综合性药企转向以专科疾病为主的药企

一、向优势业务聚焦是全球药企的战略调整方向

现在，全球的医药行业风起云涌。并购、重组、剥离、分拆、合作、合资等手段被综合运用，看似眼花缭乱，但实际上，全球各国的药企都在聚焦优势业务，剥离非优势业务，以形成有效的品牌区隔和竞争区隔。

在优势业务里面，其他药企很难染指。因为这类企业对优势业务的研发、生产、销售、营销和经营都做到极致，这是资源和能力整合带来的巨大竞争力。

需要注意的是，向优势业务聚焦，并不一定是只经营某个专科疾病领域，而是形成一到几个主要的专科疾病领域。当然也有一些药企只专注于某一疾病治疗领域，这样可以全神贯注地对某类疾病进行深度研发和经营，从而与竞争对手形成有效的区隔。

需要说明的是，本书中提到的专科疾病领域不是狭隘意义上的专科药，而是从疾病领域出发进行分解。这个说法可能存在问题，但笔者从药企经营层面来考量，以利于药企正确地看待战略聚焦问题。

国外药企中有的专注某一领域，如格兰泰；有的向优势业务领域聚焦，如诺华。

格兰泰：专注疼痛的制药企业

格兰泰始建于 1946 年，在初建以至很长时间内，并没有明确的发展方向，而是从青霉素做起，因为"二战"后需要大量青霉素。之后格兰泰也经营了很多其他主流产品，但基本处于维持发展阶段，直到 1977 年，格兰泰历史性的新产品舒敏（Tramal，主要成分盐酸曲马多）上市。舒敏是一种安全有效的阿片类镇痛药物，能广泛地用于各种中重度疼痛治疗。

通过舒敏的成功上市，格兰泰转型为一家以疼痛治疗为基础的专科制药企业。

格兰泰以舒敏为基础，开始了进一步的止痛新产品开发。进入 21 世纪之后，针对疼痛治疗的不同临床需求，格兰泰陆续推出了全球首个阿片类止痛贴剂 Transtec，复方曲马多制剂 Zaldiar，用于带状疱疹神经痛治疗的新型贴剂 Versatis，以及可连续使用 7 天的轻中度止痛贴片 Norspan 等。

2010 年，格兰泰与强生制药联合开发的 Palexia 成功上市。这是一个新型的用于神经病变疼痛的治疗药物。通过这一系列产品的问世，格兰泰不仅丰富了其止痛用药的产品库，同时也巩固了整个公司在疼痛治疗领域内的全球领导地位。

辉凌医药：肽激素类领导者

辉凌医药始建于 1950 年的瑞典，最初的名字为北欧激素药厂，1954 年更名为辉凌医药。

创业之初，弗雷德里克·保尔森（Frederik Paulsen）开始在猪脑垂体中提取促肾上腺皮质激素。当时瑞典发达的动物屠宰业成为保尔森可靠的原料供应来源。

2001～2013 年，辉凌医药的销售业绩一直稳定保持两位数的增长。整个公司一直坚持着其创始人弗雷德里克·保尔森所倡导的专注科学研究的发展模式，而且长期以来它对肽激素产品和技术研发的孜孜投入已经确保了其在相关领域内的领先性。

利奥制药：皮肤病专家

丹麦利奥制药最初是 1908 年两位丹麦药剂师建立的药房，于 1929 年转型为药品生产企业。

利奥制药曾于 1986 年上市了另一个皮肤病药物立思丁软膏（Fucidin），用于治疗皮肤细菌感染。通过这样的布局，利奥制药在皮肤病领域中建立了其市场基础。

2001 年，一个更新换代的银屑病药物得肤宝软膏（Daivobet）问世。

2008 年，新一代的银屑病药物赛美尔（Xamiol）上市，进一步加强了利奥制药在银屑病治疗方面的优势地位。

2013 年，治疗光线性角化病的新产品 Picato 上市，成为利奥制药新的增长动力和利润来源。

随着产品线的日渐丰富，利奥制药将其产品分为战略性产品、核心产品及普通产品。在皮肤科领域内，得肤宝软膏、赛美尔和 Picato 成为其最重要的战略性产品。为了将这些品牌推广到更多的患者人群中，专注于皮肤病领域的利奥制药在全球范围内启动了一个服务性项目 Quality Care。在美国，Quality Care 不仅能帮助医护回答病人治疗中的各类问题，同时也和美国国家银屑病基金会合作开展更多的联合交流。

除了皮肤病之外，利奥制药另一个主要专科治疗领域是抗血栓药品，旗下主要产品包括肝素类产品、精蛋白等，其中亭扎肝素钠（Tinzaparinscdium）被公司定为最重要的战略性产品。

在全球化布局方面，利奥制药在最近的 30 多年时间内一直通过稳定的扩张步伐在世界各地建立其业务基础。如今，利奥制药在全球 100 多个国家的主要市场区域内都建立了分公司。

（案例来自《E 药经理人》）

诺华、GSK、礼来、辉瑞等企业或切割或重组来聚焦其核心竞争力。与中国企业面临的多元化和规模化需求相反，目前全球性的大型药企都处于强化核心竞争力的阶段。

目前，全球性药企都在通过两种主要模式来重塑核心竞争力：

第一，全球性药企强化核心竞争力的手段是切割弱势业务单元。

诺华用旗下的疫苗业务换得 GSK 的肿瘤业务，前者总额 160 亿美元，后者则为 52.5 亿美元。此外，GSK 和诺华成立合资公司，将各自的消费品保健类产品，包括 OTC 药品、日化消费品等放入这个新公司。GSK 占这个新公司 63.5% 的股权。

诺华将此次业务调整看作一个转折点，将借此回归核心制药业务，增强其高毛利肿瘤业务的实力，同时剥离对其业绩贡献较小的疫苗业务和动物保健业务。

诺华拥有全球第二大的肿瘤产品线，包括畅销药物格列卫，而新加入的 GSK 肿瘤产品 2013 年的利润近 16 亿美元，将扩大诺华向治疗和小分子治疗方面的优势。

GSK 在疫苗市场则风生水起。GSK 在全球疫苗市场上占据 23% 的份额，位于首位，而诺华占 10%，处于第五位，两者合并后，市场份额就超过 30%。

经 GSK 方面测算，和诺华合资后的新消费品保健公司将成为仅次于强生的全球第二大消费品保健企业，年销售额超百亿美元。

礼来旗下动物保健部门（Elanco）将获得诺华旗下约 600 个动物保健品牌，其中包括疫苗和抗寄生虫药物，这将使其得以进入水产养殖市场。完成收购后，礼来在全球宠物保健领域将从第 5 位大跃居到第 3 位。

第二，全球性药企通过进一步并购重组来强化核心竞争力，而且这种态势还呈现愈演愈烈的态势。

骨科公司捷迈（Zimmer）也在诺华、GSK 与礼来这三家巨头达成收购协议后不久就宣布以 133.5 亿美元的价格收购整形外科产品企业 Biomet。辉瑞已经明确退出多元化发展跨国药企。百时美施贵宝公司已经剥离自己利润丰厚的美赞臣奶粉，采取珍珠计划收购企业，专注生物制药行业。

无论全球药企是切割弱势业务单元，还是通过并购强化核心业务单元，都是在聚焦优势业务单元，以寻求更好的发展路径。在新药研发成本越来越高，专利药面临到期而销售下滑的背景下，聚焦优势业务单元是全球性药企战略转型摆脱困境的关键。

而现在国内很多药企还没看清楚药企未来的发展路径和发展目标，所以，都在做无用功。

笔者最近参加了一家药企的战略研讨会议，会议内容就是这家药企怎样构建转型战略。

但是，很让人郁闷的是，众人都在围绕战略指标：5 年完成 100 亿元进行热烈的讨论，都是用小学数学的算法在计算这个药品 5 年能卖多少，那个药品 5 年能卖多少，合计起来多少。

所以，会议上笔者提出了四个问题：

（1）药企在哪个治疗领域或者疾病领域的产品群有优势？现有产品是否需要梳理？

（2）药企的几个业务单元怎样综合发展？如何发挥主营业务优势？如何发挥母合优势？

（3）研发领域和现有的经营领域是否有足够的对接和支持？

（4）药企的品牌定位是什么情况？

就这四个问题，在场的一些战略管理专家都默不言语。估计有些战略管理专家由于本身不是医药行业的人，对产品领域和业务单元领域不是很了解，这可以理解。但也有医药行业内的人，也没有明确的判断，而且，这家药企的高层们也没有明晰的确定说法。

上述4个问题看似简单，其实是现在中国药企在战略转型过程中最需要思考的问题。如果一家药企的战略主要围绕空洞的目标去讨论，几乎没有意义。

现在有一些中国的药企已经重视战略规划中主营业务的发展和非主营业务的发展，因为二者其实有很强的配合作用。

复星医药

复星医药这个医药界的PE，就明确了在药品领域的发展方向：专注于新陈代谢及消化道、心血管、抗肿瘤及免疫调节、神经系统、抗感染等治疗领域，且主要产品均在各自细分市场占据领先地位。

在中国，复星医药已取得肝病、糖尿病、结核病、临床诊断产品等细分市场的竞争优势。在全球市场，复星医药也已成为抗疟药物的领先者。

荣昌制药

问：中国人治痔疮，用什么？

估计大多数人都能回答：荣昌肛泰。

荣昌制药的拳头产品为肛泰。1993年，荣昌制药发明了"贴肚脐治痔疮"的新疗法，创造了"贴脐片剂"新剂型，开发出了独家产品肛泰，并相继研制出肛泰软膏、肛泰栓等系列治痔产品，在治痔领域独树一帜。

所以，荣昌制药成了治疗痔疮细分领域的专家，在治疗痔疮上，是国内第一品牌。

但荣昌拓展新业务时出现了问题，即开发出了吃的产品：甜梦口服液、甜梦胶囊系列产品。

荣昌制药以治疗痔疮的肛泰知名，但做出吃的口服类药物，就让消费者心理产生冲突，从而扰乱了荣昌制药的品牌定位，所以，估计甜梦口服液、甜梦胶囊的销量不会太好。

荣昌制药已经无法摆脱肛肠系列的品牌影响力，所以，如果荣昌制药在肛肠领域继续拓展的话，会做得非常好。肛肠领域的产品群其实很大，而且能拓展的产品也非常多，比如肠炎、通便等。

至于荣昌制药的新业务，甜梦口服液、甜梦胶囊系列，则可以另外再建一个品牌。在荣昌制药的上面搭建一个医药集团，而医药集团的名字不能叫荣昌制药，这样可以形成有效的品牌区隔。

信立泰，定位于心血管领域的专家

信立泰多年来致力于心血管疾病的研发和销售，在心血管领域形成了完善的产品系列，培育了强大的销售队伍，拥有覆盖全国的学术营销和服务网络，对国内具备 PCI 资质的医院进行了全覆盖。

信立泰的药品多为首仿药和创新药，泰嘉（硫酸氢氯吡格雷）为其拳头产品。

信立泰在心血管领域有着优质产品线布局。除了泰嘉，还包括盐酸贝那普利（市场占比排名第二），比伐卢定（首仿、独家）阿利沙坦酯，在研新药乐卡地平、复方制剂贝那普利和乐卡地平，降脂领域有氟伐他汀在研。

国内药企其实需要注意，如果专注于某一疾病领域，就不要仅仅局限于药品。虽然药品是核心，但相关这类疾病的预防、康复也是发展的重点，这就是药品＋大健康的思路。

如果在某一疾病领域，无论是预防、治疗、康复、饮食，还是保健、数据平台监控等，药企都做到了顶级，那么，这个疾病领域就会成为药企的独占领域。因为单一的药品单元不是全部竞争手段，产品、增值服务、服务手段才是竞争的核心，这让其他企业短期内很难效仿。

聚焦优势业务领域，是全球药企未来竞争的重点，是一个非常有发展前景的市场。而且，这种聚焦会让药企短期内集结资源向专科疾病领域配置，也会在研发投入上形成较为强劲的态势，最终，这些企业会在短时间内脱颖而出，同时获得较高的投资回报。

2013～2015 年全球各疾病领域专科药增长率如图 2–3 所示。

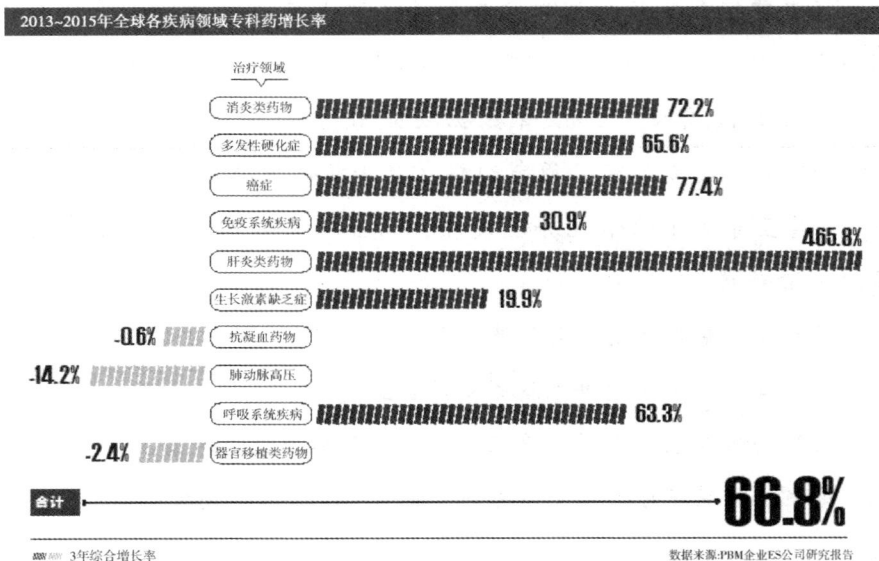

2013~2015年全球各疾病领域专科药增长率

治疗领域

消炎类药物	72.2%
多发性硬化症	65.6%
癌症	77.4%
免疫系统疾病	30.9%
肝炎类药物	465.8%
生长激素缺乏症	19.9%
抗凝血药物	-0.6%
肺动脉高压	-14.2%
呼吸系统疾病	63.3%
器官移植类药物	-2.4%

合计 **66.8%**

3年综合增长率

数据来源：PBM企业ES公司研究报告

图 2 - 3　2013～2015 年全球各疾病领域专科药增长率

二、什么样的药企适合由综合性药企向专科药企转型

中国药企的普遍现状是缺少特色，同质化非常严重。比如招标某个产品，可能有几百甚至一千多家药企参标。

即使在新药申报上，同质化情况也非常严重。在国家食药监局药品申报名单中，大产品重复申报现象严重，一个产品可能有一两百家药企在排队申报。如果从市场进入时间和药品的市场周期看，后面排队申报的可能药品出来后，市场竞争已经白热化，所以，这些药品即使申报成功，可能也无法从市场中获取足够的利润。

现在很多药企一方面有大量的贮备药品文号，既不能生产投入市场，也不能卖掉变现，成了药企的包袱；另一方面，药企的研发和药品审批人员还在积极不懈地大量进行药品申报。

在并购上，很多药企根本没想明白为什么要并购其他企业。

　　笔者曾经就某药企并购案例和其董事长有过一次长谈。因为这家药企控股了一个中药企业后，原计划通过产品线补充提升整体销量的情况并没有发生，经营数据还是处于加和状态。也就是说，$1+1=2$ 的情况没改变，原来幻想在经营整体数据上会发生 $1+1$ 等于 3，甚至等于 4 的情况并没发生，而且，新并购的中药企业有明显的下滑趋势。

　　笔者和董事长长谈的两个根本问题是：

　　（1）当初为什么要并购这家中药企业？

　　（2）并购后有没有进行产品的重新组合和企业间的整合？

　　董事长明确当时根本没想清楚，之后也没有进行整合。

　　这就是现在很多药企并购失败的根本原因。据相关数据统计，国内 30% 的医药企业并购是成功的，并购后确实提高了资源的利用效率，形成多赢，但有 70% 的并购是失败的。

　　总之，在同质化竞争严重的情况下，和其他药企或者竞争对手形成有效区隔是竞争的根本，而要形成有效区隔就要在产品线、品牌建设、产业布局、运营模式、转型升级上形成有效区隔。

　　那么，什么样的药企适合由综合性向专科性转型？

　　笔者分析了国内的很多药企发展的历史，结合很多成功的转型案例，梳理了几种需要转型的药企，供大家参考：

　　（1）产品零散，普药为主，几乎没有拳头产品的药企。

　　这类企业几乎都是依靠价格、生产规模甚至贴牌在参与市场竞争，能拿得出手的药品品类非常少，直接可以定义为生产型药企，因为几乎没有研发，只有几个所谓的新药申报人员。如果把这类企业的产品从利润和销量的角度进行评估的话，可能就可以明晰地了解。

图 2 - 4 是药企 A 的产品利润、销量评估矩阵图。

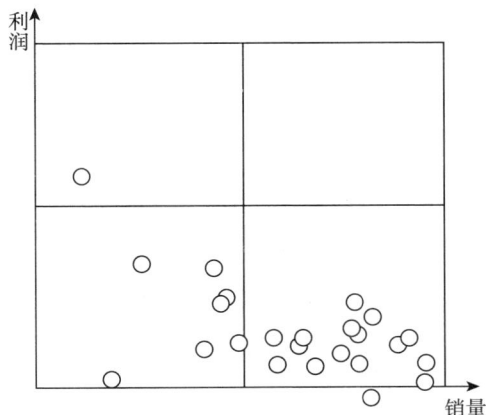

图 2 - 4　药企 A 的产品利润、销量评估矩阵图

从图 2 - 4 可以看到，药企 A 的产品非常分散，没有竞争力，是纯粹的生产型企业，依靠生产赚取微薄的利润。

如果这类药企不转型就基本处于等死状态，但这类药企转型的难度非常大，主要是缺少拳头产品和研发。

（2）产品零散，以普药为主，有一两种拳头产品的药企。

这类药企几乎都是依靠一两种拳头产品存活，拳头产品以外的药品销售很低。拳头产品可以占 60% 以上的营销业绩，占据 70% 以上的利润。

图 2 - 5 是药企 B 的产品利润、销量评估矩阵图。

药企 B 的产品结构有着明显的问题，就是大的独大，散的很散，中间距离非常大。这类药企转型要分析，会出现两种情况：

一种是如果拳头产品在一个疾病治疗领域全国知名的话，转型为专科药企比较容易，药企可以紧盯拳头产品所在的治疗领域进行产品拓展。

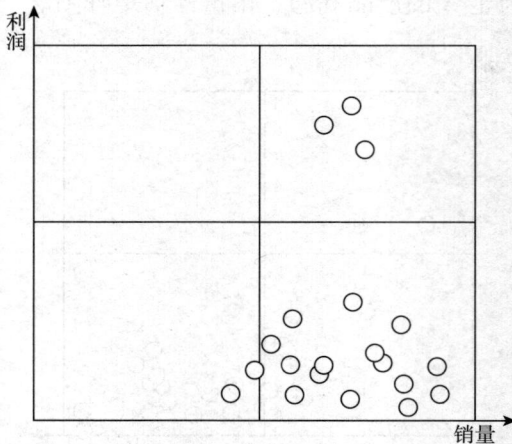

图 2 - 5　药企 B 的产品利润、销量评估矩阵图

另一种是所谓拳头产品仅仅是在药企自己的产品排序中突出，在相关治疗领域的竞品中并不突出，而药企本身总经营额度不过 2 亿元，这样的企业转型为专科药企就比较困难。

（3）药企自身在某个领域已经有了较好的基础，而且有较好的产品群。

有些药企因为历史发展的原因，在某一类专科药领域已经有了较宽的产品线，但由于药企的战略构架因素，导致这类药企并没有刻意向专科药领域发展，从而形成了比较散的产品结构。

这类企业经营情况一般，有竞争力，但不是很强。药企的战略构架并没有突出专科药的优势，也不会集中优势资源发展专科药，但主要经营业绩和经营利润来自于某一专科疾病领域的产品线，但这些产品线中并没有特别突出的拳头产品。

如果这种药企长期经营不理想，在较长的发展过程中并没有形成具有很强竞争力的企业，就要考虑向专科药转型。

图 2 - 6 是药企 C 的产品利润、销量排列矩阵图。

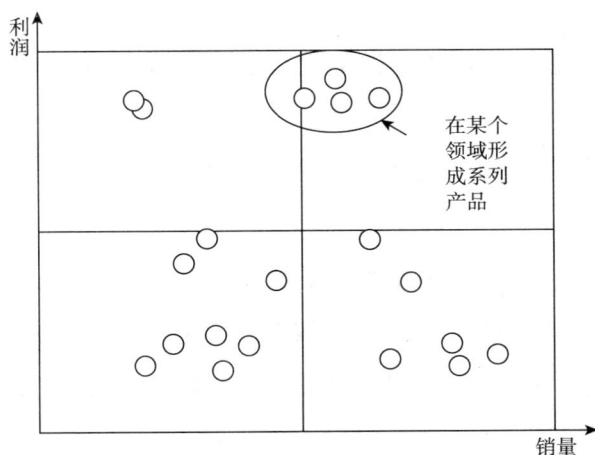

图 2 - 6　药企 C 的产品利润、销量排列矩阵图

这类药企向专科药转型较容易获得成功，而且，因为已经有较为丰富的产品线，在疾病领域的产品优势比较明显，一旦转向以专科药为主，会有很大的发展机会。

（4）**药企自身经营业务总盘子比较大，但很多产品分散经营，没有系统地整合，形成资源优质配置态势。**

这些药企在不同的疾病领域有全国知名的拳头产品，而且研发能力比较强，如果定位在几个疾病领域，将很快获得竞争力的提升。

比如国内的制药企业福安药业，经历了多年的无序发展后，重新构建发展战略，制订了以"重磅专科药为主，抗生素为辅"的专科药发展战略，主要集中在抗肿瘤领域、心脑血管领域和精神疾病领域。

（5）**大型药企，年度经营业绩 50 亿元以上，但至今还没有全国知名的产品，产品资源分散。**

这类药企估计是很多排名进 100 强的药企，虽然盘子很大，但大而不强，没有在某个疾病领域形成自己的特色，经营上也比较分散。下属很多药品制造企业，都是各自为政。而且，不同的分药企还有自身的流通业务，而分散的流通业务在集团板块内并没有被充分地整合。

这样一说，估计很多朋友会对号入座，其实，这样的企业比较多，对不对号没意义。

这样的企业自身发展遇到瓶颈，决策层基本是纠结在业务单元发展战略的选择上，比如是在化学药领域发展，还是在中药领域发展？是在流通领域强化，还是在制药领域强化？是在药品领域强化，还是在消费品领域强化？

如果集团药企的业务单元居多，那么就要考虑整合业务，发挥母合优势，之后在专科疾病领域有所选择，不要事事都做。事事都做的结果是都做不大，做不强。

在《制药经理人》杂志公布的 2014 年全球制药 50 强之中，新兴专科制药企业所体现的高增长速度让业界人士倍加关注。其中罗氏制药就是通过向肿瘤药专科转型，而成为 2014 年的全球制药企业 50 强的第三位。在这之前，罗氏制药在全球 50 强的排名是靠后的。

上面 5 类企业其实是非常适合向专科药转型的。也许其他类型的企业也适合，但笔者仅仅在此提出 5 类让大家进行思考。

三、怎样从综合性药企向专科药企转型

综合性药企向专科疾病领域转型，就是要集中资源，构建强大的竞争优势，从而在一个或几个疾病领域中获得相对甚至绝对优势，从而让一到几个领域的成功发展带动药企全面获得成功，进入快速发展轨道。

跨国药企曾经都是经历过多元化经营的，但现在纷纷调整战略，向优势业务单元聚焦，以获得或保持竞争优势。罗氏制药就是因为向肿瘤

专科药转型，从而在全球 50 强的排名中前进几位。

根据笔者运作的一些案例，以及分析很多向专科药转型的案例，梳理出从综合性药企向专科药企转型的运作框架：

（1）要打好战略升级转型的基础。

（2）通过系统地调研、分析、讨论、梳理，确定专科疾病领域的转型方向。

（3）制订强化确定的专科疾病领域产品的方案。

下面，我们就这三点分别讨论。

（一）要打好战略升级转型的基础

俗话说："要打有准备的仗，没准备地匆匆出战，很容易失败。"

构建战略升级转型的基础，首先做好以下几点：提升管理、提升执行力、获取战略升级转型需要的现金流、整理好自身的资源。

迈克尔·波特认为，企业的竞争优势是通过一系列的价值形成过程产生的，利用价值链，通过成本分析和差别分析来分析企业竞争的优劣势，从而找出需要强化和需要改进的地方。

迈克尔·波特的价值链如图 2-7 所示。

药企管理的提升，首先通过分析价值链，找出药企自身存在的问题和明确的优势，之后，在药企整体管理层面进行强化，也就是说，补齐不足，强化优势。

药企管理提升一般需要从基础的制度、流程、管控模式、组织结构、薪酬绩效、职责明确、部门作战力提升、营销管理提升、研发强化等方面进行，这里就不一一表述，后面针对管理的转型将会进行较为细致的阐述。

至于**执行力提升**，短期内很难做到，因为这涉及内部管理、外部竞争态势、员工的职业素质、员工的心态和企业文化等方面。在药企战略转型升级过程中，执行力主要体现在药企的高层和中层管理者身上，并

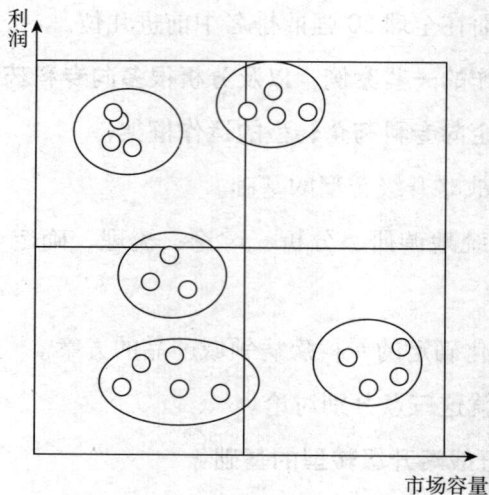

图 2 - 7　迈克尔·波特的价值链

不是一定要求全员执行力提升。当然，如果全员执行力提升会更好，但这在短期内很难做到。

所以，在药企战略转型升级的执行力方面，我们只要高层和中层领导者意见达成一致，同舟共济，目标唯一，一切服从战略转型升级要求就可以了。至于全员在战略转型升级的执行力提升，则由部门经理和分管高层去逐步强化。

获取战略升级转型需要的现金流。俗话说："巧妇难为无米之炊。"现金流是战略转型获得成功的根本，没有足够的现金流，战略转型就是一句空话。

很多老板询问，如果从每年的收益中获取战略转型升级的必要资金，是否可以？这个观点有待商榷，因为有时候战略转型由于模式不同，所需资金的情况也不同，因而每年的收益或许可以满足，或许不能满足，存在风险。

所以，药企转型升级就必须要想尽办法进行融资，拓宽融资渠道，比如出让股权、银行贷款、获取风投或 PE 资金等。

整理好自身的资源。药企自身有多少产品资源、渠道资源、终端资源、市场资源、人才资源、政府关系资源等，先把自己的家底好好盘算一下。有多少钱做多少事，千万不要连小米加步枪都没有，就挥舞着镰刀去战场上拼命，因为面对竞争对手的枪炮、坦克甚至飞机，结局只有一个。

（二）通过系统地调研、分析、讨论、梳理，确定专科疾病领域的转型方向

专科疾病领域分为小专科疾病领域和大处方疾病领域。比如荣昌制药的肛泰系列产品，就属于小专科疾病领域，而罗氏制药专注的肿瘤业务就属于大处方疾病领域。

相比较而言，在中国重大疾病都属于大处方疾病领域，如恶性肿瘤（癌症）、心血管病、心脏病、呼吸系统疾病、损伤和中毒、消化系统疾病、内分泌营养代谢疾病、泌尿系统疾病、精神病和神经病等。

而慢性病也属于大处方疾病领域：

呼吸系统：慢性阻塞性肺气肿、哮喘、慢性肺心病、慢性呼吸衰竭、矽肺、肺纤维化。

循环系统：慢性心力衰竭、冠心病、先天性心脏病、高血压、心脏瓣膜病、慢性感染性心内膜炎、心肌疾病、慢性心包炎。

消化系统：慢性胃炎、消化性溃疡、肠结核、慢性肠炎、慢性腹泻、慢性肝炎、肝硬化、慢性胰腺炎、慢性胆囊炎。

泌尿系统：慢性肾炎、慢性肾衰、泌尿系慢性炎症。

血液系统：慢性贫血、慢性粒细胞白血病、慢性淋巴细胞白血病、慢性淋巴瘤。

内分泌系统：慢性淋巴细胞性甲状腺炎、甲亢、甲减。

代谢和营养：糖尿病、营养缺乏病、痛风、骨质疏松。

结缔组织和风湿：类风湿性关节炎、系统性红斑狼疮、强直性脊柱炎、干燥综合征、血管炎、特发性炎症性肌病、系统性硬化病、骨性关节炎。

（注：分类在于举例，不同省份的慢性病是不同的，上述慢性病举例来源于网络。）

小专科疾病领域和大处方疾病领域的分法可以根据不同药企进行更为细致的划分，不必拘泥于上述分类，因为分得越细，就越能找到较为准确的专科疾病领域方向。

下面简单确定专科疾病转型方向的步骤是笔者根据众多案例梳理出来的最基本步骤。其中有专业的做法自成体系且篇幅巨大，笔者很难从专业医和药的角度进行阐述，但专业人士可以做好这个工作。在此笔者仅为抛砖引玉，提供一种可行的思路。

（1）一次药品归属

确定好疾病分类方法后，就可以根据疾病分类把现有的在销、存储和在研药品进行一次归属。

小专科疾病领域有可能在也有可能不在大处方基本领域内，这在一次归属上就可以明确地看出来。所以，对药品进行一次归属时不要拘泥于是否重合，因为重合性不重要，重要的是价值。

进行一次归属后，药品分类如表 2－2 所示。

表 2－2　一次药品归属

大处方领域	小专科领域	具体归类产品				
A	a1	s1	s2	s3		
	a2	f1	f2			
	a3	d1	d2	d3		
B	b1	x1	x2	x3		
	b2					
C	m1	Z3				
	m2	j1				

（2）一次调研

在进行一次药品归属后，就要进行一次调研，侧重于外部。

　　根据大处方疾病领域分类进行相关 ABC 的竞争调研、产品调研、研发情况调研，同时对小专科疾病领域进行调研，获得相关数据。

　　（3）一次分析

　　根据对药品一次归属的一次调研情况，进行大处方疾病领域的价值分析。价值分析的坐标可以定位为市场容量和利润，也可以定位为市场容量和竞争数量。这两者是有区别的，如果自身产品群竞争力不强，就不要用竞争数量，否则很难得到有效的评价分析信息。

　　图 2-8 是大处方疾病领域价值分析的一张示意图。

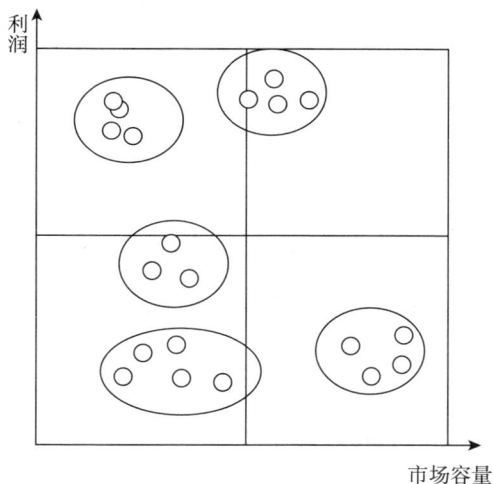

图 2-8　大处方疾病领域价值分析示意图

　　图 2-8 表明，第一象限、第二象限、第四象限的大处方疾病领域比较有价值，可以作为标的，第三象限可以忽略，价值不大。

　　进行大处方疾病领域价值分析后，需要对每一个大处方领域中的小专科疾病领域进行分析。这时需要对每个药品进行定位。需要说明的是，小专科的价值分析坐标一定要和大处方疾病领域的一致，否则没办法确定最终价值。

　　而且，未归类的小专科药品要同时和大处方疾病领域的药品进行评比，不能缺位，因为很可能专科疾病领域最终的确定方向是未归类的，笔者就遇到过这种情况。

　　图 2 - 9 是对某一大处方疾病分类和未归类的小专科疾病分类的药品进行的一次分析。

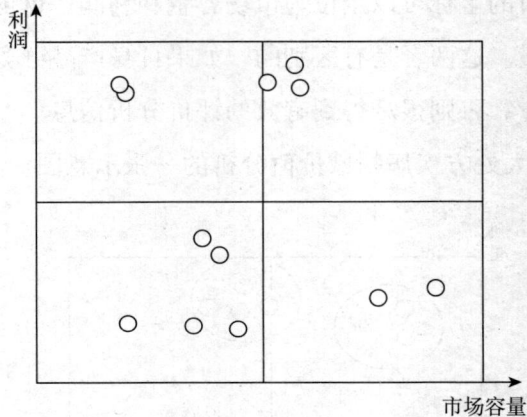

**图 2 - 9　某一大处方疾病分类和未归类的小专科
疾病分类的药品价值分析示意图**

　　同样，在第一象限、第二象限、第四象限内的药品具有较好的价值，第三象限内的药品价值较低。

　　根据对大处方疾病分类和对小专科疾病分类的药品价值进行一次分析后，取消价值较低的分类。价值较低的分类可以定位为流通类品种。

　　（4）二次调研

　　二次调研侧重于药企自身，就是内部调研。根据药企在大处方疾病领域分类和小专科疾病领域分类的结果，从药企产品资源、内部评价（做内部评价表）、研发能力、资源、生产资源、人才资源等进行二次调研。

（5）二次分析

二次调研后，结合一次调研、一次分析的情况进行二次分析，去掉价值偏低的产品或产品群。

对二次分析的结果一定要进行讨论，讨论可能会达到纠偏的目的，防止因调研和分析小组的主观臆断而让价值离位。

（6）专家团队评析

在药企自身的二次分析结束后，进行专家调研，然后让行业内的医药、医疗专家对一次分析结果进行讨论并打分，确定专家团队的评析结果。如果调研结果偏离较远，就要对一次分析和专家团队评析进行评估，以找到最佳的价值分析结果。

（7）最终确定专科疾病领域的专供方向

在分析、调研、专家团评析后，可能会有几个方向。这没关系，可以对几个方向进行排序，根据资源情况、资金投入情况和市场竞争情况等药企审定的指标进行排序，排序后就会明确发展的步骤和各自的发展路径。

（8）制定药企的整体产品结构框架

确定以专科疾病领域为主攻方向后，就要顺便完成药企自身的整体产品结构框架，以确定对不同产品的资源投入方式和管理、营销方式。具体如图 2 - 10 所示。

（9）确定主攻的专科疾病领域方向后，就要用价值网来制订具体的执行策略

价值网由亚德里安·斯莱沃斯基（Adrian J. Slywotzky）在《发现利润区》一书首次提出，在确定专科疾病领域执行策略上有很大的用处。因为它本身就是围绕消费者的真实需求，把药企确定的主攻专科疾病领域方向和消费者的真实用药需求对接起来，形成强有力的竞争态势，可以很好地发挥执行方案的作用，还能够快速可靠地对消费者的真实偏好

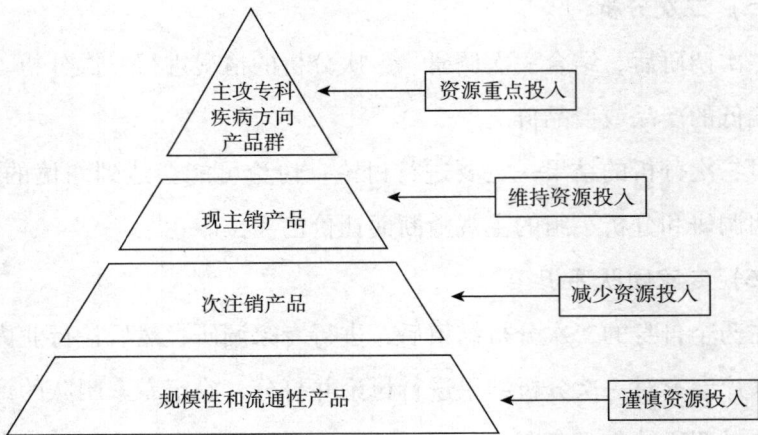

图 2 - 10　药企的整体产品结构框架

做出反应的一个网状架构。

价值网不同于价值链。由于现在很多药企使用的基本是基于产业链的价值链观点，这导致药企只会在直线链条上进行运营，忽略了整体的药品市场格局。而价值网的概念突破了原有价值链的范畴，在更广的范围内根据消费者真实需求来组成一个由各个相互协作的企业所构成的虚拟价值网。之所以称之为价值网是因为它为所有参与者——企业、供应商和顾客都提供价值，并且参与者之间是基于数字化网络相互协作的。

价值网是一种新业务模式，将顾客日益提高的苛刻要求与灵活、有效率、低成本的制造相连接，采用数字信息快速配送产品，避开了代价高昂的分销层，将合作的提供商连接在一起，以便交付定制解决方案；将运营设计提升到战略水平，适应不断发生的变化。具体如图 2 - 11所示。

（三）制定强化确定的专科疾病领域产品的方案

在定好主攻的专科疾病领域方向后，药企就要着手丰富产品线，提供增值服务，制定运营路径和宣传路径。四者缺一不可，否则就失去了确定专科疾病领域的实际意义。

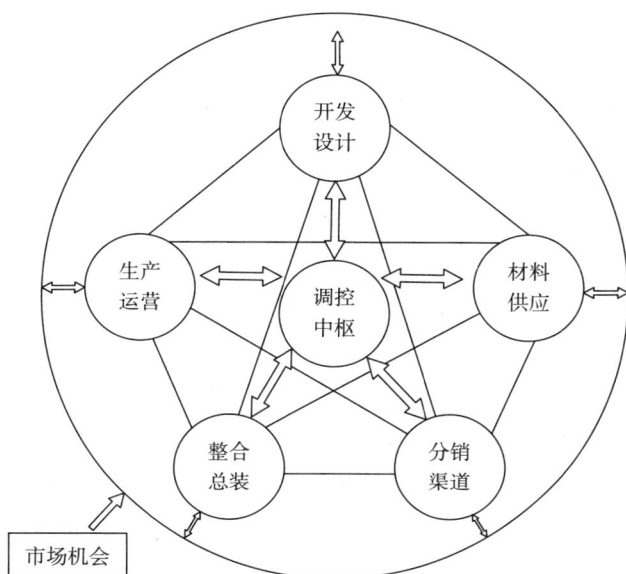

图2-11 价值网

以一个或几个疾病领域为主要业务的专科药企，区别于一般药企的地方就是除了在专科疾病领域有丰富的产品线外，还能更便利地让消费者知道药企的专业方向，让消费者获得专科药企的产品、服务和解决方案。

比如现在很多药企通过简单的产品梳理和归类后就宣称自己是某一领域的专家，专注于某一领域或者某几个领域。而细看这些简单归类后的某疾病领域的产品群，既没有组合优势，没有明确的专业用药指导，也没有特制的运营路径和宣传路径。几个产品就那样孤零零地陈列在药企的网站上面，显得很孤寂。

现在很多号称是专科药药企的企业，基本都是简单地罗列产品，形成物理集合的产品群，简单地将产品凑到一起。所以，这样的所谓专科药企是假的，一方面他们可能根本不知道怎样经营专科药企，另一方面本身就是挂羊头卖狗肉，博取业内知名度而已。一旦非专科药物发展起来，就会摆脱某专科疾病领域专家的身份，重新回到竞争激烈的普药市场中。等搏击一番后，发现又无法找到发展的路径了，于是又回头大声宣称自己是专科药企。

仔细分析全球经营专科药的药企会发现，它们无一不是在选定的专科药领域坚持，一方面聚集研发资源，在专科药领域研发独领风骚，另一方面为某个或某几个疾病的患者提供专业、细致、耐心、周到的服务，如提供用药指导、最新的专科疾病治疗资讯，告知获取药品的最佳途径，筹建俱乐部，筹建患者交流的平台等。

反观我国号称专科药的药企做过什么？还是在产品领域运作，只知道生产产品－销售产品－生产产品－销售产品。所以，现在的专科药药企任重道远，要做的事情太多，而不是像很多号称专科药的企业那样除了生产产品、销售产品就无事可做。

前面说过：产品线、增值服务、运营路径和宣传路径四者缺一不可，否则就失去了确定专科疾病领域的实际意义。这四点其实汇聚了专科药药企整体运作专科药的基础，具体如图 2 – 12 所示。

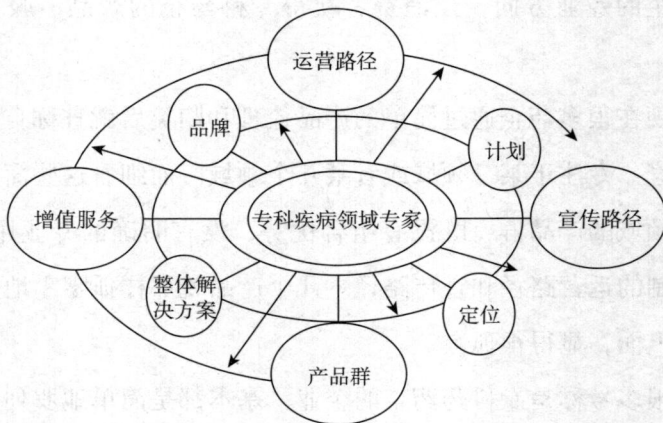

图 2 – 12　四位一体的专科药运作体系

在四位一体的专科药运作体系中，需要分别强化三个基础方面：

1. 强化专科药产品群

确定专科疾病领域方向后，就需要对现有的专科药产品群进行强化。需要说明的是，专科疾病领域产品群的构建不单纯是药品，如果只是这样，就失去了做专科疾病领域专家的本质。因为专科疾病领域专家就是要为消费者提供最佳治疗方案、最佳药物、最佳药物使用指导、最佳健康指导、最佳锻炼指导、最佳饮食指导、最佳器械辅助……

专科疾病领域专家除了提供专业的无形产品，还提供包括药物、保健品、饮食、器械等在内的有形产品。

这就明确了专科疾病领域专家药企的发展方向。很多药企始终进行混乱的多元化，而作为专科疾病领域的专家药企，就只会围绕确定的专科疾病领域进行多元化。因为这种多元化有明确的用户群，有明确的引导产品，有科学的、专业的用药指导，这种多元化是极易成功的。

可以强化的专科药产品群有两种：

一种是强化已有产品群，让现有的产品重新组合，根据消费者的实际用药需求进行差异化搭配，最终形成专业的用药指导方案。**另一种是对整个专科疾病领域的药物进行丰富强化**，也就是从外部获得新产品来弥补现有产品群的不足。

2. 强化已有产品群

（1）专业指导消费者合理用药。

比如，中药制剂可以通过用"阴阳""五行""四诊""八纲""脏腑"等中医学理论帮助消费者对自己的病情做出正确诊断。所谓久病成医，消费者也急切需要提升对自身疾病的认识，以利于更好地治疗或者控制病情。

我们可以通过合法的、正确的疾病治疗和康养理论来指导消费者合理治疗、合理用药。

（2）**由于现有药品的禁忌不同，需要对消费者指导选用适合的药物并给出适合的用药剂量。**

由于存在消费者体质、生活习惯、性别、疾病状态等差异情况，专科药药企应该就不同的差异给出不同的药品使用规则。比如同一种药物，儿童、老人、妇女可能用药量不同，尤其在联合用药上存在巨大差异。

比如，服用阿胶就存在很大差异：

第一，阿胶性滋腻，容易引起消化不良的症状，所以脾胃功能不良的消费者，最好配以调理脾胃的药，否则不要服用；

第二，在患有感冒、咳嗽、腹泻等病或月经来潮时，应停服阿胶，待病愈或经停后再继续服用；

第三，服用阿胶期间还须忌口，如生冷食物、萝卜、浓茶等。

专科药药企要根据消费者生活习惯、个体差异的不同，对药物的代谢能力、耐受能力的差异等，通过不同的组方为消费者选择不同的方案，并根据个体差异提供不同的剂量。

（3）**针对病情制定合理给药时间及疗程。**

有些药物需要饭后服用，有些药物需要饭前服用，有些药物没有这方面的要求，有些药物不能与其他某些药物联合用药，等等，而这些禁忌，消费者不一定知道。由于药品说明书篇幅所限，又不能细致地描绘，所以不同群体什么时间服用药物，治疗周期多长，都是需要明确指导的。

比如，治疗哮喘的药物宜晚上服用的说法有很多医生比较认可，但消费者并不知道。

（4）**帮助消费者确定最佳治疗方案。**

通过文字形式的传媒指导消费者合理用药可能还不能满足消费者的

真实用药需求，那么药企就要设立呼叫中心。通过呼叫中心医生、专家的电话指导甚至药企开办的专科医院面对面指导会更为有效，从而能够为消费者提供更专业的用药指导，最终结合文字资料为消费者提供最佳的治疗方案。

3. 对整个专科疾病领域的药物进行丰富强化

很多药企在确定专科疾病领域后会发现药品数量严重不足，而去研究确定的专科疾病领域的药品，发现竞争对手的药品更为有效，那么专科药企就要想办法对自己的整个药物群进行丰富强化。

对自己的整个药物群进行丰富强化有两种方式：

（1）通过研发新产品来丰富产品群；

（2）通过并购方式来丰富产品群。

一般通过研发来丰富产品群会比较慢，而且确定性不强，而通过并购方式则比较快，但对资金需求比较大。所以，二者结合最好，一方面强化研发能力，另一方面强化并购整合能力。双轮驱动，效果非凡。

对整个专科疾病领域的药物进行丰富强化就需要做出现有专科疾病领域的药物全景图。所谓的现有专科疾病领域的药物全景图就是把全球针对这一专科疾病领域的药物全部描述出来，同时把自己的产品群也放入其中，这样就会很直观地知晓自己的产品群目前处于什么位置。

同时，专科疾病领域的药物全景图可以为专科药药企进行并购、合作提供指导，避免药企陷入盲目并购状态。

备注：

（1）斜线圆圈是某专科疾病领域竞品；

（2）M_1、M_2、M_3 是某药企在某专科疾病领域产品群；

（3）小圆圈是某专科疾病领域保健品；

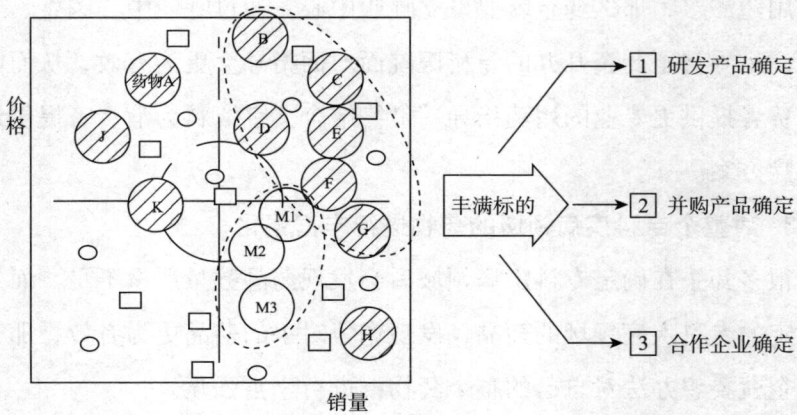

图 2 - 13　某药企某专科疾病领域的药物全景图简化版

（4）小方框是某专科疾病领域的器械（家用为主）、可穿戴设备。

图 2 - 13 某专科疾病领域的药物全景图简化版就明确了某药企在专科药领域的地位，其中 M 标示的部分是某药企产品群在全景图中的现状。从中可以看出，某药企目前在某专科疾病领域无论是产品地位还是整体竞争地位都不强，需要通过研发和并购的方式来强化现有产品群。

而且，某药企在某专科疾病领域几乎没有保健品和器械，而在某专科疾病领域的保健品和器械却比较多，而且销量都不错。所以，某药企需要对保健品和器械进行补充，以丰富产品线获得更多的某专科疾病领域的利益和业务，以强化某药企在该专科疾病领域的整体领导地位。

第三节　中药企业的转型升级

一、中药发展黄金机遇到来

2013 年 10 月，国务院发布的《**关于促进健康服务业发展的若干意见**》提出了到 2020 年健康服务业要从目前的 3 万亿元达到 8 万亿元以上，健康费用占 GDP 比例差不多要翻一番。如今，在我国人口老龄化和城镇化加速下，社会人均卫生费用支出将会不断增加。而上述有关大健康的多重利好规划的出台将有效促进中医养生、医疗、康复、养老的需求，这给相关中医药企业长远发展带来明显的良好氛围。

2015 年 5 月国务院正式印发的《**中医药健康服务发展规划（2015 ~ 2020 年)**》（即中医药领域的"十三五规划"）指出："中医药（含民族医药）强调整体把握健康状态，注重个体化，突出治未病，临床疗效确切，治疗方式灵活，养生保健作用突出，是我国独具特色的健康服务资源。中医药健康服务是运用中医药理念、方法、技术维护和增进人民群众身心健康的活动，主要包括中医药养生、保健、医疗、康复服务，涉及健康养老、中医药文化、健康旅游等相关服务。充分发挥中医药特色优势，加快发展中医药健康服务，是全面发展中医药事业的必然要求，是促进健康服务业发展的重要任务，对于深化医药卫生体制改革、提升全民健康素质、转变经济发展方式具有重要意义。"

《**中医药健康服务发展规划（2015 ~ 2020 年）**》**发展目标**：到 2020 年，基本建立中医药健康服务体系，中医药健康服务加快发展，成为我国健康服务业的重要力量和国际竞争力的重要体现，成为推动经济社会转型发展的重要力量。

——中医药健康服务提供能力大幅提升。中医医疗和养生保健服务网络基本健全，中医药健康服务人员素质明显提高，中医药健康服务领域不断拓展，基本适应全社会中医药健康服务需求。

——中医药健康服务技术手段不断创新。以中医药学为主体，融合现代医学及其他学科的技术方法，创新中医药健康服务模式，丰富和发展服务技术。

——中医药健康服务产品种类更加丰富。中医药健康服务相关产品研发、制造与流通规模不断壮大。中药材种植业绿色发展和相关制造产业转型升级明显加快，形成一批具有国际竞争力的中医药企业和产品。

——中医药健康服务发展环境优化完善。中医药健康服务政策基本健全，行业规范与标准体系不断完善，政府监管和行业自律机制更加有效，形成全社会积极支持中医药健康服务发展的良好氛围。

《中医药健康服务发展规划（2015～2020年）》重点任务：

一是大力发展中医养生保健服务，支持中医养生保健机构发展，规范中医养生保健服务，开展中医特色健康管理；

二是加快发展中医医疗服务，鼓励社会力量提供中医医疗服务，创新中医医疗机构服务模式；

三是支持发展中医特色康复服务，促进中医特色康复服务机构发展，拓展中医特色康复服务能力；

四是积极发展中医药健康养老服务，发展中医药特色养老机构，促进中医药与养老服务结合；

五是培育发展中医药文化和健康旅游产业；

六是积极促进中医药健康服务相关支撑产业发展，支持相关健康产品研发、制造和应用，促进中药资源可持续发展，大力发展第三方服务；

七是大力推进中医药服务贸易，吸引境外来华消费，推动中医药健康服务走出去。

通过内容可以看出，《关于促进健康服务业发展的若干意见》和《中医药健康服务发展规划（2015～2020 年)》存在一脉相承的关系，后者在中医药健康上对笔者进行了明确的补充和完善。

《关于促进健康服务业发展的若干意见》和《中医药健康服务发展规划（2015～2020 年)》给中国的中医药市场带来了巨大的发展商机。因为《中医药健康服务发展规划（2015～2020 年)》明确了中医药保健、医疗、预防、养老的功能，同时鼓励支持相关健康产品研发，健康服务的发展。

但很多中药药企的高层并没有明确的认识，还是单纯地从药品的产品角度去理解和响应《关于促进健康服务业发展的若干意见》和《中医药健康服务发展规划（2015～2020 年)》，这就很难形成有效的大健康规划。

《中医药健康服务发展规划（2015～2020 年)》既然已经明确了中医药保健、医疗、预防、养老的功能，那么就会形成五大方面的竞争态势：①中药制剂产品；②中药调理组方；③药食同源的保健品；④功能性食品；⑤中医中药在保健、饮食、预防、养生方面的服务支持。

上面 5 大方面其实就已经形成了巨大的中医药服务市场，粗略估算，估计可以达到 2 万亿元。

需要明确的是，《中医药健康服务发展规划（2015～2020 年)》中对中医药的定位并不是侧重于治疗，而是侧重于保健、健康指导、疾病康复和养生养老层面。这一点需要中药企业明晰，如果未来中国的中药企业还是侧重于中药产品的治疗层面，不去关注其他真正产生利益的层面，那么，发展之路就会越走越窄。

现在很多门店或者网店都在销售一些食补类的食品，据说销量很大，其实就是在运用中医学的相关理论进行食疗的组方。而且，一些保健品生产企业也针对性地开发相关疾病领域的保健品，向特定的疾病群体进行传播和销售。

中医有食补降糖的说法，某中医馆就食补降糖进行了纯食物组方，并按照食物组方构建了 5 个产品：

（1）薏米莲子大枣粥：薏米、大米、干莲子、干大枣。

（2）山药猪胰粥：猪胰（焙干）、干地黄、黄芪、山药。

（3）……

（4）……

（5）……

上述方剂来自某中医馆。由于中医馆人员不想笔者在书中把食补方全部写出来，也不想把中医馆名称写出来，不想被打扰，所以，笔者尊重其要求，也非常感谢其提供的帮助和支持。

上述 5 个食补组方其实是印刷在纸质宣传册中的，以便于消费者自己进行组方使用。但是由于一些组方成分需要消费者到处购置，而中医馆除了为消费者提供食补组方外，还提供现成包装好的 5 类产品。

中医馆的坐堂医建议消费者除了服用药物外，还可以服用相关的食补组方。而这些食补组方消费者可以按照宣传手册自己回去配置，也可以在中医馆中购买配置好的，但要贵一点。

由于消费者有选择权，所以，大部分消费者因觉得自己购置组方成分太麻烦，就在中医馆直接购买一个月或者一周的量。而一些自己回去配置的消费者，一段时间后一计算，发现自己配置的成本比从中医馆直接购买还要高，也纷纷放弃自己配置，直接购买中医馆的组方。

上述 5 类是针对不同体质、不同降糖要求和消费者服用的不同药物而区别配置的，并不是一个产品通用。

在某中医馆的电脑中，有着全市 8000 名糖尿病、高血压患者的联系方式，电子病历。3 个小护士（中医本科，月工资 6000 元加奖金）专门负责每天打几百个电话，问询病情，提供增值服务，但绝对不会推销产品。

而且其几个坐堂医每月都会有两次健康教育讲座或座谈。每次一个疾病主题，时长一般是一上午，2 小时讲座，2 小时回答问题。每次讲座都会发放相关的疾病预防、康养等内容的文案资料，以供消费者阅览和学习。据说每次都是座无虚席，而且每次讲座和座谈绝不推销产品。

而糖尿病、高血压数据仅仅是其中一个，还有大量的其他慢性病的患者数据。

仅仅 5 个降糖食补方，这家中医馆 2014 年每月销售就超过 50 万元，净利润接近 30 万元。2015 年，某中医馆使用互联网和移动互联后，据说这 5 款产品每月的销售额和利润都翻了两番。

这家中医馆其实已经参与到消费者的健康指导、疾病治疗、疾病康复、饮食指导、养生指导中去，已经形成一个比较有效的完善体系。

而且，这家中医馆并不避讳中医药在某些疾病治疗方面的弱势，采用中西医结合治疗手段，尊重西医西药的治疗理念，更尊重中医中药的调理、食补理念，二者融合，让消费者既能治标，亦能治本，标本兼治，令人信服。

所以，中药企业一定不要再单纯地从中药产品的角度去发展企业，而是要从保健、医疗、预防、康养、养老等多方面服务上去拓展自身的业务单元。尤其在多元化业务上，一定要紧密关联，各个业务相互补充，相互强化，把服务和产品做到极致。

二、日本如何发展中成药

日本的中药被称为"汉方制剂"。

在全球中药市场，韩国、日本、美国等国外的企业直接垄断了中成药国际市场约 90% 的份额。

而且看历年的数据统计，中国在全球中药市场占据的比例正在随着分母的加大而逐步减少，因为中国的中药在全球中药市场的占有率几乎没有多大的增长。

"我们生产一些很便宜的中药材原料，出口到日本、欧洲，然后他们就生产成一些很贵的、赚钱的产品。日本和德国才是中药最赚钱的两个国家。"香港科技大学生物系教授詹华强谈起全球中药市场的大环境时表示很无奈。

日本是如何发展所谓的"汉方制剂"的？

（一）通过厚生省对中国中药名方进行认定

在日本，有很大一部分"汉方制剂"是不需要日本的药企申请药品标准文号和药品生产文号的，这部分"汉方制剂"就是由厚生省牵头选出近 300 种效果可靠、毒副作用较小的方剂公告发表的。各制药企业不必申报审批即可根据认定的处方，按药典的规定制造中成药，这给制药企业节省了大量的经费与时间，同时制药企业可以根据自身的产品情况灵活选出 300 种内的"汉方制剂"进行生产。

日本厚生省的任务是制定合乎国际药品检验标准的中成药标准。日本现在正致力于加强已有中药的疗效，并且运用科学技术手段，提高药效成分，除去杂质，探索最为合适的药品成分比率，而这些努力的结果使得日本的中药产业发展日趋完善。

（二）依靠严格的生产、分析标准来让欧美认可其"汉方制剂"

日本根据欧美对药品的管理规范、标准和习惯，选取不含重金属、组方明晰、成分明晰的中药在欧美市场销售。

日本并没有遵循中国中药传统简易的生产标准，而是依靠先进的品质管理、分析技术、机械设备等，在维持药剂品质的同时，确定了严格的用法和使用量。

日本厚生省制定了非常详细的标准，将药效和化学成分予以标准化呈现。这种对中药和西药的一视同仁，使中药得以产品化生产，也令全球各国更易接受日本所生产的中成药。

日本提升中药生产标准的做法，获得欧美市场药品监管部门的高度认可，同时也获得了欧美消费者的认可。

（三）抢注专利

由于中药的原产地是中国，但中国的中药并没有全球竞争能力，于是日本制药企业在欧美市场抢注一些中国中药名方专利。比如日本帝国制药等将加味逍遥散、当归芍药汤、桂枝茯苓丸、溃疡性结肠炎治疗药物等成药，抢注了美国专利。

由于有专利的存在，让具有很强知识产权的欧美药企不能生产，同时，还让原产地中国药企不能生产，日本制药企业的经营手段实在独特。

根据数据统计，海外中药市场上，中国拥有专利权的仅为 0.3%，而日本和韩国却占据了中药专利的 70% 以上。

（四）不做中药材种植，中药材原材料从中国进口

日本制药企业很明白一件事，中药的原产地是中国，所以，中国的中药原材料是最好的，不仅品类齐全，而且还是道地药材，于是日本自己不大范围种植中药材而是从中国进口。据数据统计，日本中药制剂的生产原料 78% 从我国进口。

日本最大的汉方药制药企业——津村药业已先后在我国建立了 70 多个 GAP 药材种植基地（GAP 是指《中药材生产质量管理规定》，是按国际认可的标准规范进行研发、生产和管理），而我国拥有 GAP 基地最多的中药企业——同仁堂仅有 8 个，在数量差距上就十分悬殊。

截至 2014 年 5 月月底，我国已认证通过 66 个中药材品种共 152 个 GAP 种植基地，其中 70 多个 GAP 药材种植基地被日本津村药业管控，不知道剩余的 80 个左右的 GAP 药材种植基地还有多少被日本或其他国家掌控。一家日本制药企业掌控着中国接近一半的 GAP 药材种植基地，这是多么恐怖的一件事。

除了日本 GAP 药材种植基地产出药材出口日本外，中国大量重金属不超标、农药不超标和没有硫化的优质中药材原材料也大量出口日本。

总之，日本的中药处方来自于中国，中药原材料来自于中国，但其已经把生产流程、生产标准、分析标准等进行了符合西药生产检测习惯的改变。这种改变，让全球医疗市场和消费者都认可。

日本在中药上的战略就是"组方源自于中国，药材取自于中国，在中国中药企业还自我陶醉时，关注中国中药国际化，最大限度地掠夺国际中药市场的份额"。

三、在中药领域，德国药企在谋局

在德国，中医和中药的发展比较快。目前，德国有中医学校几十座，中医针灸师 5 万多（占全德国医生总人数近 1/6），有近 80 家西医医院设有中医门诊部，还有一家设备先进的中医专科医院，有部分西药房开始销售有进口许可证的传统中药。德国是西欧国家中使用中草药最多的国家，其市场约占全欧市场的 40%。

德国中草药制造商也比较多。

舒瓦贝是德国最古老的医药公司，有 134 年历史，也是当今用天然产物制药的主要厂家之一。在德国，舒瓦贝的名字是功效和质量的象征。该公司的银杏制剂从 20 世纪 60 年代起一直在市场上占有一席之地，并逐渐发展成为一种优质高效的产品。

马道斯公司是德国第二大草药制造商，也是以生产天然成分产品为主的公司。该公司的产品只销售给药店且 60% 按处方药销售，40% 按 OTC 药物销售。

纳特曼公司也是专营天然成分产品的医药公司，1985 年被医药巨头法国国有公司罗尼鲍兰克接管。该公司的主要产品是银杏补剂、轻泻剂、轻泻茶、大蒜、维生素和矿物质。该公司的品牌和产品长期以来一直获得市场承认。

德国中草药制造商 Steigerwald 是一家私人控股的制药公司，专门研究、开发、生产高质量中草药，其产品包括 Iberogast 和 Laif，前者为功能性胃肠病药物，后者为中度至重度抑郁症治疗药物。

作为德国最大的全球医药巨头拜耳，近些年来在中草药领域动作频频，布局中药市场。

2013 年拜耳收购德国中草药制造商 Steigerwald 100% 的股份。"此次收购是加强保健消费品业务的战略举措，将扩大我们在胃肠功能紊乱治疗领域的产品组合，使我们有机会提升在德国、快速增长的东欧及中欧地区、独联体国家的存在感。"拜耳首席执行官 Marijn Dekkers 博士说道。

2014 年拜耳以 36 亿元收购滇虹药业。滇虹药业位于中国的中草药王国云南，旗下品种基本上属于中成药，而且以 OTC 为主。

而且，德国制药巨头勃林格殷格翰携手辅仁药业合作推出首个中成药 OTC 产品——主要用于治疗慢性便秘的乐可通正式上市。勃林格殷格翰作为乐可通品牌的所有者，将负责市场推广、销售和分销，辅仁药业将负责产品的生产。

德国两大医药巨头都频频涉足中药产品和中药市场，将这种明显要在中药领域谋篇布局的战略行为告知世人。德国医药界已经关注并看中中药市场的巨大潜力，并购中药企业和与中药企业合作将为德国医药巨头进入中药领域奠定基础。

四、中国的中药企业在做什么

中国的中药企业在中药领域做什么？

第一，中药现代化。

什么是中药现代化？笔者查询了很多资料，发现有多种说法，也征询过很多中医的看法，而中医们也是各执一词。但有一点是有共性说法的，就是没有中医现代化，谈不上中药现代化，因为中药是中医疾病治疗的最主要手段之一。

笔者比较认可的一个说法是：中药现代化，简单地说，就是从传统中药发展提升到现代化中药。具体地说，中药现代化来源于传统中药的经验和临床，依靠现代先进科学技术手段，遵守严格的规范标准，研究出优质、高效、安全、稳定、质量可控、服用方便并具有现代剂型的新一代中药，符合并达到国际主流市场标准，可在国际上广泛流通。

这个过程就是中药现代化，其具体内容包括：中药理论现代化、中药质量标准和规范的现代化、中药生产技术的现代化、中药文化传播的现代化和提高中药产品国际市场份额。

中药总被攻击的原因最主要是中药疾病没有临床数据。中国目前有一些中药企业在宣称中药现代化，自称为中药现代化的领军企业，但细观其经营行为，好像与所宣称的中药现代化距离甚远。

好在天士力有了实质性的行动。复方丹参滴丸已经开展全球多中心随机双盲安慰剂对照试验，FDA（美国食品药物管理局）认证Ⅲ期临床试验在 9 个国家的 127 个临床中心顺利开展，已约谈病人数千人或到临床中心访问，筛选合格病人近千人，成功随机化入组病人 700 余人，病人入组进展顺利，至今未发生任何一例与实验药物或临床试验方案相关的不良事件。

但像天士力这样去做临床实验的中药企业还是太少，99％的中药企业并没有主动去做中药临床研究。因为没有临床研究数据，导致国内的中药走向国际困难重重。

所以，在目前的中国谈中药现代化基本是个伪命题。

第二，说中药就要谈到中药原材料。

中国的中药原材料出了大问题。非法添加重金属、农残超标，中药材硫化，以假乱真等成为普遍性行为，几曾何时，在中药材市场购买合格的中药原材料成为奢谈。

2013 年，绿色和平组织发布报告称，其购自九家品牌药店的多种常用中药材，超过七成被检测出多种农药残留。

中药材出问题，中药能不出问题吗？

第三，中药饮片。

2015 年以来中药饮片企业被取消 GMP（生产质量管理规范）认证的已经达到 58 家，占到了被收回 GMP 证书的绝大多数。

中药饮片企业涉嫌原料发生霉变变质、编造虚假检验报告、不按处方投料、对中药饮片染色等一系列违规行为。

第四，中成药企业。

历年来，中成药企业屡陷"质量门"。重金属超标、产品致癌、造假、含有毒成分等现象频现。

北京某百年老牌中药企业在蜂花粉片添加甘露醇，地黄被检出不合格，多款药品存在朱砂成分，安宫牛黄丸被查出其猪去氧胆酸项目不合格。

吉林某品牌制药企业被查出使用霉变中药材制作中成药。

吉林省多家药企多个品种多个批次存在严重质量问题，且有一定的区域聚集性。

云南某品牌药企 5 款中成药，因检测出含有未标示的乌头类生物碱，多种产品因质量问题或虚假宣传问题被列入"黑名单"。

广东某国有品牌企业的维 C 银翘片被曝出不仅原材料山银花因用工业硫黄熏蒸导致残留大量砷、汞等有害物质，而且成分与实际不符。

湖南某中药企业被曝光其中药产品含一级致癌物质，却从未披露过，也未在药品说明中揭示过致癌的风险。

某品牌药企被爆两款产品铬含量超标，上了"黑名单"。

……

不胜枚举。

一家中药药企如果不以质量为第一生存的根本，而是以投机取巧、掺杂造假来获取利润，早晚都要失败。中国的惩罚力度让很多中药企业心存侥幸，获得了很多非法利润，但这种情况无法长久，因为如果继续这样乱下去，中国的中药就彻底没希望了。

为什么国民对中医中药的信任感逐步降低？为什么中国的中成药难以走出国门？为什么中药企业生存日益艰难？

因为不重视研发，不重视临床，不重视质量，不重视现代化生产工艺，不重视知识产权，不重视消费者的权益，这就是中国中药行业的现状。

我国中医药泰斗邓铁涛老先生不久前发出了洪钟般的警告——照此下去，用不了 10 年，中药将毁在我们这一代人手上。

好在国家管理机构已经清醒，开始重拳治理，健全飞行检查机制、健全监管机制，开始严厉整顿中药市场，从根源抓起。

只有这样，才能拯救中国的中医药，才能让国民服用质量有保证的中草药和中成药，才能让几千年的中药传承下去，才能让绝大部分遵纪守法的中药企业获得发展的机遇。

五、中药企业或中药业务单元转型升级的关键要素

中国好的中药企业不在少数，但众多的中药企业即便是有良心的中药企业目前还是停留在生产中药产品阶段。

因为中药企业到目前还没搞清一点：中药很容易找到和消费者健康的多样结合点，西药根本没法找到和消费者健康的结合点，所以，国家在《中医药健康服务发展规划（2015～2020年)》中明确了中药作为消费者保健、医疗、预防、康复、养老的功能。

但是矛盾依然存在。一方面，中国的中医日益减少，中医人才严重不足，很多中医学院毕业的学生转投西医现象严重，即便是现有的中医，其中医医术也有待提高；另一方面，消费者对中医中药的需求由于健康和疾病的需求提升而日益提升。

前面已经说了，《中医药健康服务发展规划（2015～2020年)》既然已经明确了中医药保健、医疗、预防、康复、养老的功能，那么就会形成五大方面的竞争态势：①中药制剂产品；②中药调理组方；③药食同源的保健品；④功能性食品；⑤中医中药在保健、饮食、预防、养生方面的服务支持。

那么中药企业或中药业务单元如何转型升级？

下面19个注重就是中药企业或中药业务单元的转型升级的关键要素：

（1）注重中药原材料的道地药材。

好的中药企业或中药业务单元，会注重道地药材的获取。道地药材是历史悠久、产地适宜、品种优良、产量宏丰、炮制考究、疗效突出、带有地域特点的药材。

道地药材的收购和使用可以提升中药产品的质量，提高疗效，提高美誉度，更可以作为中药企业品牌宣传的一个亮点，"取自道地药材，

健康泽及久远"。

现在很多药企并不关注什么道地药材，哪些中药原材料便宜，便购买哪些，完全不管是否硫化、是否重金属超标、是否农残超标、是否以假乱真。

以道地药材为主料，可能价格贵些，但这并没什么，消费者需要的是质量优良的中药产品，即便价格偏贵，也会接踵而至。比如东阿阿胶号称阿胶之极品，即使东阿阿胶的胶块涨幅甚大，也还是有很多的跟随者。

尤其是具有药食同源的保健品，一定要用道地药材。药品还有竞价限制或者招标限制，而保健品则没有。笔者曾经做过一个实验，用同一规格的同一原料做的保健品做实验，二者内在的包装袋一样，区别是外在的包装壳不同，而价格相差甚远，一个价格是每盒 278 元，另一个价格是每盒 60 元。在通过医生养生知识讲座后，介绍两款产品：二者一个是道地药材，另一个是普通药材。当场购买每盒 278 元的有 100 多人，购买每盒 60 元的只有 3 人。后来，厂家直接取消了 60 元每盒的产品，全部生产 278 元每盒的产品。

所以，在中国，尤其在未来中药材市场被连番整顿后，中药材价格会上涨，而中药成品也会上涨，但价格不是问题，好产品才可以有好价格。

（2）注重中药材的成分分析，避免重金属超标、农残超标、硫化、以假乱真。

好的中药企业并不会特别关注国家要求的检测标准，而关注收购的中药材是否合乎自己的标准。所以，好的中药企业一定要建立自己的检测室，要明确检验有效成分，避免有害物质进入车间，而且，最好签署中药材合作生产基地，甚至自建 GAP 基地，这样可以保证中药材的质量。

不要再存侥幸心理，严把中药材采购的质量关，杜绝不合格中药材进入生产车间，这是长久发展之计。如果还是弄虚作假，以次充好，最终这样的中药企业肯定会消失。

有人说，由于国家监管不严，现在是劣币驱逐良币的时代，自己不做假，就会吃亏。这种说法严重错误。从全球企业发展历程看，基业长青的百年企业没有不注重产品质量的，凡是不注重质量的企业基本已经消亡殆尽。

（3）注重中药产品质量保证。

有了道地药材，注重中药材的成分分析，避免重金属超标、农残超标、硫化、以假乱真后，就要在生产、仓储和运输过程中注意保证产品质量，尤其是生产过程中不要发生混料的情况，或者生产线清洗彻底，避免杂质进入。

药品质量容易保证，但很多药企不是很在意保健品质量或者食品质量，这是不对的。

任何一款本企业生产的产品，都是一个品牌的承载者，都要保证质量。"好产品，××造"，这一品牌的树立，需要全部产品保证质量，需要一贯执行到底的质量保证。

在生产、仓储和运输过程中保证产品质量，就要强化内部管理。只要每个企业员工都注意产品质量，那么，这家中药企业距离大型的中药集团企业也就不远了。大型的中药集团企业多大？笔者估算怎么也得年经营业绩100亿元以上，利润20亿元以上。

就用同仁堂的堂训作为警示吧："炮制虽繁必不敢省人工，物料虽贵必不敢减物料。""修合无人见，存心有天知。"

（4）重生产工艺的改进。

这一点国内中药企业基本都没做到。传统的中药制剂基本没什么生产工艺可言，以前，基本上是前铺后生产的堂式经营方式，生产设备也简陋得很。但是，现代的中药制剂，最好还是通过更为先进的生产设备、生产工艺进行生产。

日本津村药业全方位严控汉方产品质量：在制备工艺上，从药材的选用、提取、浓缩、干燥及成型等过程，尽量避免主药指标成分的损失和破坏，故采用高效、低温（甚至冷冻）的制备技术和相关的先进设备；在质量上，与标准汤剂进行化学、药理学、生物学等方面的比较研究，以确保汉方颗粒剂的质量。

中国中药企业其实走中药现代化的路线没错，如果走，就要采用最先进的生产工艺，最好是可供消费者参观的生产线，比如每月邀请一些金牌消费者参观他们服用的药品的生产线，这样可以提高消费者的黏度。

（5）注重药方的要符合现代的观念，符合国际观念，注重临床试验。

中药现代化，就是要摒弃一些不合乎现在消费习惯的古方。

古方在中国很多，尤其是很多民间古方，多不胜举。中药企业完全可以去伪存真，去粗取精，通过现代工艺和现代技术进行筛选，把一些进行不稳定或者有风险的药方去掉，多生产一些符合现代人认知习惯的中药产品。尤其是想进行国际化的中药企业，就要开始按照国际认可的标准筛选古方。

其实短期内国际化不一定形成多大销量，但这种举措可以提升在中国消费者心中的品牌认知度，提升中国消费者的购买感觉。

中国中药企业一定要注重临床研究，这样通过 5 年以上的积累，哪一家中药企业有大量的真实的临床数据，哪一家中药企业就会成为国内首屈一指的现代化中药企业。

至于一些过于依赖传统方剂的老牌中药企业，在现代工艺、现代技术、现代消费观念下，就让其逐步消亡吧。

（6）注重指导消费者合理用药。

对于消费者来说，中药企业是最了解自己生产的中药产品的，那么，中药企业就有义务去指导消费者合理用药。

中药用药相对复杂，什么"十八反十九畏"，什么不宜吃生、冷、油腻的食物等，这些消费者哪里分得清楚。由于药品说明书篇幅所限不能很好地明示，中药企业可以留存统一的呼叫中心电话，由专业人士对消费者问询后提供专业的用药指导，还可以向消费者赠送用药指导手册来解决消费者用药问题。

总之，想尽一切办法让消费者合理用药，不仅可以黏住慢性病消费者，同时还可以培育未来的大量使用本药企中药产品的消费者。

现在技术手段非常多，如网络、APP、微信群、QQ群等。中药企业要与时俱进，采用多种手段为消费者提供用药指导服务。

（7）注重为消费者提供一揽子解决方案。

单纯从治疗角度讲，中药不如西药。西药成分明确，起效快；中药成分复杂，见效慢，但有中医治本西医治标的说法。

所以，未来中药企业不要顾及什么中西药之分。从经营角度讲，如何把消费者长期黏在自己企业的品牌上才是根本，所以，中药企业做强做大，不要单纯地一定要区分中医和西医、中药和西药。这对生产产品的企业来说，不是最主要的，最主要的是给自己的消费者提供最完善的解决方案，让消费者提升对自己品牌的认可度和黏合度，长期使用自己的产品才是正道。

至于中西医之争、中西药之争，就不要做太多的关注。

笔者见过一位患者，患了×××皮肤疾病，西药治疗1个多月疗效不明确，反反复复。后来这位患者找到某知名中医就诊，该知名中医给出的治疗方案是：继续服用×××西药，同时再服用三剂汤剂，一周见效，两周治愈。这位患者一周半来复查时，症状明显改善，估计再用一周药就基本痊愈了。该知名中医不支持这位消费者服用药物两周后继续用药，而是让消费者注意饮食，注意护理。

中药企业如果从疾病角度考虑消费者的感受，就需要根据疾病的成因、疾病的治疗、疾病的康养、疾病的预防给出一揽子解决方案。这个一揽子解决方案可能涉及西药，可能涉及中药，可能涉及保健品，可能涉及饮食结构，可能涉及锻炼等，这都很正常。

中药企业办企业的目的是惠及消费者，为消费者提供最好的产品、提供最好的解决方案，至于中西药之分，不在考虑范围内。

无论中药还是西药，都是治病为主，都有自己的适应性作用，至于谁优谁劣不重要，重要的是让消费者体会到疾病获得了良好的治疗，这才是根本。

（8）注重相关疾病消费者数据的收集整理和利用。

中国的中药企业最大的问题是不关注数据，既不关注中药的临床数据，也不关注消费者的数据。

《中医药健康服务发展规划（2015～2020年）》中明确：中医药健康服务提供能力大幅提升。中医医疗和养生保健服务网络基本健全，中医药健康服务人员素质明显提高，中医药健康服务领域不断拓展，基本适应全社会中医药健康服务需求。

怎样提升中医药健康服务能力？其中最基本的是要掌握消费者的基础数据。不知道谁是消费者，怎么提供服务？

前面中医馆的案例说明，掌握客户数据是非常关键的事情。因为掌握了客户数据，可以清楚地知道我们的客户在哪里，他们真正的需求是什么，他们需要什么样的产品，他们需要什么样的解决方案。因为有了数据，我们才能有的放矢地展开我们的健康服务工作。

美国第一营养品牌健安喜（GNC）的发展策略就是通过金牌客户

的方式来黏住消费者。目前，健安喜在全球有 500 万金牌客户，这让健安喜的保健品拥有长期的服用客户，而且新品一出来就会立刻有购买者。

国家已经将中药定性为保健、医疗、预防、康复、养老，那么消费者的数据就非常重要。如果一家中药企业拥有 100 万名金牌客户，就可以完成 50 亿元以上的销售额。如果拥有像健安喜一样多的 500 万金牌客户，就会拥有 300 亿元以上的销售额。

事实就是这么简单，但有个大前提就是这家中药企业不是仅仅提供中药产品，而是为消费者提供丰富的中药产品、丰富的保健产品、丰富的饮食产品和丰富的增值服务。

（9）注重对消费者的教育。

对于中药产品的理解和最为有效的使用方案，中药企业最专业。

中国的消费者多年来受着中医传统理论的影响，或多或少有一些模糊的认识。这种模糊的认识让很多消费者在服用中药过程中出现了巨大的问题，导致每年都有大量的中药中毒事件发生。

消费者中药中毒就是因为消费者缺乏使用中药的指导。消费者为了自行治愈疾病，就按照一些不知道从哪得来的中药方子购买中药服用。

而且，现在的消费者对中国国内的很多中药企业也不信任，认为一些中药企业生产的产品有问题，这是因为历年一些中药企业的中药产品频发质量问题让消费者产生担忧。

所以，中国药企对消费者的教育任重道远：一方面要通过一系列的手段教育消费者合理用药，另一方面还要教育消费者对中药企业品牌的认知。

（10）注重对医生和药店人员的教育。

现在的中医人员或者药店的销售人员，对中药的理解和使用都处于极度不规范的状态。药店的人员其实对消费者购买和使用中药有着巨大的影响，甚至指导消费者购买和使用中药的比例超过中医，尤其是中成药。

对同一疾病，不同的中医或者药店人员选择的治疗中药是不同的，因为他们对疾病的认识不同，结果就是用药不同。

上海中医药大学就曾经做了一个实验，让 16 位有教授职称的中医对同一患者进行望闻问切四诊判读，结果出来的临床诊断极不一致。比如，他们对病人舌头颜色的感受就很不一样，9 人说舌质淡红，其他人则有其他各种描述。

2014 年 4 月 11 日，《全国中草药汇编》第三版在北京发布。本次修订历时 6 年，收载中草药 3880 种，每味中药新增了道地产区、归经、用药警戒等 7 项内容，能满足广大基层中医药人员对中草药知识的需求，提高他们的医疗知识水平。

《全国中草药汇编》加上中药企业对自己中药产品的研究，就可以形成对中医和药店人员专业的用药指导方案。

对中医和药店人员专业的用药指导教育不仅可以提升中药企业的中药、保健品的销量，还可以间接地指导消费者合理用药。

（11）注重产品线的规划。

《中医药健康服务发展规划（2015～2020 年）》提出：中医药健康服务产品种类更加丰富。中医药健康服务相关产品研发、制造与流通规模不断壮大。中药材种植业绿色发展和相关制造产业转型升级明显加快，形成一批具有国际竞争力的中医药企业和产品。

现在的中药企业最大的问题之一就是产品线不丰富，而且混乱。有的中药企业会说："我的怎么不丰富？我们有 300 多种中成药制剂产品。"其实这种说法没错，但产品线丰富和有多少产品没关系。产品线丰富是指对某一类疾病有多少西药、多少中药、多少保健品、多少辅助器械、多少饮食产品。

100%的中药企业从来没有根据某一类疾病梳理自己的产品线，这让很多保健品公司钻了空子。需要明确的是，中药除了治疗外，更大的作用是保健和康养，如果单纯地和西药的治疗效果比较，可能对很大一部分患者来说，中药的作用就是保健、康养或者调理。

中药企业一定要按照疾病对自己的产品进行分类，前面已经谈过产品线梳理的简易步骤。在这个简易步骤下，中药企业就知道自己的产品线到底是不是丰富。

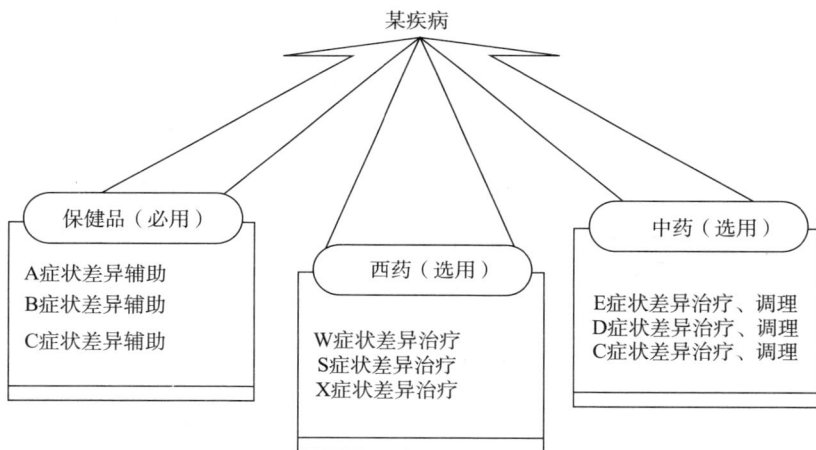

图2-14　某疾病产品线示意图

我们可以参照图2-14来审视自己的产品线。图2-14突破了通常的产品线规划思路，是从疾病的角度把市场上所有产品进行了汇集整理。

汇集整理后，中药企业就可以清楚自己到底有多少关于某类疾病的产品群，还欠缺多少，未来规划产品线时就有了明确的目标。

（12）注重始终围绕保健、医疗、预防、康复、养老的国家政策和慢性病范畴构建自己的中药业务，不要仅仅关注医疗层面。

现在很多中药企业并没有明确的业务范围。一些中药企业冲进快消品领域或保健品领域，结果铩羽而归。笔者曾经和很多以经营中药为主的药企老板或者高层聊过怎样拓展其业务单元，发现绝大多数人的思路比较混乱。很多老板自诩思路清晰，但实际上他们并不知道怎样拓展业务单元才对企业最有利。

比如 2013 年的时候一个老板电话告诉我说要进入胶原蛋白领域，计划申请几个文号，生产胶原蛋白产品。我当时就问他为什么要进入。他的回答是这类产品赚钱快。

赚钱快的业务就要进入吗？

中药企业拓展业务单元，其实国家在《中医药健康服务发展规划（2015～2020 年)》中已经有了明确的指导，就是围绕保健、医疗、预防、康复、养老的国家政策和慢性病范畴构建自己的中药业务。

中药企业不要单纯地去看中药产品的经营，而应该围绕消费者的真实需求，和国家在消费者保健、医疗、预防、康复、养老方面的工作来展开业务单元的拓展（如图 2－15 所示），因为中药在养生、保健、强身健体、药食同源方面有化学药所不可替代之处。

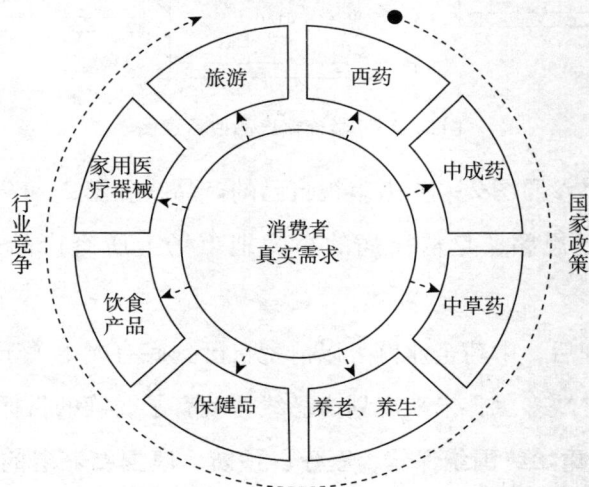

图 2－15 中药企业业务单元示意图

具体到中药企业自身规划，这要看企业自身的资源和能力，以及中药企业的特点。但需要注意的是，做战略规划一定要做业务单元的战略，否则整体战略就是个空架子。

（13）注重分类连锁化中医门诊，将是中药企业发展的关键。

现在很多中药企业都在多元化，其中进入医疗体系就是一个比较热门的多元化，如有的收购医院，有的自己开办医院。

未来中医药企业单纯依靠中医院、药店或者中医门诊为消费者在保健、医疗、预防、康复、养老等方面提供服务业务，基本不可能。

笔者曾经服务过一个企业，其产品主要是有中药成分的保健品。之前一直借助药店推广药品和保健品，但药店一直很不给力，不配合企业组织的活动。于是，这家企业利用5年的时间一点点地开了900多家直营门店，到2013年的时候，借助国家政策和运营模式，一年销售额达到了70多亿元，2014年则更多。

如果这家企业不走自己的路，还是依靠药店来承载中药保健品的销售，是很难发展起来的。

中药企业开办中医门诊千万不要定位为治疗，这样就失去了中药企业开办门诊的实际意义，而是要定位为消费者提供保健、医疗、预防、康复、养老等方面的大健康服务。这样，门诊的范围就会扩大，经营的产品也会增多，如果再加上很多增值服务，就可以建成多功能的门诊。如果单纯建成治疗性门诊，去和医院竞争，基本上就没希望。

健安喜定位于为消费者提供膳食营养补充剂服务，采用连锁化运作，建有自营店3046家，特许加盟店2514家，战略合作连锁门店的店中店2125家，销售的产品包括自有品牌和第三方生产的约1500款创新产品，服务于500多万名金卡会员，从而树立起美国第一品牌。

目前市场上中医门诊、中医医院日益萎缩，同时消费者又需要中医药的保健服务，这就产生了矛盾。

中药企业与其去开医院，其实，不如开中医门诊，就如前面的中医馆运行模式一样，可以很快实现盈利，而且，可以直接面对消费者，为消费者提供保健、医疗、预防、康复、养老等方面的服务。

2014年《中华人民共和国中医药法（征求意见稿）》（以下简称"征求意见稿"）向社会公开征求意见。

征求意见稿中第十六条规定：举办中医医疗机构应当依照医疗机构管理的规定办理有关手续。但是，举办仅提供传统中医药服务的传统中医诊所，向所在地县级人民政府中医药主管部门备案后即可执业。传统中医诊所的备案和监督管理办法由国务院中医药主管部门制订。可见以后开办中医诊所比开办药店要简单得多，甚至比开超市还要简单，这样的机会中药企业一定要抓住。

即使征求意见稿中第十六条规定短期内很难实行，但中药企业可以收购一些个体门诊做中医连锁门诊。这些门诊如果运行良好的话，完全可以把中药企业的所有产品囊括进去，形成一个强大的销售渠道。当然，这些中医门诊也可以销售其他企业的产品。

有了连锁化的中医门诊，就形成与其他药企很大的区隔，也能形成新的业务单元和利润单元，远远比单纯经营中药产品要好很多。尤其是现在，凭借远程诊疗技术，可以弥补中医师不足的情况。

需要提示的是，中药企业开办中医门诊，请不要像有些中药企业已经开办的中医馆一样搞得富丽堂皇，让很多消费者望而却步，只要大气、干净、专业就够了。

（14）注重品牌管理。

这一点是中药企业必须注意的。现在很多中药企业根本不在意品牌建设，各种负面新闻不断，不是进入黑榜，就是进入黑名单，不是产品重金属超标，就是擅自修改生产工艺被调查。一些老牌的中药企业也不自重，甚至根本不在乎品牌美誉度是否受到影响。所谓"店大欺客"，不过如此。

现代消费者有很多选择。一些药企做事总是不负责任，就是再大的店面，也一样会被消费者唾弃，也不会再去光临。尤其是现在，随着淘宝、京东等模式的运行，消费者购买相关产品的途径越来越多，可选择的品类、品牌也越来越多。并且信息传递速度极快，传播范围极广，负面新闻一瞬间就远播千万里之外。

可以预见，不注重品牌建设的中药企业，将会快速衰亡。中药企业未来的竞争第一是品牌，第二是服务，第三才是产品，没有第一项，后面两项基本就是零。

（15）注重研发。

中国的中药企业基本都不注重研发。所谓的研发据说就是抱着《本草纲目》《千金方》《金匮要略》《伤寒杂病论》等古代遗留的药方去国家食药监进行新药审批，或者动其古方中某一味药物就成为新药研发了，而中国的中药审批也是对中药大开绿灯。

中华人民共和国国家食品和药品监督管理局发布的《关于印发中药、天然药物处方药说明书格式内容书写要求及撰写指导原则的通知》（国食药监注［2006］）有如下规定：

关于不良反应："应当实事求是地详细列出该药品不良反应，并按不良反应的严重程度、发生的频率或症状的系统性列出。尚不清楚有无不良反应的，可在该项下以'尚不明确'来表述。"

关于临床试验："对于2006年7月1日之后批准注册的中药、天然药物，如申请药品注册时，经国家药品监督管理部门批准进行过临床试验的，应描述该药品临床试验的概况，包括研究对象、给药方法、主要观察指标、有效性和安全性结果等。未按规定进行过临床试验的，可不列此项。"

如果你有仔细看过中成药的包装盒子或里面的说明书，你几乎毫无例外地会发现，很多中药在"注意事项""不良反应""禁忌"等栏目都是标着"尚不明确"四个字。

我们不去评价《关于印发中药、天然药物处方药说明书格式内容书写要求及撰写指导原则的通知》的正确与否，而是单纯从消费者的角度去思考：如果一个药品列有不清楚不良反应的时候，是不是很让人心惊？

笔者曾经做过一个实验。在给一些医药行业同仁讲课，谈到相关问题的时候，笔者问在场的医药行业同仁："如果你们都患有一个疾病，现在有两种药物，一种明确标注不良反应是头晕，另一种不良反应栏里面是'尚不明确'，请问你们选哪一种药物作为疾病治疗的药物？"

在场的 150 人里面，有 132 人选择第一种。笔者问了几个选择第一种药物人的想法，他们一致认为"尚不明确"很可怕，不如第一种明确好些。18 人选择第二种，1 明确说是惧怕头晕。

当笔者告诉在场同仁第一种是西药，第二种是中药时，并允许重新选择，有 148 人选择了第一种。笔者问了放弃第二种重新选第一种的人，他们的说法是西药见效快，中药不好说。剩余的两人一人第一次选西药，第二次选中药，原因是觉得中药治本，另一人两次都选择中药，原因还是惧怕头晕。

这些是医药行业的人士，虽不都是学医学药出身，但起码代表一部分消费者的想法。

日本政府对汉方药的管理却非常严格，所有的汉方药都被强制严格标注其毒副作用。比如黄连解毒汤注明副作用为 GOT（谷草转氨酶）、

GPT（氨酸转氨酶）值升高，食欲不振，呃逆，腹泻、腹痛。比如猪苓汤和四物汤注明的副作用为胃胀、发疹等，严重副作用为食欲不振。

在剂量上，日本规范也比较严格。比如桂枝茯苓成分为桂枝4克，茯苓4克，牡丹皮4克，桃仁4克，芍药4克，经地萃取提炼精制成粉剂或片剂。厂家不得随意更改，更不允许含朱砂、雄黄等成分。

中国的药企其实不应觉得事事达到国家食药监总局的标准就可以了，而是要高于这个标准。因为要做百年长青的企业，产品就要符合现代人的用药观念。

中国中药企业要在临床研究、服用剂量、配伍究、禁忌证等方面深入研究，并获取相关数据，将这些数据作为宣传的利器和竞争的利器。

在大多数中药企业不注重中药研发的时候，哪个中药企业积累了庞大的中药研发数据，基本就可以成为这一领域的巨头，因为这家药企会成为标准的制定者，更会形成与其他中药企业明显差异化的竞争态势。无论如何，随着时代的变迁和发展，中药研发一定会成为非常重要的竞争手段，中药企业尽早布局，方为上策。

（16）注重对经典药方的开发和注册。

中国有很多古方，且国家对古方的认可度较高，但现在中药企业研发的品种却比较少。尤其是未来作为为消费者提供保健、医疗、预防、康复、养老等方面的服务，品种远远不够用。

所以，中药企业一方面要通过并购的方式拓宽产品线，另一方面还要凭借研发新药和对经典药方的开发来加大产品线的长度和宽度。

比如某个中药企业的中医门诊主要定位为慢性病的管理，那么慢性病可能有好多种，或者一个慢性病不同阶段所需要的产品也不尽相同，这时就需要中药企业的中医门诊通过采购其他药企产品的方式来满足要求。

但会有一种情况发生，就是针对某个慢性病需要的主产品是其他药企的，也就是说连锁中医门诊某一个主销产品是其他药企产品的话，就会被这家药企掣肘，同时也无法完全保证产品质量。因而主销产品一定要是开办连锁门诊的中药企业自己的，而且最好是对经典药方的开发，这样才能让利润最大化。

当然，经典药方不一定就是古医学或药学书籍上记载的药方，一些民间的验方、医院的制剂也可能是经典药方。中医企业在对经典药方的开发方面，要学会像日本汉方企业一样，到处去注册，去申请专利，长久之计是要重视知识产权的保护。

（17）注重建立强大的信息化平台。

未来的医药行业竞争，肯定是以政策化、信息化、电子化和数据化作为主要竞争手段，以期提升经营效率，最终获得良好的经营结果，所以，构建信息化的运营平台，也将是中药企业未来竞争的关键要素。比如商业进销存系统、政府信息系统、消费者专业服务提供系统、第三方电商平台系统等，都需要一个强大的信息化运营平台。

有了强大的信息化平台，就可以对各种数据进行分析整理和运用，就可以对全国连锁门诊进行日清日结的管理，从而将药企总部的财务管控体系、管理制度体系、流程体系向所有业务单元、所有门诊复制，把一切运营行为全部纳入管控、服务、支持体系。这样可以通过强大的信息化运营平台实现多点、多层次、多组织、多部门、多资源配置的协同运作，从而能够为我们的客户或者消费者提供最佳的服务和最好的产品。

（18）注重和政府对居民健康干预、慢性病管理等的对接，学会替政府分忧。

这一点是很多中药企业想不到的，其实在中国做企业，尤其是药企，是完全被政策市场操控的。政策市场的形成主要是政府对医药行业的各种管理机制。

对居民健康干预是政府在做的工作，但这需要大量的资源和大量的时间，政府有些时候力不从心，或者健康干预的方案也参差不齐。所以，如果中药企业参与了这个工作，会对中药企业的发展带来巨大的商机。

比如北京市将对百万居民进行长达 3～5 年的中医健康干预管理。

2015 年 7 月北京市启动了北京中医健康乡村（社区）试点建设项目，该项目也是 2015 年北京市政府折子工程、北京市中医药管理局 2015～2020 年重要工作项目之一。

据介绍，北京中医健康乡村（社区）试点建设项目共遴选了 7 家三甲级医院的 430 位专家，16 个区县的 20 家中医、中西医结合医院的 258 名骨干人才下沉到基层，为 45 个乡村、56 个社区的百万居民开展长达 3～5 年的中医健康干预管理。重点实施六大监测，即疾病一级预防监测，愈后中医药综合治理监测，传统区域居民健康监测，新形态区域居民健康监测，65 岁以上老人健康监测，0～3 岁儿童健康监测，最终形成中医药防治基层流行病、防治基层慢性病套路，指导基层医疗机构用中医药预防和治疗慢性病。

如果中药企业参与到上述北京健康干预项目中来，一方面可以获得政府补贴，另一方面可以建设中药企业自己的数据库，而且，还可能借机建立起中药企业的中医门诊。

总之，现在政府干预居民健康，降低医疗整体费用是一种常态行为，如果中药企业的发展规划把协助政府做有关居民健康的工作作为重点工作之一，就会获得政策市场的巨大红利。

(19) 注重产业链的延伸。

中药企业的产业链延伸其实路径非常明确, 就是向上游进入中药材种植, 向下游进入医疗体系, 对中药企业来说, 这两个方向的延伸都是必须的。

中药企业不同于化学药企业。化学药企业有强大的西医支撑, 而中药企业相关的中医已经日益变弱, 所以, 发展产业链集团型的中药企业是中药企业未来发展的必经之路。

第四节　向创新药转型

一、中国药企创新药的发展机会

一般意义上的创新药是指具有自主知识产权专利的药物。相对于仿制药, 创新药物强调化学结构新颖或新的治疗用途, 在以前的研究文献或专利中, 均未见报道。

创新药首先从实验室发现新的分子或化合物开始, 经过动物实验了解其安全性及毒性反应, 了解在动物体内的代谢过程、作用部位和作用效果, 再经过首次人体试验, 经历 I 期、II 期、III 期临床试验, 证实安全有效及质量可控制之后, 才可以获得药物监管机构的批准。创新药可能先后经历 10 ~ 15 年的时间, 耗资可达数十亿美元。

本书的创新药不是指一般意义的创新药, **主要是指化学药的首仿药、强仿药, 中药的新药及引进的国外药品（尚未在中国审批和销售）**, 因为在中国药企现阶段去谈论一般意义的创新药没有实际意义。

当然, 如果药企研发能力比较高, 同时又有强大的资金实力做后盾的话，可以进行真正意义上的创新药研发。

（一） 化学药的首仿药

首仿药是指"首先研究申报国外已上市而在国内未上市的药品"。在我国，首仿药有着很强的竞争优势。

发改委公开征求意见的新版《药品价格管理办法（征求意见稿）》提出，通过定价和审批制度相结合来调控仿制药过热现象，具体包括：对在专利药品保护期结束后国内前三个仿制上市的药品，首仿药可在统一定价上浮 30% 基础内进行单独定价，二仿和三仿药定价则可为首仿药价格的 90% 和 81%。

按照上述意见稿，前三个仿制上市药品可享受定价优待。今后或拟对二仿药和三仿药各批两家，加上一家首仿药企业，意味着未来可享受区别或单独定价待遇的仿制药企将达五家。

享受区别或单独定价待遇的仿制药企达五家，这给中国的仿制药企业注入了一剂强心针，也就是说，抢不到首仿，起码在 5 个排名内，还是有很大的机会获得较好的市场利益。

这几年是国际专利药密集到期的时间段，对仿制药大国中国来说，可谓盛宴，同时，也是中国仿制药更新换代的年代，这对中国的消费者来说也是一件好事。

如图 2-16 所示，2014 年到 2026 年，有 3000 多个专利药物到期，可谓空前绝后。

目前，首仿药业已成为中国药物创新的重要领域。首仿药申请数量激增是国食药监总局新药申请快速增长的最主要因素。恒瑞、华海、科伦、正大天晴等传统研发强队依旧是首仿药领先的第一梯队，癌症、心脑血管等大病领域及单抗药物依旧是首仿药主要阵地。

而且，治疗不同疾病的到期专利药数量有较大差异。中国药企如果进行首仿，就要明确自己的疾病领域发展方向，因为不同疾病领域的专

□ 2014年是顶峰时代，2010年和2017年是前后的两个相对高峰年度
□ 2010~2018年将有2000个药品（含不同组方的制药）专利到期

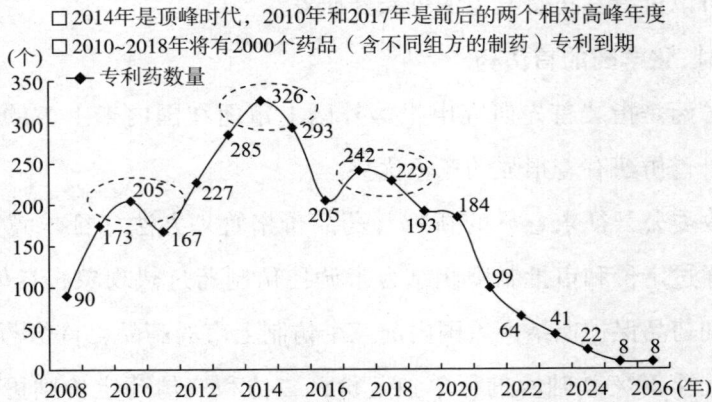

图 2-16　已经到期或即将到期的专利药分布

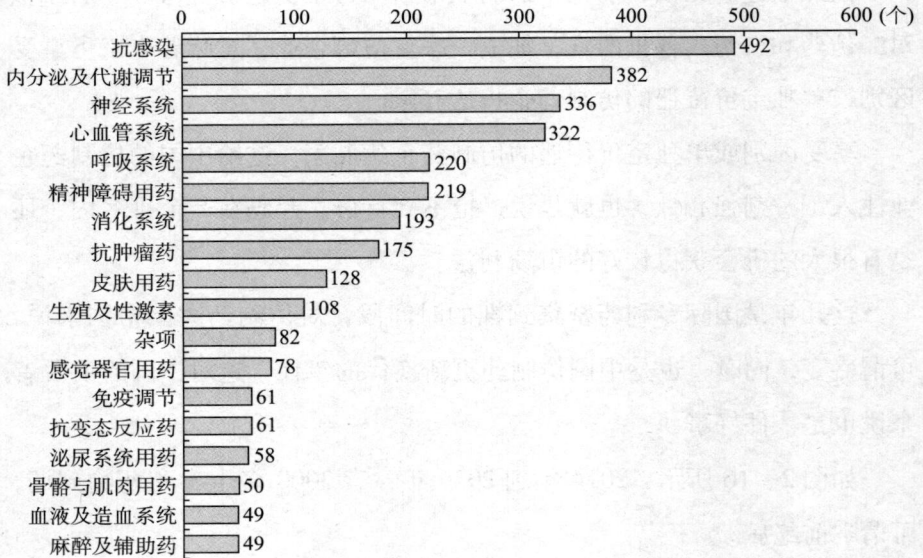

图 2-17　专利药治疗领域专利药到期数量分布

利到期药品的数量是不等的。

（二）化学药强仿药

很多中国药企目前竟然不知道国家有强仿的制度规定。中国知识产权局在 2012 年就颁布了《专利实施强制许可办法》（第 64 号），明确规

定了可以对专利药在一定条件下进行强仿，并于 2012 年 5 月 1 日起施行。

而且在世界贸易组织的《与贸易有关知识产权协议》框架下，强制许可是合法认可的方法，用以保障发展中国家的人民突破价格等方面的壁垒，确保获得可负担的急需药物。

中国疾病预防控制中心首席专家邵一鸣建议中国的药物强仿分三类推进：A 类为重大传染病的治疗药物，必须强仿；B 类为治疗恶性肿瘤、癌症等影响生命却不是扩散性疾病的药物，可以强仿为主，与国外药企合作生产，大幅降低药价；C 类为治疗糖尿病、心脏病、心脑血管疾病等常见病、多发病的药物，可以将强仿作为一种谈判手段。

国内第一批进行强仿企业的产品，如恒瑞的奥沙利柏、多西他赛，恩华医药的齐拉西酮，海南海药的紫杉醇注射液，信立泰的泰嘉等，都很成功。

强仿是获得首仿权的最快途径，然而强仿、首仿并不这么简单，因为这是对原研产品专利技术的挑战。在获得与原研品市场决战权利之前，必然需要应对来自原研厂家的各类反击。

多西他赛原研厂家是赛诺菲公司，在恒瑞多西他赛仿制品注册申请之时，赛诺菲就开始提出各种专利保护和诉讼要求。在近 10 年诉讼拉锯期间，因各方提供证据而各有胜败，直至 2008 年恒瑞医药才获得最终胜利。

（三）中药新药

按照国家《药品注册管理办法》的规定，中药新药注册分为 9 类：

（1）未在国内上市销售的，从植物、动物、矿物等物质中提取的有效成分及其制剂；

（2）新发现的药材及其制剂；

（3）新的中药材代用品；

（4）药材新的药用部位及其制剂；

（5）未在国内上市销售的，从植物、动物、矿物等物质中提取的有效部位及其制剂；

（6）未在国内上市销售的中药、天然药物复方制剂；

（7）改变国内已上市销售中药、天然药物给药途径的制剂；

（8）改变国内已上市销售中药、天然药物剂型的制剂；

（9）已有国家标准的中药、天然药物。

《药品注册管理办法》其实给了药企一个非常宽泛的中药新药研发领域，也就是说，任何可能性都可以存在。

中国药企进行中药研发首先要立足国内市场，根据中国疾病的种类、慢性病的种类和药企自身的优势进行中药新药研发。

需要明确的是，中药研发不要仅仅盯着药品，保健品也是研发范围之内的主要品种。未来消费者会在中药健康干预领域有更多的需求，这种需求可不仅仅指中药产品。

未来中药研发的竞争会加剧，因为化学药研发高昂的成本、漫长的研发时间和极高的研发失败风险，会让很多跨国企业投入大量的研发精力，从天然植物中寻找有活性的先导化合物，以及试图与前沿生物技术相结合而寻找出新的活性化合物。

对中医药的研究，不能再重复过去跟踪式仿效的西药研发模式，而是应该在中医药理论指导下，创新思路，运用中医药理论去深入分析人体的生理、病理现象及药物对它们的作用和影响，还要研究人体对药物的作用和影响，否则会导致低水平重复研发和申报的情形出现。

同时，中药的研发要注意结合和引进最新生命科学研究的新进展、新技术。这些新进展、新技术包括现代生命科学、基因组学、信息学、系统论等学科，在中医药理论指导下去进行分析、研究，然后针对所研究疾病的各个不同阶段的具体情况，做出富有创新性的符合中医药理论和实践的实验研究设计，才能有创造性的发现。

二、普药向创新药转型的路径

（一）普药企业转型背景分析

普药企业性创新药转型，需要对整个市场环境、政策环境、产品竞争情况和研发环境进行详细的分析。

1. 政策环境

国务院发布的《关于药品医疗器械审评审批制度的意见》（以下简称《意见》），直指药品注册申报积压严重、创新药上市审批时间过长、部分仿制药质量与国际先进水平差距较大等多个药审过程中的顽疾。

由于药品注册申报积压严重，使得创新药物不能及时得到批准，科技成果不能及时转化，临床急需和专利到期产品难以及时批准上市，加重了患者的经济负担，难以满足公众"用得上药，用得起药"的需求。未来，创新药将加快审查速度，这让很多药企获得了更多的发展机会。

《意见》将缩短创新药上市时间，将列入国家科技重大专项和国家重点研发计划、防治艾滋病、恶性肿瘤、重大传染病、罕见病、儿童用药等创新药品和临床急需的专利到期仿制药品列入特殊审批范围；调整进口创新药审批政策，允许境外未上市新药在境外开展临床试验的同时，可以在我国同步开展临床试验；鼓励国内医疗机构参与国际多中心临床试验；对通过技术转移到我国进行生产的进口创新药，简化审批手续。

《意见》关于上市许可人制度，是指将药品上市许可与生产许可分离的管理模式，允许研发机构等非药品生产企业持有药品批准文号，可委托其他药品生产企业生产药品。这是国际较为通行的药品上市审批制度。试点开展上市许可人制度，可提高产业集中度，减少生产线重复建设，合理配置资源，促进专业化分工，有利于充分调动研发机构对研发真正创新药的积极性，推动医药产业快速发展。

从政策环境看，国家扶植国内创新药的生态系统正在逐步成熟。政府投入、技术积累、资金积累，这些都将推动未来 10 年国内进入药品创新的高峰期。

2. 市场环境

全球专利药物大批到期，这给中国擅长做仿制药的药企一个非常大的发展机遇。而且，由于现在跨国药企的专利药价格高昂，消费者很难有足够的资金支付诊疗费用，而中国药企对到期专利药进行首仿或强仿，可以极大地降低消费者的疾病诊疗费用，同时也可以获得更多的竞争性产品，同跨国药企在仿制药领域竞争。

随着我国老龄化的日益发展和环境的日益污染，慢性疾病和重大疾病患者会有增长，这种增长导致消费者对药物的需求会持续增加。医药行业二十几年来始终按照两位数的刚性增长，就是消费者对药物需求的增长造成的。

而且，中国药企的仿制药也到了更新换代期。通过这次专利药物到期的机遇，可以让中国的药企对化学仿制药进行升级换代，同时提升自身的研发水平。

3. 产品竞争

我国 2015 年由于医药行业政策的变化、老龄化加剧、疾病谱的变化等因素，导致现在的药品竞争结构有了很大的变化。

由于"限抗令"的实施，2014 年，抗感染药物所占市场比例为 19%，相较 2010 年 25.7% 已大幅度降低，未来消化道和新陈代谢药物、心血管系统药物等市场所占比例可能超越抗感染药物成为中国医药市场重要的主角。2014 年，中国市场上化学药物销售额最高，为 7696 亿元，占国内医药市场总量的 62%。中成药的销售额为 3848 亿元，生物药物的销售额为 869 亿元。

如果药企向化学药创新药转型，就需要根据近几年的化学药产品竞争情况（如表 2 - 3 所示）进行分析，从中找到最适合自己企业发展的药品品类。

表 2 - 3   2007 ~ 2013 年中国医药终端化学药各大类药品市场份额

大类	2007 年	2008 年	2009 年	2010 年	2011 年	2012 年	2013 年
抗肿瘤和免疫调节剂	16.70%	17.40%	17.72%	17.10%	18.36%	18.16%	18.86%
全身用抗感染药物	24.50%	24.04%	23.94%	23.10%	18.89%	16.63%	15.31%
心血管系统药物	13.30%	13.39%	13.34%	13.41%	13.39%	14.69%	14.47%
消化系统及代谢药	12.50%	12.52%	12.67%	12.75%	13.46%	14.15%	14.11%
血液和造血系统药物	12.10%	10.95%	10.59%	11.04%	11.60%	11.53%	11.76%
神经系统药物	7.80%	8.53%	8.68%	9.16%	10.00%	10.52%	10.89%
肌肉 - 骨骼系统	2.60%	2.83%	2.89%	3.10%	3.46%	3.40%	3.37%
呼吸系统用药	2.60%	2.52%	2.57%	2.75%	2.71%	3.08%	3.14%
全身用激素类制剂（不含性激素）	1.80%	1.84%	1.88%	1.83%	1.95%	1.80%	1.92%
生殖泌尿系统和性激素类药物	1.40%	1.30%	1.27%	1.26%	1.32%	1.41%	1.40%
皮肤病用药	0.80%	0.76%	0.66%	0.64%	1.11%	0.73%	0.68%
感觉系统药物	0.60%	0.57%	0.52%	0.51%	0.69%	0.51%	0.76%
抗寄生虫药、杀虫剂和驱虫剂	0.10%	0.08%	0.09%	0.10%	0.09%	0.11%	0.10%
原料药及非直接作用于人体药物	0.10%	0.04%	0.03%	0.02%	0.00%	0.01%	0.01%
其他	3.10%	3.22%	3.15%	3.22%	2.96%	3.22%	3.22%
总计	100%	100%	100%	100%	100%	100.00%	100.00%

不同的产品，其增长空间有着巨大的差异。尤其是不同省份的产品竞争结构可能存在差异，这就要求药企对各省的情况进行分析，先分析各省的产品竞争境况和产品结构，再分析全国的产品竞争境况和产品结构，这样有利于找到最适合药企自身的创新药群。

中国药企进行创新药研发最好集中在自身有研发优势和渠道优势的产品领域，并且能够形成集群。

4. 研发环境

目前全球药物研发重心正由欧美向亚洲转移，而中国则是亚洲的代表。

2012 年，日本药物研发投入 372 亿美元，中国药物研发投入 84 亿美元，韩国药物研发投入 60 亿美元，印度药物研发投入 20 亿美元。中国最近 7 年年复合增长率超过 30%，雄踞全球榜首。

随着新药研发环境的不断成熟，中国药企自主新药陆续进入临床或者上市，甚至有部分药品在国外开展临床，计划进军海外市场，部分在研创新药吸引了国际大药企的关注与合作。

《意见》鼓励国内临床试验机构参与国际多中心临床试验，符合要求的试验可在注册申请后进行。

恒瑞医药是国内最具创新能力的大型制药企业之一，引进了多名拥有世界级制药公司丰富经验的顶尖科学家，科研队伍人数超过 1200 人。目前公司已经申报 10 多个 1.1 类新药，主要集中于抗肿瘤与糖尿病等大病种领域。其中，瑞格列汀、呋格列泛等品种已经在美国开展临床试验，成为"中国创造"走出去的先驱。

以恒瑞医药为代表，国内已经诞生了一批创新能力强的企业，如华东医药、双鹭药业、恩华药业、科伦药业、海正药业、石药集团、常山药业、海普瑞、海思科、福安药业、京新药业、华海药业等。

（二）普药企业向创新药企业转型的路径

普药企业或其他类型的药企向创新药转型，在清楚面临的环境后，就要分析自己的研发方向、研发路径。

现在很多药企总觉得自己研发能力较弱，没法短期提升自身的研发能力，因为这需要大量的经费、人才和时间。有资源没人才，有人才没经费，有经费没项目等情况让计划向创新药转型的药企总处于一种矛盾之中。

需要明确的是，向创新药转型，需要的周期是比较长的。这期间既要维持业务运营状态稳定，为研发提供足够的现金流，又要加速研发和新药申报的速度，尽可能提早上市，让创新药为药企的发展和研发提供更进一步的支持。所以，耐心和坚持，逐步积累，是向创新药转型的关键。

比如恒瑞医药，1996～2007 年，恒瑞医药花费近 11 年培育了系列抗肿瘤药，收入规模超过 10 亿元；2007～2010 年，恒瑞医药花费近 3 年，抗肿瘤药收入规模超过 20 亿元。

1. 确定研发方向

确定研发方向，就要明确药企的研发策略。比如恒瑞医药未来的研发策略是：

（1）继续推出重量级的首仿药；

（2）开发仿制药创新剂型；

（3）开发仿制药创新配方；

（4）通过国外认证，国内对应产品提高中标价格或者单独定价；

（5）老品种扩大适应证。

新进入创新药领域的药企不要直接采取上述的研发策略，因为上述研发策略是根据药企自身的资源和能力匹配制订的。恒瑞医药因为有较长时间的积累，形成了指导未来发展的研发策略，而新进入的药企由于自身的研发能力和资源无法跟随，从而无法按照恒瑞医药的研发策略指导药企的未来研发方向。

一家普药企业 D 确定了逐步转型为创新药企业的战略后，就开始分析自身，寻找最适宜自身的研发方向。

经过几个月的详细分析和调研，D 药企确定的研发策略是：

（1）未来 3 年，通过并购方式强化自己骨科药品的优势，同时逐步建立和提升 D 药企在骨科方面的研发能力和研发架构；

（2）未来 5 年，强化骨科药品的自我研发，开始对全球骨科专利药品进行强仿，并逐步向骨科、肌肉系统用药升级，形成较为有优势的产品群。

药企确定研发方向，一定要结合自身的优势，把自身的资源和能力特点与市场竞争、产品竞争和国家政策对接起来，不能做假大空的研发方向定位，否则就没有实际意义。

确定研发方向需要做下面几项重点工作：

（1）市场需求调研。通过对国家疾病数据分析，各省招投标分析（基础用药、重点用药、慢性病用药等），医疗市场用药结构分析，药店市场销售结构分析，区域差异化用药分析等，多种渠道汇集市场调研数据，构架研发需求库。安排分析人员对需求库的所有需求数据进行分析、处理和汇总。需求则是经过分析、筛选后确定几类初步的研发方向。

（2）对初步研发方向进行专家讨论。采用专家头脑风暴的形式确定研发方向的效果较好。

进行专家头脑风暴会议之前，把调研资料、初步的几个研发方向和药企自身的资源和能力评估报告发给专家，由专家先行仔细了解相关资料，这样可以让专家能够发表更专业的意见。专家头脑风暴会议最好是封闭式的。

笔者参加过一个药企关于研发方向的专家头脑风暴会议，是在一个旅游度假村，时间两天。第一天是分散式无限制讨论，确定几大研发方向，第二天就几大研发方向进行讨论，第三天上午由参会的专家打分，最终确定药企新药研发的整体方向。最终效果很好，纠正了药企的某些方面的偏颇，同时对未来研发有了明确的指导意见。

专家头脑风暴会议结果汇总如表2－4所示。

表2－4　专家头脑风暴会议结果汇总表

姓名			电话：		
选择项	选择	选择理由	不选择	不选择理由	备注
A					
B					
C					
D					
其他建议					

根据表2－4就会得出研发方向的结论，根据对选择和不选择理由的分析，可以最终确定研发方向。

也许很多药企觉得自己就可以确定研发方向。笔者不是否定这种可能性，但提醒，药企自己确定的研发方向带有一定的主观性，尤其是药企老板的主观性，这些主观意见可能导致研发方向和研发策略的夸大甚至错误，这对药企来说风险极大。

2. 构建研发目标

确定好研发方向和研发策略后，就要构建研发目标。

转型药企的研发目标包括：自己研发团队创新药研发目标，创新药合作研发目标，创新药并购目标。

研发目标不要好高骛远，要仔细分析国内外的政策环境、审批环境。

比如国务院发布的《关于药品医疗器械审评审批制度的意见》就对新药研发发生了重大影响：一是新药审批速度会逐步加快；二是仿制药

研发标准提高，将仿制药由现行的"仿已有国家标准的药品"调整为"仿与原研药品质量和疗效一致的药品"；三是新药范围缩小，《关于药品医疗器械审评审批制度的意见》提出的将新药由现行的"未曾在中国境内上市销售的药品"调整为"未在中国境内外上市销售的药品"。

创新药研发目标要有长期目标和近期目标。目标制定的依据：一是根据市场需求，二是根据药企自身研发和制造能力。

市场需求需要进行认真地调研，根据市场需求确定哪些药品可以自己研制，哪些需要引进、消化、吸收，制定出药企的近期目标和长远目标。药企根据各单位的目标，进行资源整合，根据实际情况，做出统一部署。把各单位目标作为药企整体战略规划的组成部分，每季度进行汇报、讨论、明确责任，如因市场及客观条件发生变化，应及时进行调整，并认真坚持下去。

3. 构建研发路径

研发路径就是研发的整体发展规划路径，需要研发方向和研发目标的指引。没研发方向、研发策略和研发目标就没有实际用处的研发路径。

研发路径的构建主要包括以下内容：①研发体系构建；②产品规划；③研发组织构建；④研发目标分解和责任落实；⑤研发过程控制；⑥研发风险控制。

在构建研发路径，分解研发目标时需要明确，哪些依靠自主研发，哪些依靠合作研发，哪些依靠外包研发。

目前药企新药研发部门的项目制管理已成为越来越流行的管理方式。无论在科研机构、制药企业还是 CRO（医药研发合同外包服务机构）公司中，新药研发项目制管理都得到了广泛应用。

项目制管理是以项目运行的全过程为核心，分为阶段性考核和结果性考核。阶段性考核作用是提升项目成员阶段性的研发热情，结果性考核是给予获得了最终成果的项目团队巨大的奖励，以长期留住人才。项目制管理其优点在于明确职责，保证项目工作按计划推进。项目制管理已成为提高新药研发效率，促进新药研发团队快速成长的一种有效管理方式。

需要明确的是，药品研发是一个非常复杂的系统工程，任何一点存在问题，都会给药品研发带来影响。所以，过程控制是控制药品研发风险的关键。

第五节　由原料药企业向制剂企业转型

一、转型制剂成为原料药企业的必然选择

中国目前是"名副其实"的世界原料药工厂，供应全球约1/3的原料药。从行业来看，国内约有4000多家制药企业，其中90%为仿制药企业。然而，在全球医药发展大趋势的影响下，这种以低附加值原料为主的模式正面临着冲击，国内大型实力原料药药企纷纷谋求转型。

从上市公司定期报告分析来看，原料药行业持续低迷。近年国内原料药产能过剩现象普遍存在，使国内以原料药、中间体为主营业务的企业向外扩张的紧迫感更加强烈。但是哪些产品更适合于现在的市场拓展，哪些品种有可持续发展的优势，已成为摆在企业家面前的紧要问题。

原料药企业转型早在10多年前就成为热门话题，比如石药集团很早就提出要实现原料到制剂、从普药到新药的战略转型，目前已经卓有成效。但截至现在，仍然有很多国内外的原料药企业还没走上向制剂转型之路。原因是不知道怎么转，向哪些制剂转型，最主

要的是担心转型后怎么做营销，因为大宗原料药的营销和制剂营销完全不一样。

所以，有很多原料药企业转型转到一半的时候，觉得制剂营销太麻烦，难度太大，于是资源又重新向原料药倾斜。就这样在反复和煎熬中，几十年没有实现真正意义上的转型。

实际上中国由原料药向制剂转型的成功范例却很多。比如浙江医药、东北制药、华海药业、海正药业、京新药业、联邦制药等加速制剂转型，都获得了较大的成功。

笔者近期拜访了一个合资企业，是老牌的原料药企业，现在正谋划转型。

这家合资药企对转型制剂有着自己的思考，希望能通过专业的调研确定转型方向，同时对制剂营销体系的构建有着很大的疑惑甚至畏惧。

他们有很多疑问：

（1）现在的制剂竞争已经非常激烈，我们现在参与进去能否取得优势？

（2）我们到底向哪个方向转型才能保持现在的经营优势？

（3）转型的制剂产品怎样和现有的原料药对接，形成产业链延伸模式？

（4）如果选定了转型方向和转型制剂，国内外市场有多大的市场机会？

（5）国内新药上市，审批有了怎样的变化，有没有较快的注册通道？

（6）现在国内制剂的商业模式都是怎样运作的？

（7）国内制剂企业的盈利状况怎样？

（8）比较快的转型制剂的路径是什么？

这些疑问其实也是很多原料药企业的疑问，需要专业的调研才能予以回答，否则就会出现主观臆断。

原料药企业如何向制剂转型，我们先来看三个案例。

1. 印度第一大制药企业 Dr. Reddy's 的转型轨迹

Dr. Reddy's 原来是大宗原料药生产企业，后来向特色原料药转型，维持一段时间后，特色原料药也面临激烈的市场竞争。

经过严密的调研分析后，Dr. Reddy's 决定全面进行产业升级，在保持优势原料药的前提下，向制剂生产延伸。

经过4年努力，Dr. Reddy's 的第一个非专利药雷尼替汀的制剂生产车间获得美国 FDA 认证。

由于单纯的制剂生产限制了 Dr. Reddy's 的转型步伐，Dr. Reddy's 开始进行自主研发。至今，Dr. Reddy's 在非专利药产品共有十多个在 FDA 注册并在美国、欧洲设有非专利药销售中心。

2. 以色列的梯瓦转型轨迹

梯瓦转型制剂的方式是收购制剂企业。

梯瓦是全球著名的跨国制药企业，初期发展的时候是药品的物流公司，赚取药品物流费用，后来开始由单纯的药品物流向原料药生产转型并以出口为主。由于原料药出口竞争激烈，梯瓦开始把目光转型高毛利的制剂产品。

1976年梯瓦收购了 Assia 和 Zori 两家制药公司，开始生产和销售制剂。由于经营制剂的高毛利和强竞争性，梯瓦开始热衷于制剂企业的并购。此后30年陆续收购了多家制药公司，2008年收购全球第四大仿制药品生产商 Barr，进一步巩固梯瓦在美国的领导地位。

虽然梯瓦转型制剂的方式是收购制剂企业，但梯瓦对制剂生产和研发的质量要求非常高，在不停并购的同时，不停地追求更高的制剂研发水平和生产技术。

同时，梯瓦对专利药进行强仿，并组建了几百人的律师队伍与专利药所属企业进行不停歇的官司，以保护自己强仿的合法性。

3. 华海药业转型

华海药业是国内特色原料药企业向制剂转型升级的典型代表，其普利类和沙坦类特色原料药在国际市场上占有重要地位。华海药业花费5年时间耗资上亿元成为国内首家制剂生产车间通过 FDA 认证的企业，购买的制剂生产线设备都是世界一流的机器。

华海药业现在已经成为制剂领域具有强势竞争态势的药企，是首个实现制剂规范市场规模化出口企业。华海药业目前拥有成熟的固体制剂仿制药研发、申报体系，有竞争力的美国市场开拓、销售平台，通过整合国内原料药生产资源，未来有望成长为中国制剂规范市场出口平台型企业。

从上述三个案例看，从原料药生产向制剂转型都获得了比生产和销售原料药更大的收益和发展。随着原料药生产的低迷，向制剂转型也成为原料药企业必须选择的道路之一。

二、原料药企业向制剂转型矩阵

目前大型的原料药企业基本都逐步转型做制剂，既可以获得药企未来的发展机遇，同时也可以提高现在的原料药利润。

原料药生产企业转型初期最好是顺着原料药产品的方向进行产业链延伸，即自己生产的制剂以自己生产的原料药为主，这样就形成了转型成本较低的闭循环转型路径，同时，这种转型路径风险较小。

当然，如果原料药企业能自行研发、强仿或收购到"重磅炸弹"产品，或者重新构建具有竞争力的产品群等情况除外。

以海正为例，因为与辉瑞合资，海正获得了转型契机，建成了新的利润中心，成功由原料企业向制剂企业转型，同时获得了新药研发的优势，形成了以海正辉瑞为中心的产品群。目前来看，辉瑞借助海正站稳国内仿制药市场，而海正借助辉瑞转型并获得了较强的新药研发能力，二者的合作是成功的。但需要明确的是，在相互借力的同时，更要注重自身企业在研发、营销和运营能力方面的提升。

转型方向依托原料药企业的实力，比如研发创新能力、资源调配能力等。转型路径的选择与各个原料药企业的资源和能力有关。研发能力强并且具有国际销售能力的原料药企业可以选择制剂出口。

那么原料药企业怎样正确向制剂企业转型？

这个问题一直困扰很多原料药企业。笔者对国内外的原料药转型制剂的成功案例进行分析，梳理出一套原料药转型制剂的模型矩阵，如图2-18所示。

图2-18基本包含了所有原料药企业向制剂转型的关键要素，包括前期的调研分析，转型路径的选择，规划方案和实施方案的撰写，过程控制和总控分项。

这个模型矩阵的运行需要药企专业的系统支撑，也就是说，需要一个OA系统支撑。因为转型升级实现关联度的难度较大，而且涉及相关内容的频次较高，没有一个OA系统支撑，很多事宜无法及时解决，会拖累或者延缓转型进程，甚至产生较大的风险。

这个模型矩阵较为清晰地描述了应该做的事项，下面笔者把可供选择的路径做一阐述，以便于原料药企业选择路径。

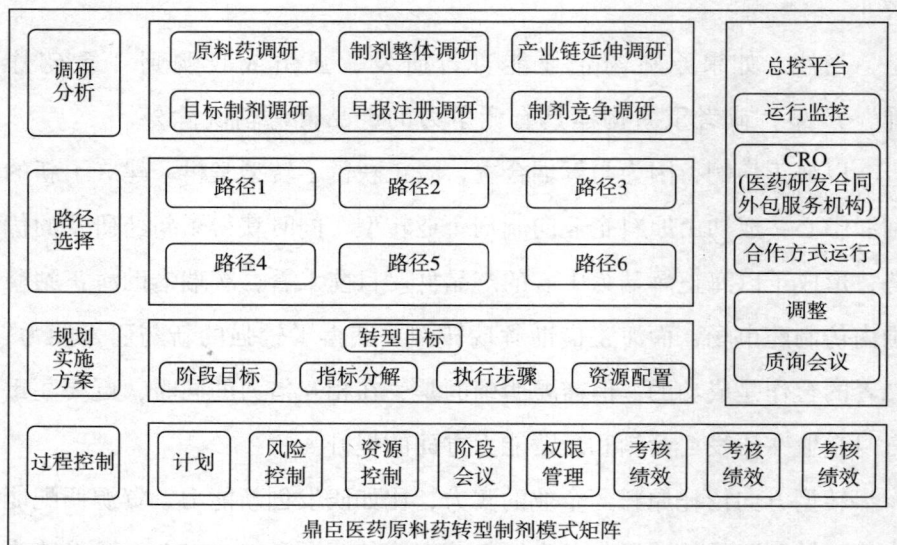

图 2－18　鼎臣医药原料药转型制剂模式矩阵

（一）通过代工、合作生产的方式完成制剂生产线的建设和改造

有一些原料药企业自身没有足够的资源和资金进行制剂转型升级，但向制剂转型升级又是必走之路，所以，这样的原料药企业始终处于彷徨阶段。

现在一些药企生存能力不足，或者生产线由于生产规模性药品无法短期撤换，但又必须生产一些市场需求的药品，比如一些价格较低而医疗机构必需的药品。

没足够的资源或者资金的原料药企业根据自身的情况，尤其是自己本身就生产相关原料药或中间体的优势，可以和这些需要代工的药企协商，让其把产品加工交付自己进行生产。但合作药企需要指导原料药企业建设或者改进生产线，甚至协商提前支付年度的代工佣金以进行生产线的建设。当然，如果有通过 GMP 认证的生产线则更好，可以直接进行代工。

原料药企业可以和全球药企合作进行生产，比如海正药业，就是这种情况的典型代表。海正药业通过和辉瑞合资成立海正辉瑞药业，海正药业负责仿制药生产，辉瑞提供生产技术，海正辉瑞药业负责销售。这样，海正药业顺利地从由原料药出口为主的企业转型为以制剂生产为主的企业。

一些原料药企业可能觉得自己没这样的机会，其实，任何原料药企业都有这样的机会，这要从原料药企业自己生产的原料药尤其是优势原料药角度去选择全球合作伙伴。如果能为全球药企提供进入中国市场的机会或者强化全球药企在中国市场的竞争能力，那么任何有合作机会的全球药企都会趋之若鹜的，关键是你要有拿得出手，能说服全球药企的合作方案。

（二）通过并购制剂企业的方式实现向制剂转型

如果原料药企业自有资金比较庞大，或者有足够的融资渠道，那么，通过并购实现向制剂转型是最快的转型之路。比如梯瓦转型制剂的方式是收购制剂企业，并很快成为全球知名的制剂生产企业。

需要注意的是，原料药企业通过并购转型需要同时关注三个方面：一是并购的核心目标，二是并购的关键因素，三是并购的风险控制。现在一些原料药企业由于对制剂产品和市场竞争认识不足，导致失败。

原料药企业并购制剂企业时，首先要把药品本身作为并购的核心目标，要用充分的调研清楚了解并购标的产品的市场竞争情况，现有的区域覆盖情况，招标业绩，市场上产品品牌美誉度和知名度。其次是生产线是否通过 GMP 认证。原料药企业在通过 GMP 认证方面的经验是不足的。例如某企业的生产线存在私自改造，如果进行 GMP 认证是无法通过的，但并购方并不知晓，并购后发生纠纷。

原料药企业第一次进行转型并购一定要和自己的原料药中间体结合起来，只有和自己的优势结合才能使并购的制剂企业变强，否则就会拖垮原料药企业。

原料药企业进行并购之前要构建好强大的并购逻辑。并购应当是双方的有机结合、取长补短，在一个或者多个要素中实现优化、强化，最终实现经营业绩的可持续提升。决定并购成败的关键因素包括目标方质量、并购方实力、双方契合程度、交易结构和后续安排、交易执行等。

原料药企业并购前一定要把并购风险控制到可接受的范围内，不能出现不可控的情况。这些风险包括国家政策风险、市场波动风险、行业周期风险、项目执行风险（包括目标公司基本面风险、估值和定价风险、交易结构设计风险、监管审批风险、舆论环境风险、后续整合风险）等。

原料药企业在制剂药企并购后，要尽快进行整合，否则就会出现很多不可控因素。

（三）通过购买制剂文号的方式完成制剂产品的积累

有一些原料药企业自身没有庞大的资金，也没有较宽的融资渠道，但也不愿意走代工的路线，在这种情况下，可以通过技术转让的方式获得药品批准文号。

现在市场上转让药品批准文号的制剂药企也比较多，通过技术转让的方式购买药品批准文号已经成为常态，而且这在国家食药监总局层面是允许的。

原料药企业购买药品批准文号时，一定要搞清楚该转移不是简单的文号买卖，而是技术转移，必须遵从《药品技术转让注册管理规定》要求，要认真学习和领会技术转让的相关法规，并完成相关药品生产技术的研究，才能顺利实现药品的技术性转移。否则，技术不过关、质量不符合要求、稳定性有较大差异等，同样也会有不被批准的风险。

还有一类药品可以通过文号购买的方式获取，这类药品就是没有药品国家准字号和生产文号，而是处于临床阶段的药品。处于临床阶段的药品有临床批件，但尽可能购买处于 3 期临床即将结束或者可能通过的药品，不要购买 1 期或者 2 期临床的药品，因为原料药企业不清楚制剂的药品研发和注册申报流程，容易出问题。

（四）通过与外资药企或国内药企合作的方式实现转型

有条件的原料药企业可以通过与外资药企或国内药企合作的方式实现转型，这个条件就是原料药企业自身有着比较好的优势，比如有竞争少的甚至独家的优势原料药或中间体，有好的融资渠道。总之，要有值得合作方倾心的地方，这样才有好的合作基础。

随着国家新医改的推进，外资药企未来在中国的经营之路不会像以前那样享受"超国民待遇"了，也一样需要参与招标，也一样要强化市场覆盖，尤其在药品审批上，与中国药企合作可以缩短新药或者仿制药在中国的上市时间。

国内药企合作也比较普遍。比如康美药业与友博药业签订《战略合作协议》，双方拟在中医药原材料供应链管理服务、产品渠道服务等方面开展全方位战略合作。比如普洛药业全资子公司山东汉兴医药科技有限公司与浙江华海药业股份有限公司利用在联苯生产、销售等方面的优势，共同拓展市场，双方签订了《增资协议》。

原料药企业与国内外药企进行合作，可以是多方面的，主要包括：生产合作、研发合作、销售合作、单产品合作。

原料药企业借助合作转型要注意选择好合作企业，也要注意平衡好双方的利益和控制好合作的风险。企业在合作过程中，首先应该考虑的是合作的对象，选择一个合适的对象就相当于成功了一半。

荷兰皇家帝斯曼（DSM）和华北制药从 2004 年就开始着手进行合作协议的商榷。DSM 想借助华北制药作为亚洲生产青霉素和维生素的龙头企业来提升自己在中国的知名度，使自己的产品能够进入中国市场。

而华北制药，同样想借助 DSM 在海外的市场销售网络，扩大自己的海外市场销售。由于合约的条文达不成共识，直到 2009 年 3 月，双方才签署设立三家合资公司的协议。但是签约之后，华北制药（国有企业）接到上层的指示，要进行集团股权结构重组，要终止合约达 8 个月。结果在另外一家国内企业介入后，双方的合约就此终止，合作宣告失败。

（五）先进行产业链延伸产品，之后逐步向方向领域扩展

原料药生产企业转型开始最好是顺着原料药中间体方向进行产业链延伸，即自己生产的制剂以自己生产的原料药为主，这样就形成了转型成本较低的闭循环转型路径，还可降低风险。当前形势下，大型企业的产业链优势日益凸显，拥有完整产业链的药企将具有更强的风险抵御能力。

原料药企业完成初步的转型，即顺着原料药中间体方向进行产业链延伸后，基本就建立起了制剂的初步生产体系和营销体系，再根据之前的规划，进入转型升级的第二步，向拟定的方向继续转型升级。

仙琚制药

仙琚制药原来是甾体原料药企业，也是国家甾体激素类药物、计划生育药物定点生产厂家。

随着全球金融风暴的冲击，甾体激素类药物企业状况不稳定。部分

中小甾体激素类药物企业已经消失，在这种情况下，仙琚制药意识到原料药产业的周期性和盈利不稳定的特点，于是开始从有自我优势的甾体激素类药物努力发展原料药和制剂一体化的业务。

原料药和制剂一体化的业务发展到一定阶段后，由于仙琚制药属于特色化学原料药行业，其产品虽然产业链完整并具备一定的技术优势，但是甾体行业整体市场规模不大且发展较为缓慢。

在这种情况下，仙琚制药积极改变此前以仿制研发为主的格局，主动推进建立企业自主创新优势，注重整合外部资源，加强北京、上海、杭州及美国等各个研发平台建设，构建整个研发体系，保证产品技术和研发的先进性和连续性。

同时，仙琚制药以市场为导向，加快了研发的速度。主要围绕公司产品战略定位，通过自主开发、合作开发等方式快速推出后续新产品，继续强化公司在甾体药物领域的优势，丰富公司药物品种。

目前，仙琚制药已成功开发了20多个高科技新药品种，拥有15项发明专利，已在15个国家和地区总计30种产品取得了国际认证，其中，有11种产品取得了美国FDA认证，5种产品获得了欧盟GEP（《良好工程管理规范》）证书。

而且，仙琚制药投入大量人力、物力建立市场终端网络。当别的企业还在实行传统管理时，仙琚制药开始向现代化管理转变。当别的企业研发的还是以仿制药为主时，仙琚制药已经开始走向自主研发。

目前，浙江仙琚制药股份有限公司已经发展成为国内规模大、品牌齐全的甾体药物公司。

（六）混合路径

所谓的混合轮径就是把上述5种路径结合起来使用，不单一沿着某一路径推进原料药企业的转型升级。

混合路径具有较好的优势，可以充分发挥自身的优势资源和其他药企的优势资源，可以在相对较短的时间内完成原料药企业的转型升级。

但需要注意的是，使用混合路径要注意各种资源的合理配置，要注意人才的获取，要注意与合作伙伴之间的合作过程。采取混合路径非常考验一个原料药企业的管理能力、资源整合能力、内外部合作能力和总控能力。

总结：

随着医药领域的不断发展，原料药企业原有的发展方式也在不断改变，之前低附加值和以牺牲环境为代价的经营模式已经不再适合如今原料药企业的发展。很多原料药企已经开始从生产粗放型的低端产品向生产精细型高端制剂产品转变。

原料药企业的转型升级，要充分考虑政策的变化和市场竞争的变化。改变生存和发展模式需要时刻紧盯市场和政策，否则就会出现被市场或者政策甩出的风险。要随时关注医药行业的变迁状况，了解医药行业的调整规律，从中规避风险，获得发展良机。

第六节 由化学药、普药为主向以生物制药为主

一、生物制药的发展前景

生物药物（Biological pharmaceutical）是指运用微生物学、生物学、医学、生物化学等的研究成果，从生物体、生物组织、细胞、器官、体液等中，综合利用微生物学、化学、生物化学、生物技术、药学等科学

的原理和方法制造的一类用于预防、治疗和诊断的制品。

从第一家生物技术制药公司的成立，生物技术制造工业，已创造出许多重要的治疗药物。目前生物药品已广泛应用于治疗癌症、多发性硬化症、贫血、发育不良、糖尿病、肝炎、心力衰竭、血友病、囊性纤维变性和一些罕见的遗传性疾病。

随着全球老龄人口的不断增加，慢性疾病发病率的连年攀升，临床中生物药物需求量的大幅增加，推动全球生物药市场高速发展。此外，各国政府协会也帮助推动了生物药品的临床使用，而生物医学方面的巨大进步，进一步支持了全球生物药品市场的巨大增长潜力。其中，抗血管内皮生长因子疗法和转基因生物在生物药品市场中的地位日益增强。

根据全球知名市场调研公司 PMR（Persistence Market Research）发布的一份新报告，全球生物药品市场在 2014 年的市值为 1610.5 亿美元。未来 7 年内（2014～2020 年），该市场将以 10.1% 的复合年均增长率增长，并在 2020 年达到 2871.4 亿美元。

在中国，虽然经过多年的发展，中国生物医药产业已经有了一个良好的基础，但是与世界先进国家的生物医药产业相比，还存在不少差距。中国生物医药产业的发展从科研到产业化，将是一条艰难的路。近年来，从国家到地方各级政府不断加大力度支持生物医药产业的发展，生物制药已成为中国高新技术发展的重点。

"虽然，生物医疗是一个烧钱的行业，也是一个门槛很高的行业，但生物医疗是一个可以永久投资的行业，这个行业再做 200 年都不会有问题。"美国傲锐东源（OriGene）董事长兼 CEO 何为无说。

生物制药未来的发展潜力已经得到了国内外制药企业的一致认可，越来越多的制药企业在关注、涉足甚至大举进军这一领域。目前我国已有 300 多家医药企业正在开展生物制品药物的研发生产，比如先声药业、上海医药、华北制药、手心医药、华神集团、江苏恒瑞、美恩生物、常州吉恩、百泰生物、复星医药、丽珠医药、天士力、沈阳三生、亿胜生物、长春高新等。

当然，我国生物医疗产业目前还存在很多问题，第一是生物药物的高成本及重磅药物专利阻碍了我国生物药品市场的发展；第二是与生物可注射药物相关的副作用和风险，也是限制我国生物药物市场发展的因素之一；第三是价格问题，现在很多效果不错的生物药价格昂贵而且依赖进口；第四是生物医药产业在企业融资、产业规模、产品品种，尤其是技术创新方面还存在一定问题；第五是产业规模小，产品品种少，缺乏自主创新；第六是技术壁垒低，支撑技术、生产装备比较落后。

二、化学药、普药怎样向生物制药转型

生物制药是一个投资金额大、周期长、研发风险高的行业。现在很多化学药、普药企业纷纷向生物制药企业转型，或者强化生物制药的业务单元，转型或强化的同时都需要明确生物制药业务单元的种种风险。

笔者建议化学药、普药企业向生物制药企业转型时可以采用以下模式：

（一）与实验室或者研究院合作开发生物制药产品

由于研发生物制药产品需要较高水平的专业人才，而化学药、普药企业刚刚转型做生物制药产品的时候，不具备高级生物研发人才，并且国内生物研发领域的人才也不多，所以与实验室或者研究院合作开发生物制药产品，可以避免因人才缺失导致转型失败。同时实验室或者研究院有较好的生物研发设备，这也避免了药企转型初期花大笔的资金购买研发设备。

而且，一些实验室或者研究院本身在生物药品研发领域就有了一定的研发成果，甚至一些实验室或者研究院都拥有相关专利，但这些都还没有转化为具体的生物药品。

化学药、普药企业与实验室或者研究院合作可以凭借其人才、设备和既有的研发技术缩短向生物制药转型时间，也可以节约大批的资金。

（二） 与跨国公司共同研发生物药品

现在，大型国内药企在生物制药领域的研发正在和国际跨国企业对接，即药企生物产品研发模式国际化，从原来以内部为主的研发组织转向开放的多渠道合作研发模式。

以市场为导向的、符合临床要求的研发组织方式和开放式的市场化研发方式相融合将是我国药企向生物制药领域快速转型的关键。比如先声药业与百时美施贵宝共同研发抗肿瘤药物 BMS - 817378、天士力与法国梅里埃发展联盟合资成立生物医药研究公司、丽珠集团和健康元建立单抗制药平台等。

（三） 与大学共同研发生物药品

通过药企和大学的分工合作，可以最快地实现产品结构的转化和增长方式的转变。这一模式的选择，将打破新药研发"两高一长"的思维定式。"通过产学研功能链和利益链的分工合作，把原来由一家企业或机构投入的时间和资金分解在产学研的各个环节上。在确保质量的前提下，就单一功能链来说，时间和费用的负担就不会很沉重，却能够同时分享大生产的成果，最终有望实现共赢和多赢。"安宁说。

药企与大学合作研发药品已经成为常态，当然不限于生物制药领域。比如辉源生物科技有限公司与美国马歇尔大学的跨学科研究所（MIIR）及 Joan C. Edwards 医学院达成战略合作协议，共同进行抗肿瘤药物和防治肾脏疾病药物的研究和开发。

比如清华大学与拜耳医药保健有限公司共同签署新的战略合作协议，扩展"清华－拜耳创新药物联合研究中心"项目研究工作，在生物医学领域开展研究合作。

比如国内染料界龙头企业闰土股份开始跨界，与美国耶鲁大学一课题组签订《创新药物技术研发合作协议》，合作研究肿瘤分子项目。

（四）投资小型靠谱的生物技术公司

小型生物技术公司一般由拥有生物技术的归国专业研发人士创办。这些专业研发人士本身在国外的药企、研究室或者大学对生物制药领域的相关药品就有很先进的研发技术，甚至有一些专业人士本身就有生物领域的研发成果。

普药、化学药企业向生物制药企业转型时，可以凭借这些小型生物技术公司的人才、设备和研发成果较为快速地进入生物制药领域。而且，一般这些小型的生物技术公司本身就非常缺乏研发资金，缺乏临床研发资源，药企和这些小型生物技术公司合作可谓双赢。

而且，由于是小型生物技术公司，股本结构简单，股本金也不大，药企以较少的资金就可以成为控股股东或者大股东，那么未来这家小型生物技术公司的所有研发成果就会自然而然成为药企的成果。

当然，药企投资小型生物技术公司要非常小心，一定要调查好小型公司核心研发人员的背景。因为生物领域的骗子比较多，有些所谓的专业人士可能根本没什么研发技术或者研发成果，但会忽悠、讲大话、懂术语。这让一些辨别能力不强的药企高层很容易中圈套，最终导致药企投资失败，更严重的是导致药企转型生物制药失败。

药企投资小型生物技术公司的成功案例也比较多，比如上海医药和上海复旦张江生物医药股份有限公司的合作。

上海医药与上海复旦张江生物医药股份有限公司签订了重大新药创制研发的战略合作协议。上海医药将在未来6年出资1.8亿元与上海复旦张江生物医药股份有限公司共同进行包括多替泊芬、TNF受体、硫酸长春新碱脂质体（LVCR）和重组人淋巴毒素α衍生物（LT）四个药物品种的研究开发和产业化的全面合作。借助此次合作契机，上海医药一举进入基因工程、脂质体、光动力三大研发领域，通过专业研发合作提升上海医药现有研发体系。

上海复旦张江生物医药股份有限公司专注从事生物医药的创新研究和开发，其在基因工程药物、光动力药物、脂质体药物等领域的研发上处于国内先进或领先水平，现有一大批药物处在已经或即将产业化的关键时点。

（五）组建创新技术平台

创新技术平台就是将科研机构、重点实验室和国外的生物研究机构联合起来组建新一代生物制药技术攻关合作平台，重点突破靶标发现技术、生物转化技术等新一代生物制药技术，大力发展具有自主知识产权和广阔市场前景的生物药物、新型疫苗与诊断试剂。利用平台降低研发成本和风险、实现创新资源共享、缩短研发周期和提升开发速度，力争在最具发展潜力的生物创新药物领域占据一席之地。

创新技术平台的构建需要强大的整合研发资源能力，以及对国家相关行业政策的利用能力。创新技术平台的构建企业需要有大型药企背景或者政府背景，中小药企根本建立不起来。

（六）采取股份合作制企业模式构建生物制药领域研发体系

股份合作制企业模式是指参与平台建设的高校、科研院所主要以自主知识产权成果的形式作价入股或出资入股，企业则以资金入股为主，加入平台的企业共同享有成果。而模拟公司模式是由参与平台建设的各方共同管理，该模式需设立专门的管理机构和场所。管理机构由平台各方派专人参与，按公司规范运行，加强对生物医药产业技术创新战略平台运行过程的宏观管理和组织协调。

"一直以来，大型制药公司承担着我国制药工业发展的最主要责任，而这批制药企业的发展和壮大才是中国制药企业由大走向强的最重要力量。从这个角度来考虑，大型制药企业集团进军生物制药，标志着中国制药工业行业的意识和发展方向已经上了一个新的台阶，而这也正是走向制药强国的基础。"某项目负责人表示。

（备注：第（五）条和（六）条参考了中国农工民主党吉林省委员会关于生物发展建议。）

第七节　由实业经营向资本加实业转型

现在做医药企业，不懂资本就不算是一个好的医药企业家。

随着中国医药行业的发展整体趋缓，在竞争和业绩的压力下，医药行业的集中整合速度会加快，医药行业的投资并购也会加速。对医药行业来说，这是一个很糟糕的时代，但对于一些有战略眼光、懂资本运作的医药企业家来说，也是一个最好的时代。

说是糟糕的时代是因为中国的医药行业由于政策走得有些偏，导致整个医药行业处于不健康的状态，药企生存压力和发展压力非常重。由于招标制度的不合理性和畸形运作，二次议价的强行普及，让药企的发

展呈现模糊状态，疲于奔命和焦头烂额是药企经营者的常态。由于
GMP 和 GSP 的重新认证和审核，大量的药企付出了大量的精力和资金，
也有大量的药企关门。

说是最好的时代，一是因为全球大批的专利药到期，这给擅长仿制
药的中国企业带来了发展契机；二是因为中国步入老龄社会，加上饮
食、污染等因素，医药行业的刚性需求愈加明显；三是 GMP 和 GSP 的
重新认证和审核会淘汰掉大量的药企，这给医药行业的集中度提供了政
策上的支持，让更多有优势的药企可以通过并购、投资等方式获得大量
的医药企业资源。

由于医药行业的变迁、调整和升级，单纯的医药实业经营已经不足
以快速获取药企发展的各种资源、各种人才、各种市场、各种产品，只
有通过并购等方式来快速和大量地掠夺医药行业的优质资源。所以，实
现由单纯的实业经营向实业加资本的双轮驱动模式将会成为未来医药企
业发展的主要路径。

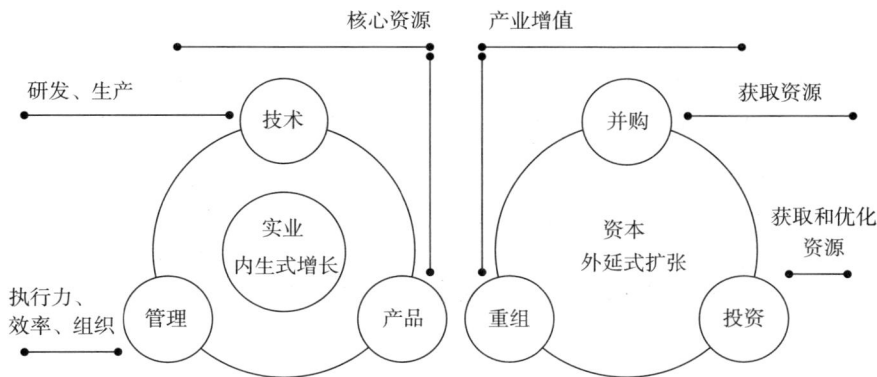

图 2 – 18　医药企业实业资本双轮驱动示意图

如图 2 – 18 所示，未来药企的发展：一面做好实业经营，通过扎实
有效的经营手段从实业获得更多的利润和更顺畅的资金流，为资本运作
提供支撑；另一方面通过资本运作，采用并购、投资、上市、参股等多

种形式从市场上、从医药行业内获取更多的资源反哺实业，两手抓，两手都要硬。

实业（内生式增长）和资本（即外延式）的双轮驱动，二者形成有效对接。

内生式增长和外延式扩张并举，是集团大型药企成长的必经之路，可以通过并购获得重磅产品、新市场、新业务，通过对并购资产的重组整合为事业发展提供更广阔的市场和机会。

梯瓦是全球排名前20的制药公司，也是全球最大的仿制药公司之一，集中于北美及欧洲市场。梯瓦通过积极的扩张战略在全球实现增长，在并购的同时通过垂直整合，优化制造商、分销商及药产品的资源配置。

梯瓦的成功归因于经营能力与收购战略的高度协同。Assia、Zori、Teva 三家合并为梯瓦，成为以色列最大的医疗保健企业，后来收购 Ikapharm 公司和 Plantex 公司。

梯瓦通过收购 Lemmon（美国仿制药制造商）、购买 W. R. Grace 股权、收购 Biocraft（美国仿制药物生产商）把美国市场纳入囊中，通过积极的合并战略，牢牢占据欧洲市场。

梯瓦的成功归功于：①遍布全球的经销渠道；②多样化的产品组合；③强大的研发能力；④垂直整合（开发，生产，市场营销，分销）能力。

复星医药在其使命上就定下了通过并购整合发展企业的定位。

复星医药的使命：将通过对行业优秀企业的投资、管理与整合，不断提高企业创新能力和国际化程度，以成为创新型健康产品和服务的领导型公司。

复星医药用实际行动践行着自己的使命。复星医药上市 10 多年来，参股投资国药控股、天药集团、汉森制药、海翔药业、东富龙、羚锐制药、金城医化、美中互利、同济堂、颈复康、迪安医疗、金象等一批行业优秀企业。现在的复星医药成为国内发展速度最快的集团型药企，业务范围涉及制药、医药商业、医药研发、医疗器械、医疗产业、生物产业等领域。

第三章　途径2：管理转型

第一节　中国药企为什么要管理转型升级

现在中国药企面临的医药行业环境日益艰难。招标的各省差异化、二次议价的推广、药占比的推行、新药注册的自查、CFDA（国家食品药品监督管理总局）的随时飞行检查、仿制药一次性评价、新药注册的程序变迁等，让中国药企在政策环境下日益迷茫。

同时，由于外资药企大批专利药到期，外资药企也已经开始进入中国药企相对比较有优势的仿制药经营领域，经营市场也开始进入基层医疗市场，甚至外资药企也开始进入中药领域，而仿制药、基层医疗市场和中药领域在中国一直是中国药企的优势。

国家政策的挤压，外资药企的竞争，"前有猛虎，后有群狼"的情形摆在了中国药企的面前，而中国药企自身却日益羸弱。很多药企内部管理混乱，运营效率低下，执行力不强，研发水平低，产品质量难以保证，生产工艺存在很多猫腻。

内部管理混乱的药企由于自身管理非常差，所以，推进转型升级方案也难以真正落地，很多关键点无法落实到位，人员散乱，流程混乱，资源分散，难以形成凝聚力。在这种情况下，执行力基本就是空话。

中国药企存在的管理问题，这里就不一一阐述，笔者根据这两年关注和服务的药企梳理出目前中国药企存在的 5 个主要问题。

一、看不清政策，看不清市场，摸着石头过河

从 2014 年开始，中国的医药政策频频发布。国家层面的、各省层面的，甚至市级层面的政策层出不穷，但好多药企至今也没有专门的部门和专门的人员对国家、地方的医药行业相关政策进行专门的跟踪、汇总和分析，并对各地区的招投标、二次议价信息进行分析。药企的高层

决策者基本是依靠自我主观和既往经验在运行药企，这导致药企在各地的招投标或进入医疗机构过程中总是因不了解规则出现问题。更有甚者，某个药企竟然在某省招标结束后才发现自己不知道某省已经开始招标了，可见药企的情报系统的延迟和落后。

而对于市场的竞争，很多药企不知道竞争对手在做什么，也不清楚医疗机构差异化需求，更不清楚市场的消费者到底需要什么，而是一味地按照自己想象去参与生产竞争，于是总会出现资源投出去了，才发现竞争对手早就把类似的活动做完了的情况。

总之，80%的药企正在处于摸着石头过河的阶段。偌大的市场部和战略部门，连基本的竞争分析都不能每周呈现给高层，让高层盲人摸象，导致决策频频出错。

二、药企治理结构混乱，内部钩心斗角，派系林立

公司治理结构，简单说，就是如何在公司内部划分权力。良好的公司治理结构，可解决公司各方利益分配问题，对公司能否高效运转、是否具有竞争力起决定性作用。

现在的中国药企，大部分治理结构混乱，内部钩心斗角，派系林立。这一点都说国企比较严重，其实民营企业也一样。笔者在这里特别提到派系林立，就是因为现在的情形好像比以往严重。也许是因为医药行业的整体变迁，药企高层出现了集体焦虑症，为了寻找安全感，纷纷构建自己的派系。

非正式组织的团体是一直存在的，但如果非正式组织对药企的发展形成阻滞，就会出现政令不通、效率低下的情况，尤其是旧人与新人之间的战争，而这些战争会直接影响药企的运营，对药企的发展就更不利了。

在药企转型升级过程中，肯定会对一些既存的派系或利益集团形成

利益和权力上的冲撞。如果不能消除这些阻力，药企的转型升级大多会无疾而终。

一般一个药企如果内部派系问题严重，基本都会出现执行力差、制度人为不遵守、运营效率低、经营业绩时有起伏的情况。如果在这种情况下进行药企的转型升级，基本开始就注定失败。

三、人力资源管理粗放

粗略估计现在医药行业从业人数，约为 600 万人。在当下的医药行业中，市场竞争激烈，销售型人才流动性加大，离职率高。

随着外资药企经营模式的改变，减员、裁员、关闭分支机构的状况时有发生，这给中国药企带来了更多的医药行业人才选择。但是，有些中国药企很难留住高端人才。这是因为这些中国药企人力资源管理粗放，没有有效的人才规划，缺乏让新进入的高端人才有效发挥其优势和特长的人力资源管理土壤。

现在很多药企缺乏战略性人力资源管理观，基本上把人力资源部当成了人事行政部，除了一般的人事管理，基本没有起到为药企高层做战略决策提供依据、充当助手的作用。

在人力资源投入方面，很多药企尚未完全树立人力资本投资观。对人力资源管理方面的投资缺失，包括人力资源管理部门设置和人员配备，各类人员的专业知识、技能培训，人才发展职业生涯规划、人才的再教育等都做得远远不够。

随着全球医药行业的变迁和中国医药行业的大变化，中国医药行业的人力资源亦从"重销售、轻市场、管理粗放、激励制度单一"的状态，逐步过渡到"高流动性、高多样化、更有价值、管理更加精细、激励更加多元"的状态。

未来的医药企业发展，没有人才就没有未来，没有人才就没有发展能力，人才将是第一位的。没有良好的人力资源管理体系，就无法留住真正的人才，"剩者为王"的医药行业人才管理方式已经成为过去。

四、战略管理缺失

随着医药行业的整体变迁，未来的市场竞争将会更加激烈。大量的医药企业将会在这个过程中被收购，或者被兼并，或者被取消经营资质，或者自己主动关门。

主要原因是很多医药企业目前找不到发展方向，观望踌躇，止步不前。随着医药行业的发展，新生代药企取代传统药企的步履将会越来越快。在中国第一研发团队里面，根本就没有 20 世纪 90 年代老牌大型药企的身影。

有人会说："怎么没有，你看 2012～2014 年研发费用投入的数据，不是有老牌企业吗？"投入研发费用的多少和是否进入第一研发梯队不是一回事，财务做账可以把任何费用做成研发费用以填充成本费用，但研发第一梯队需要的是研发成果和研发能力。

中国的中小药企很多是没有战略的，除了错把计划当作战略外，就是全神贯注于短期的经营目标。他们制定所谓的战略规划根本没有做市场调研，完全凭借自己的片面认知和经验直接拍脑袋，或者老板一句话就给药企的发展定了位，缺乏对市场环境、目标市场和企业自身情况的考虑。这种形式制定的所谓战略根本无法应对残酷的市场竞争。

比如笔者的一个朋友，是一家年销售额 1 亿多元的民企老板。他总和我谈及他的战略构想，基本就是明年做哪些事，明年的目标是多少，3 年的目标是多少。这明显就是计划代替战略，其实计划和战略有着根本区别。计划是对于未来活动的具体安排，而战略定位表现为一种长期观念，探索企业未来的方向，促使企业考虑长远的定位和发展。

中国的一些大型药企也一样。现在很多集团型药企都在运行多元化、规模化，以期实现可持续发展。但在复杂多变的医药市场环境下，如何让多元化业务单元按照预期的目标运行，让非主业业务单元能始终围绕主业运行并为主业提供一切支持，实现战略的结构性业务单元运行管理，这对集团型药企也是很艰难的事情。

很多大型药企就走了很多弯路。

贵州某知名上市医药企业，重资进入胶原蛋白业务，由于忽略了自身主业的发展，结果折戟。后来，不能不靠连番的概念炒作来维持市值，因为主业多年荒芜，短期内已经挖不出多少亮点了。

贵州这家上市药企的案例说明，对转型期的药企而言，对新业务单元进行投入本来无可厚非，但在进行新产业定位时，必须要明确是根据自己的核心竞争力进入相关业务，还是无所顾忌地进入全新业务。如果根据自己的核心竞争力进入全新业务，必须进行充分的评估和商业规划。

某央企医药企业在众多民营医药资本争相并购医疗器械之际，却选择全面剥离医疗器械业务，并美其名曰拟战略性退出医疗器械业务。原因竟然是这家央企高层认为这个行业是技术投入型行业，高端医疗器械市场基本为跨国医疗器械企业巨头所占据，而国内企业基本都是低成本制造优势的中低端产品，技术投入不足，研发力量有限，难以长远发展。

其实对央企来说，未来的优势就是技术优势。因为央企很容易整合技术资源，短期内获得较大的研发能力，越是在目前高端被外资占领的领域，就越是需要技术、市场资源整合能力强的央企发力这个领域，以期全面提升中国在医疗器械领域的竞争能力。这对央企是一个非常好的机会，也是央企的社会责任和行业责任。

所以，所谓战略性退出医疗器械业务，完全是没有发展战略的路子，做不好就撇清关系，从而让这家大型央企折了一只发展的翅膀，尤其是国家明确表态医疗机构优先采购国产医疗设备的情形更让这家央企面临战略被动局面。

没发展战略，或者战略管理缺失，会让药企的路子走得非常艰难，经常会步入歧路。强化战略管理能力，把控战略方向，是现在药企要做的第一要务。有句话说得好："拿着老地图，永远找不到新大陆。"

五、企业内部管理方法、管理模式和管理系统差异性大

由于这些年医药行业并购的盛行，很多药企并购了大量的标的，而这些标的本身都有自己的企业文化、管理方法、管理模式和管理系统。一些药企完成并购后，就形成了一个集团，企业内部存在多种管理系统。各个部门或者各个下属药企各自为政，互不来往，和并购之前的情形基本一样。

这个问题的根源就是中国医药行业的并购是并而不合，并购行为只是简单的物理加减，没有化学意义上的深度整合。所以，即便是并购后，也无法发挥整体的协作优势，不能达到"1＋1＞2"的并购目标．所以，中国药企的并购70%是失败的。

笔者看过比较多类型的药企并购失败案，如民营企业、股份制企业、国有企业。这些企业可能不缺少管理制度与规范，也不缺少流程和工具，但同一集团的下属企业，甚至同一公司的不同部门，却有不同的管理模式，不同的薪酬绩效体系，不同的责任目标体系，不同的文化风气。

就此笔者询问了大量的外资药企人员，甚至也询问过非医药行业的外资企业人员。他们都明确说，外资公司的管理模式、管理系统和文化体系是强调统一，因为都是利用统一的管理软件和管理信息系统，不可

能出现各自为政的情况。

整而不合，或者管理随性、不统一，会使药企整体执行力变弱。各自为政的结果就是八匹马拉车，每一匹马都有自己的方向，但都不是药企要的统一目标、统一战略、统一方向，这样的结果可想而知。

总结：

为什么要明确药企进行管理转型？因为管理是药企生存、发展的基础，也是转型升级成功的基础。没有良好的管理为基础，再好的战略、再好的目标、再好的策略都是浮云。

目前，我国药企中面临许多新问题、新矛盾。由于医药行业近两年的政策偏差和市场竞争日益激烈，部分药企还出现生产经营困难，这些都是转型升级过程中必然出现的现象。我们要抢抓机遇，充分利用医药行业政策和医药行业的发展变迁机遇，在调整中提升，推动药企转型升级。这就要求药企时刻提升自己的管理水平、管理能力、管理体系，让整个管理系统都处于统一管控之下，以期为药企的转型升级提供最好的基础。

第二节　药企的战略管理转型升级

现在药企整体还处于较为传统的经营管理思维中，对战略问题不是很清晰，也不是很重视。很多药企的高层甚至说，战略都是空洞的、虚无缥缈的东西。这种思想被传播给药企的中层、基层，导致药企的员工基本不重视药企的发展战略，只为每年度的经营目标努力。

某老字号的中药上市公司，由于主管医药板块业务的是投资公司人士，根本不注重药企实业的战略发展，而是完全依靠投资惯性思维运作这家公司，以至于当初与其盛名的另一老字号中药企业总规模达已经百亿元，而该公司多年来一直徘徊在十亿元左右，利润也几乎没什么增长。最终，该公司随着其他中药企业的发展而日益变弱，由于其支撑资本运作的价值不在，被投资公司抛掉。

该公司也失去了发展的良机，付出了巨大的机会成本和时间成本。

所以，强化战略管理，对药企的战略管理转型升级成为药企的第一要务。

至于怎样对战略管理转型升级，其实根本没什么复杂的，药企自身完全可以做到。况且，现在战略管理方面的书籍很多，多学习也能很快上手。最重要的是战略管理还是要靠药企自身，不能依靠所谓的咨询公司。咨询公司可能会给你一套战略方案（前提是项目团队是专业的，否则战略方案可能存在严重问题和巨大风险），但运作和执行还是要依靠药企自身。

那么药企怎样进行战略管理的转型升级？

一、要知道什么是战略及战略的特点。

战略是指组织面对复杂多变、严峻挑战的环境，为实现生存与发展而做出的带有长远性、全局性的谋划。

战略的特点为：

（1）全局性：考虑组织内部各方面的活动及组织外部各相关方的利益；

（2）长远性：制定战略是为了实现组织的长远利益与发展；

（3）抗争性：要考虑如何应对不利因素；

（4）纲领性：战略是组织内部各项活动的基础；

（5）动态性：要根据环境、形势的变化适时调整战略。

二、怎样做正确的战略规划

（一）要有一个专业的团队

这个团队要由战略规划师、产品规划师、组织规划师、业务规划师和政策研究师组成，缺一不可。药企如果自己制定战略，就要在项目管理运作系统下组成项目团队，把它当作最重要的事情来抓。

即便请咨询公司做，一定要调查咨询公司项目团队成员的背景，最起码要在医药行业从事过 3 年以上的工作，这是非常关键的基础。现在很多咨询公司最大的问题是咨询师是万金油，什么行业都敢做，殊不知医药行业的特殊性使这些万金油的咨询师无法真正制定出适合药企战略的。

其实，最好的方式是找 1~3 个专业做战略的外部人员，再配置 3~5 个的专业人员，这样的组合最保险，也最能做出适合药企的战略规划。

（二）战略规划的内容体系要完整和可操作

对医药企业来说，传统的战略制定方式已经不适合现在的要求。如果药企还是按照传统的战略制定套路去做战略规划，就会出现严重的内容缺失，体系不完善，运行过程无法把控，效果不理想的状态。

笔者也是在经历过很多药企的战略规划项目后，由于一些战略项目后期运作总是无法把控，于是开始协同药企一起重新制定战略规划的框架体系，才逐渐梳理出适合药企的战略规划内容体系。

适合药企的战略规划内容应该包括：

（1）外部环境分析、内部资源能力评估；

（2）战略目标 – 集团整体战略；

（3）业务单元战略（战略矩阵）；

（4）产品战略（集团架构、业务单元主线、市场交叉组合）；

（5）研发战略；

（6）战略平台体系的构建（内外平台）；

（7）战略组织体系重构；

（8）战略实施策略和实施路径；

（9）资源配置与行动计划；

（10）战略过程控制（权责分配、战略审计、战略质询、战略修正等）；

（11）根据战略规划做出战略管理的框架（培训、绩效、制度、流程重构计划等）；

（12）战略风险控制。

上述的第（3）、（4）、（5）、（6）、（9）、（11）项是笔者根据药企的实际需要增加的，工作内容增加了不止一倍，但需要的时间在人员配置合理的情况下没有增加多少。上述战略规划内容体系做下来，药企就非常明确和容易地按照战略规划的各项要求让药企按照战略方向运行。如果药企找咨询公司做，也要根据上述内容谈判，不能减少，否则就会陷入传统无效的战略规划模式中去。

（三）几点说明

1. 决策层要全程参与战略规划的制定

决策层要全程参与战略规划的制定，使战略规划真正成为最重要的工程。尤其是在战略议题的确定、战略目标的设立、战略方案的选择等关键环节上参与讨论决策，并当好执行的监督者。战略规划其实是决策层的工作，项目团队其实是帮助决策层落实具体工作，千万不要指望项目团队能在决策层不参与的情况下为药企制定出战略规划。

2. 药企战略规划要侧重执行力

战略规划在内容设计上不仅要解决药企未来几年的战略发展问题，

更要解决运营效率的提升问题，特别是各运营活动之间的衔接及它们与战略选择之间的配称问题。战略规划不注重执行力的细节，就难以真正地贯彻运行。

3. 战略规划在制定过程中要进行市场调查和运用模型工具

要详细分析药企所处的医药行业市场形态和发展阶段，同时要加强对政策的分析、药品对应消费者的分析和竞争对手的研究，判断战略客户群及其业务发展重点，为药企制定有效的竞争策略提供客观依据。此外，在战略分析中要充分应用量化模型和医药行业决策研究工具，为制定合理的战略规划提供科学支撑。

4. 产品线规划要以疾病为核心

新的战略规划系统下的产品线规划是重中之重，没产品线规划的战略是无效战略。

而产品线规划不要再利用简单的归类法，而要根据疾病来规划产品线。这样可以清楚地知道哪些产品可以进入组合，哪些产品是缺失的，哪些产品需要进行升级，哪些产品是无用的。

5. 战略规划要进行有效分解

战略规划如果不分解到各个部门的工作中去，就会无法落到实处。所以，落实各个部门、各个重要岗位在战略中的权责利是战略落地的关键。有效的战略需要有效地分解，权责匹配，分解后就要结合季度、半年度和年度进行考核，中层以上的考核指标中一定要有战略指标。

集团战略更要细分，细分到每个业务单元，细分到每个业务单元的所属药企，细分到每个所属药企的每个部门。集团药企的战略规划分解需要项目团队与之详细沟通，让其充分理解，层层分解，层层落地，让每个细分指标都对应具体的责任企业、责任部门。

战略分解就要加强对各项战略决策的预研工作，对制定出的目标和战略措施的可行性及执行后的预期结果进行预先研究，以进一步增强决策的科学性与战略规划的可行性，提升药企的战略管理水平。

6. 提高药企在战略规划上的信息共享程度

药企应该建立统一的信息平台，及时更新各类相关信息。战略规划的有效程度，直接取决于各类支撑信息的准确性与及时性。反观我国的医药企业，信息孤岛随处可见。做市场的不知道做销售的在做什么；产品策划人员和医药研发人员彼此不熟悉，没沟通更谈不上工作的协同；做战略规划找不到合适的信息支撑。

做到战略规划上的信息共享，首先要就要加强战略规划的沟通和宣传贯彻。通过这种方式统一药企内部的共识，把对战略规划的抵触和不认可在制定过程中化解掉，而不要在战略规划执行过程中发生阻碍情形。同时，也可以通过规划的宣传贯彻传递决策层的发展思路，让药企的集团总部、分公司、子公司和各个部门的员工更好地理解公司的战略意图，并在大的发展思路下确定各自的战略目标和实施路径，形成全局一盘棋的局面。

7. 加强对战略规划运行过程的控制

要有战略执行计划的时间表、监督和成果跟踪机制、潜在的执行障碍、执行资源的必要条件、优先执行的计划等，应尽可能详细周密地考虑所有细节，从而提高成功实施计划的可能性。

要重视战略规划在执行过程中的评估与改进工作，建立合理的评价指标体系，并形成评估结果的反馈机制，为阶段性战略规划的调整提供依据。

总之，药企的战略规划和药企的转型升级是紧紧捆绑在一起的，或者可以说，二者本身就是一回事。因为不能在战略规划之外再制定一个转型升级的方案，所以，药企在构建药企的战略规划方案时，就要充分考虑转型升级的内容，把转型升级的很多方面置入战略规划方案之中，这样才能保证药企既能沿着正确的方向发展，又能完成转型升级的目标。

第三节 药企的管控体系转型升级

一、药企管控现状

现在医药行业很多集团型药企给予各分公司、子公司很大的经营管理自主权。但是各分公司、子公司管理能力欠缺，效率低下，竞争能力普遍偏低，内部工作流程混乱，人为管制现象普遍，而集团总部的管控流于形式，基本是松散管理，集团内部各个体系之间的人、财、物、信息、管理、资源等方面的力量很难形成合力进行统一管理。这不仅严重影响了药企的整体发展，也让药企的优势业务单元陷入竞争无力的状态。

药企管控问题主要表现在：

（1）**组织架构设置不合理。**很多医药集团整体组织架构较松散，总部无力指挥各个业务单元高效运作。相同业务板块，各类机构设置重复，造成管理层冗余严重。同时总部与下属公司权责划分不合理，导致集团内部竞争和业务出现碰撞，不仅造成了药企资源的浪费，也使医药集团企业在市场竞争中处于弱势地位。

比如某央企的医药板块，就因存在这个问题，导致各个被并购的企业虽然都冠以同样的集团名称，但实际上各自为政。

（2）**运行机制不完善。**很多医药集团的董事会没有形成文字版的运行机制。董事会、股东大会、监事会、经营层的权责分配不明确，相互扯皮现象严重，缺乏完善的监控机制，完全依靠各个系统自我监督。这种自我监督在小公司的时候可能有效，但发展为多元化药企后，就会造成集团对各个业务单元的控制力变弱。

而且，各个业务单元的领导层只会考虑自己这一块怎么运作，对于集团层面的战略发展基本是漠不关心，而对集团长远发展的战略研究、宏观层面的资源合理配置等缺少全面思考，最终导致一个集团形成多个小核心，山头主义较重，使资源无法合理配置，集团整体竞争态势弱化。

（3）以人治代替法人治理结构，管控体系不完整。

现在一些集团药企，根本没有对管控模式进行有效梳理，如哪些业务单元需要财务管控，哪些业务单元需要战略管控，哪些业务单元需要运营管控，而是利用集团总部强势地位，通过各种方式直接插手下属公司大量的经营管理活动。从表面上看，集团总部对子公司有强大的控制力，短期和局部对子公司的管控和整合也是高效率、低成本的，但这是人治，既存在决策风险高，也存在压制子公司的创造性与积极性、使其长期发展不可持续的问题。

或者，由于集团企业的治理设计与执行不深入，导致整个管控基础松散。

某药企经过一段时间筹划进入了饮料行业，开发了多种功能性饮料。为了便于对饮料业务单元的控制，某药企派驻了原来在某饮料企业担任副总经理的 X 总作为饮料业务单元的董事长，下属有两个饮料企业，一个是饮用桶装水企业，另一个是功能性饮料企业。

由于某药企将经营权下放给 X 总，X 总开始努力拓展功能性饮料的渠道和终端，基本是以零售商超为主要终端，以药店为辅助终端，以社会大物流为物流体系，饮用桶装水业务基本是本地运行，模式较为简单，销售量不大。

经过半年运行后，X 总的经营业绩一般，功能性饮料的销售指标仅完成了 73%。这让某药企总部非常着急，没有听 X 总的分析报告，开始直接插手饮料业务单元运行，派驻了 5 个人员进入饮料业务单元。这

5个人都是多年一直从事医药经营工作的老员工，入驻后，开始改变功能性饮料的销售终端和渠道，终端以药店为主，渠道以医药物流为主。经过半年运行，结果销售指标仅完成了35%，利润为负值，直接亏损2000多万元。

结果，某药企的饮料业务单元彻底瘫痪，饮用桶装水也因为质量问题被查封。

其实，据笔者了解，X总的经营思路是对的。由于消费者存在品牌认知的问题，其功能性饮料的品牌知名度需要培育期，同时也需要较大的品牌和营销投入，但某药企总部不愿意投入，简单地认为自己的品牌知名度已经足够了。

（4）对子公司管控设计过于标准化，个性化考虑不足。

现在很多药企是集团型多元化业务单元架构，比如一些药企可能存在药品业务单元、保健品业务单元、中药材种植基地业务单元、器械业务单元、电商业务单元、医疗业务单元。

不同业务单元的经营特性和策略是完全不同的，这就要求集团型药企对不同业务单元管控时要综合考虑业务单元的产品特性、经营模式、经营规模、业务布局、业务特点及关键价值链，从而采取不同的管控模式。而且，即便是统一业务单元的下属公司，由于其进入集团药企的形式不同存在差异，也仍存在着管控模式与管控方式的不同。

常见的采用管控三分法是：运营管理型、战略管理型、财务管理型。集团药企充分考虑各个不同业务单元的战略地位、集团总部的资源能力、业务单元的发展、业务单元的运营，但对业务单元的个性化考虑明显不足。这导致各个业务单元的差异性难以体现，从而阻碍了各个业务单元的发展。

（5） **不重视计划与预算管理，年度计划的完成不可控。**

很多集团药企的年度计划和预算都是拍脑袋形成的，所以对计划及预算准确性的各种影响要素考虑不足，而且基本都只注重短期经济效益，忽视长期经营目标。

很多医药集团制定计划与预算时缺乏沟通，计划与预算的控制机制不健全，普遍存在重编制、轻执行的现象。

（6） **集团总部对子公司的业绩管理能力偏弱，难以完成集团战略目标。**

很多医药集团在各个业务单元经营业绩管理上存在很多问题：或者拍脑袋定指标，或者一刀切下发指标，或者干脆让各个业务单元自己上报经营指标，集团再根据集团的发展给各个业务单元加上一些指标，形成凑数业绩，导致业绩管理与实际经营的脱节，业绩指标不具备操作性。因为集团定经营指标完全不考虑各个业务单元的差异化和实际能力，从而最终没有哪个业务单元真正去关注这些业绩是否能够实现。结果可能是各个业务单元经营目标没完成，集团经营目标也当然完不成。

（7） **不通过制度流程精确化管控体系，使管控体系有名无实。**

很多医药集团对各个业务单元的管控，基本是没有成型的制度和流程的，哪些该管，哪些不该管，基本分不清。

这会导致两个极端：要么胡子眉毛一把抓，什么都管，最终管理得乱七八糟，让各个业务单元失去发展的动力。大家敷衍了事，因为所有的决定都来自于上面，有担责任的人。要么什么都不管，各个业务单元除了经营性问题也是睁一只眼闭一只眼，不予理会，结果资源浪费，竞争力快速下降，还可能出现贪腐现象。

医药集团对各个业务单元，不仅要通过设定的模式进行干预，更要通过职能管控进行直接干预。有些业务单元的事项应由集团统一控制，比如财务体系，就应该构建集团财务的信息平台，构建统一的资金池，让所有的财务事项都通过这个统一的财务平台运作，而且，统一的资金池可以避免各个业务单元挪移财务预算项目，从而形成有效的监控体系。

（8）盲目扩张的大企业病。

很多大企业病是由于多元化扩张导致。由于管控模式的差异化，药企进行多元化扩张中根本分辨不清哪些业务单元是需要运营管控，哪些需要财务管控，哪些需要战略管控，哪些需要混合管控。

比如当初的三九集团，"三九胃泰""三九皮炎平""三九感冒灵"做得非常好，但后来三九集团进入房地产、快消品、金融、汽车等领域，而且对这些和主业没联系的企业采取运营管控模式，大量派驻管理人员进入。

第一类管理人员是三九集团的员工，第二类管理人员从社会招聘，第三类管理人员是原有企业留下的，这三类管理人员彼此交叉。由于企业文化不同，业务能力领域不同，加上三九集团又采用运营管控模式，导致管理出现极度混乱，主业和副业分不清重点，最后出现重大危机。

强化管控其实是为了让各个业务单元更好地发展，为更好地满足集团总部业绩需要，满足主业发展的需要。所以，对各个业务单元重点不是管，而是支持，在支持基础上实现完美管控才是正道。如果单纯去管，而没有支持就会使各个业务单元怨声载道，进入混乱的局面。

有些集团公司聘请了一些管理咨询公司为其做管控项目。笔者也看了一些管理咨询公司为集团药企做的管控文案，发现这些文案基本有一个倾向，就是单纯强化管控忽略支持。这样的管控效果不会太好，因为框架搭建得太紧密了，没了个性化的成长空间，没了发展必需的支持要素。过于紧密的管控框架会把这些业务单元勒死。

二、药企如何进行管控转型升级

药企升级管控模式就是要变单纯的管控为管控加支持的模式。很多药企可能觉得强化药企管控或者强化集团管控是很艰难的一件事情，其实如果去除药企内部不和谐的人为因素，制定药企的管控升级方案和执行升级方案并不难，难得是怎样根据不同的业务单元的特点制定最符合的管控模式和支持模式。

迈克尔·吉尔德明确了集团总部的现实作用和地位：以一种能够增强其现有业务组合整体表现的方式对其实施影响，同时补偿其自身的成本而有余。

这里面有几个关键点：①增强现有主业；②业务组合；③影响模式；④支持；⑤不对主业形成资源和能力的超载。

当初的三九集团、巨人集团、太阳神等就是因为上述 5 点定位不清晰，导致沉没，尤其是第 5 点。不对主业形成资源和能力的超载，是很多多元化失败案例的根源。

那么怎样强化对各个业务单元的管控和支持？

首先，**任何药企的主业都是为消费者的疾病提供药品、服务等，这就要求药企的集团总部必须专注于疾病领域的某些机会，而对其他业务机会再三斟酌。如果对主业有支持，就可以进入。如果没有支持，而又确实想进入，最好通过基金或者股权方式进入，因为药企的多元化业务单元必须和主业一致。需要明确的是，其他业务机会无论是投机还是实操，都要最终以支持主业为核心，必要时可以牺牲其他业务机会而强化主业。**

上述观点是强化对各个业务单元的管控和支持的根基，那么，我们就开始一步步梳理怎样真正强化对各个业务单元的管控和支持。

笔者在经历过多个集团管控项目后，认为复合型管控模式适合现在的中国药企。因为复合型管控模式突破了传统管控模式的局限，同时变化又是多样性的。这种模式和医药行业相对复杂的竞争环境和政策环境比较契合，同时也迎合了医药企业持续的并购重组需求。

需要明确的是，笔者说的复合型管控模式是根据药企的实际需要对原有的复合型管控模式进行升级改造的，可以叫新版复合型管控模式。但这种新版的模型仅适用于医药、保健品和医疗企业，对其他行业不合适，因为这三大行业的政策性、市场性和竞争性比较特别。

新版复合型管控模式的构建主要包括：

（一）管控诊断

对药企的集团管控模式进行诊断并不复杂，按照图3－1进行操作即可。

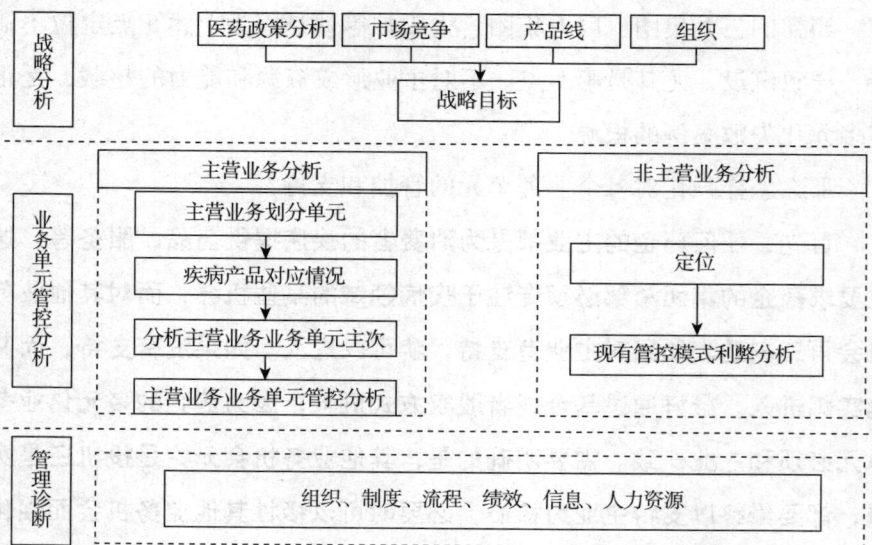

图3－1　新版管控诊断模型

提示，新版的管控诊断重点在业务单元的分析上，而不在战略和管理上。

（二）对各个业务单元进行矩阵梳理、定位

根据集团战略和各个业务单元的战略情况，对现有的业务单元进行矩阵梳理，梳理后可以形成图3－2的矩阵模型。这时就可确定各个业务单元的具体位置，从而明确不同业务单元的管控模式。笔者不希望所有的业务单元都一刀切地确定管控模式，而是根据不同的业务发展阶段、业务特性、资源利用情况、区域市场的政策情况、区域市场的竞争情况和与主营业务的关联度来确定，最好采用混合管控模式。

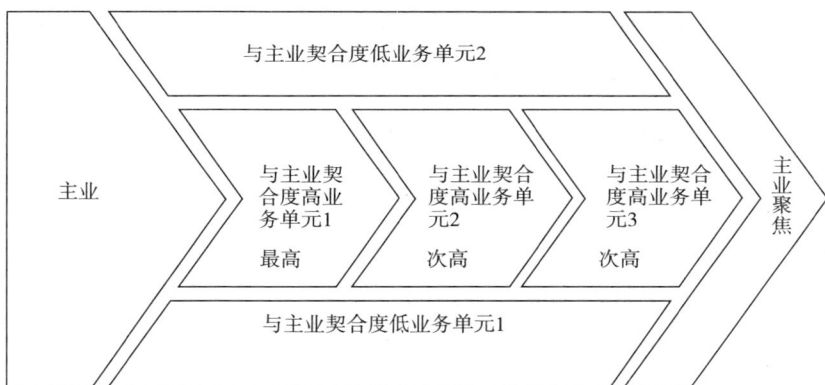

图3－2　集团业务单元矩阵模型

（三）明确对各个业务单元的管控和支持策略

图3－3为对不同业务单元的管控内容。

在支持方面，集团公司要做的工作比较多。

（1）主要业务影响。 主要业务影响是集团总部对每个业务单元在战略、财务、文化、产品线方面的影响。

比如产品线规划，主营业务单元和主业契合单元的产品线一定由集团总部来规划。产品（包括药品、保健品、食品、医疗器械等）是集团整体的发展命脉，尤其是药品，不像保健品、食品那样容易通过审批。一种药品需要很长时间的药物研究、临床研究和生产工艺审批等才

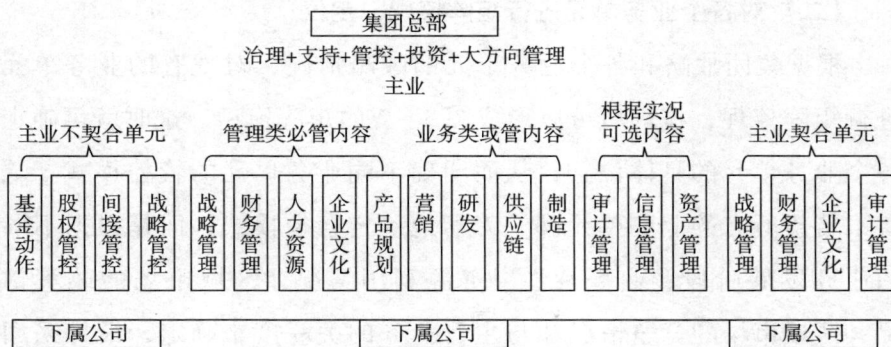

图 3-3　新版复合型管控模式

能进入生产领域，所以，每一种药品对药企来说都是宝贝。医疗器械产品亦一样，非常难以获得批文。

　　所以，主营业务单元和主业契合单元的产品线必须由集团来进行整体规划和布局，这样，整个集团才能构建良好的产品体系，形成几个有效竞争的产品群。

　　战略上，集团整体都应该遵循同一战略，业务单元战略应该在集团整体战略构架下形成，绝对不能允许业务单元自己构建脱离集团战略的个体战略。

　　财务上，因为任何医药集团都会有财务上的掣肘，没有哪家集团钱多得花不完，所以，最好设计统一的资金池。这样便于统一管理，也有利于集团层面进行资金管理、投资管理。当然，资金池的设计要配以强大的信息系统进行管控，这样可以避免下属公司使用资金产生阻碍。

　　文化上，由于现在的很多医药集团的形成是通过并购发生的，这时就会出现多种企业文化交织的情况，这不利于医药集团的整体发展。所以，集团药企一定要力求文化统一。我们在经营模式上可以多样化，在品牌竞争上可以多样化，但在文化上不要多样化，因为统一的企业文化可以更大程度地推进集团药企的战略发展速度，可以更好地调配各种资源，可以提升较高的执行力。

（2）**构建内部合作平台**。内部合作平台是指集团总部根据其地位，把相关联的业务单元的资源、市场、品牌、产品等进行对接，这样可以最大化地优化资源配置，促进各个业务单元的合作。具体如图3－4所示。

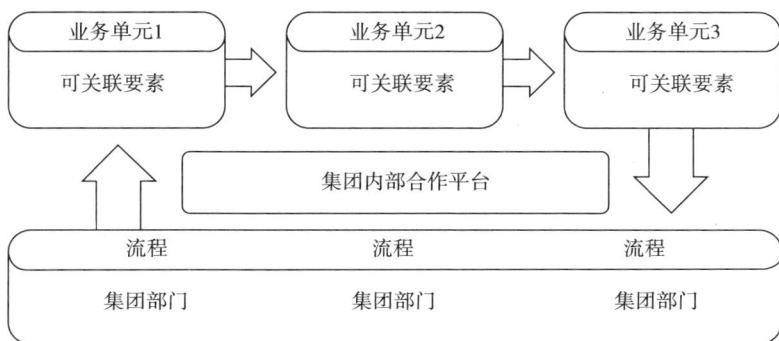

图3－4　集团内部合作平台

现在很多医药集团并购完药企后，不去把这家药企的人才、资源、市场和产品与其他对应的药企进行整合，而是任由并购的药企按照原来的发展路径发展，这不仅浪费了医药集团的资源，而且也会形成内部竞争。

一般情况下，没有集团层面的内部合作平台，各个业务单元中的企业之间的合作就很难成功。

各业务单元内部企业间的合作，包括多种方式，比如内部交易。药品生产企业和医药商业企业的内部合理交易，如产能的交易，市场协同的交易，更合理开发利用资产导致的设备、生产线、车辆、数据信息、客户信息等的交易，还可以通过统一的品牌活动来形成较大的品牌行为。如果集团不参与这些内部合作行为，集团企业之间很难建立合作，尤其是在没有内部合作平台的情形下，合作难以发生。

为了促进企业间的合作，医药集团需要构建内部交易平台。内部交易平台是集团政策、制度和流程的产物，凡是符合合作条件的，就可以通过集团拟定的流程运行内部合作，集团层面提供价格结算、实物转移、奖励与评价等支持行为。

（3）**从职能和服务上对下属企业进行支持**。集团总部都会有很多部门，这些部门的定位一般被定义为管理部门，这种定位极其错误。这种定位也是造成很多集团管理混乱的主要因素，其实集团部门最大的作用不是管理，而是支持。

有人会说，一些管理咨询公司就是这样定义的，主要功能就是管理。笔者认为，这可能是因为这些管理咨询公司的一些项目人员是国企出来的，而国企侧重于管，所以，就这样定位了，也或许项目组仅仅是读了几本管控的书籍，就出来做管控了。

中国医药、保健和医疗行业的变迁非常快，也处于整体的转型升级时期，集团的行动稍慢或者稍有差池，就会出现重大失误。同时，"80后"正成为职业的主流，这个人群对单纯的管是排斥的。所以，管理最好通过系统和体系，支持则成为集团部门的主要工作。

医药集团的职能部门可以通过为各个业务单元提供职能方面的服务，比如集团人力资源部可以指导各个业务单元有效开展培训、招聘、人事、行政和考核工作；集团财务部可以为各个业务单元提供更为有效的财务专业技能升级，培训各个业务单元按照集团财务的管控体系顺畅运作；集团的研发部门可以为各个业务单元的市场部提供非常专业的产品知识，为其生产活动提供专家支持等。

一个集团医药企业如果形成了管控加支持的模式，就会形成非常好的内部经营环境，而不是像现在这样，很多集团型药企内部交往生硬，互相拆台，对集团部门恨得要死。

（4）**通过集团内部重组，优化资源配置**。医药集团由于战略的调整，会造成现有业务的重新组合，这样可以优化资源配置，形成较好的市场竞争能力，提升集团整体的竞争优势。

内部重组，会给主业形成更好的支持，会强化主业的内部结构和外部竞争能力。需要明确的是内部重组，一定要围绕主业推进，这样可以最大限度地支持主业的发展。

（5）**通过并购强化现有业务单元**。医药集团在进行业务单元矩阵排列后，会发现有些下属企业需要更多的资源来提升其发展能力。比如中药企业可能需要更多的产品线来形成某一疾病领域的竞争性产品群，化学药企业可能需要更多的产能来实现某一药品的规模化生产，这就需要集团层面并购优质标的来强化现有的业务单元，支持业务单元的发展。

（四）构建适合复合型管控模式的集团组织

医药集团复合型管控模式对组织的构建要求较高，因为这改变了原来的组织定位和各个业务单元定位。集团除了管控之外，更重要的是要担负起支持的功能，比如内部合作平台的构建。

医药集团既要先明确董事会、监事会、股东大会的具体职能，也要明确董事长、总经理等职位的具体职能，最重要的是要明确各个集团职能部门的支持职能，确定集团总部各个业务单元间的权责关系，形成决策权、监督权、所有权、执行权相互制衡的有效机制。

（五）构建和推行集团统一的企业文化

统一的企业文化对医药集团的发展有非常大的好处。统一的企业文化可以带领集团所有成员劲往一处使，力往一处用，可以增强集团员工对集团品牌的归属感、成就感，可以增强集团的凝聚力，因为彼此有统一的企业观念，就会容易认同彼此。

医药集团企业文化包括文化观念、价值观念、企业精神、道德规范、行为准则、历史传统、企业制度、文化环境、企业产品等。

企业文化是企业的灵魂，是推动企业发展的不竭动力。因此，进行医药集团企业文化整合，构建一种能让所有员工认同的和谐文化，才能使得医药集团复合型管控体系顺利推行。

（六）建立适合复合型管控模式的制度和流程

制订《××集团管控制度与流程体系》，形成集团管理的总规则，对集团整体进行规范管理。

同时对于不同管控类型的业务单元制定相应的制度和流程体系，明确各个业务单元与集团总部的工作接口，从财务管理、研发管理、产品管理、供应链管理、人力资源管理、战略管理等方面理顺业务流程，并建立对应的管理制度，形成集团内部效率、经营双提升的局面。

（七）构建强大的集团电子信息平台

未来的医药企业经营离不开强大的电子信息平台。好的信息平台几乎可以承载全部的管理制度和流程。这样既方便集团整体业务的运行，更利于集团层面的管控和支持。

集团信息平台的构建，要充分利用现有的信息技术手段，比如MAS、WEB、短信、微信、ERP等，

通过建立信息平台，为集团各个单元业务的各个环节提供全方位的、实时的、多手段的信息支持。管理层可以第一时间获得集团各个业务单元业务的进展情况，可以随时随地查询各个业务单元业务的状态及信息，实现集团业务全面透明化管理，全面提升工作效率，降低内部沟通成本，提升竞争能力。

总之，医药企业提升管控能力对集团总部来说是一项非常重要的工作，只有集团的管控和支持能力提升了，才有整个集团发展能力的提升。需要注意的是，医药企业管控升级转型，是由单纯的管控向管控加支持模式转型，不是强化管控。单纯强化对各个业务单元的管控可能造成更为严重的后果，会让各个业务单元业务停滞不前，因为管控框架越严密，各个业务单元的发展就越受限。

第四节　药企的业务流程转型升级

谈到流程，很多药企就会很头痛：一方面药企有大量的流程文件汗牛充栋，但没人去执行；另一方面，业务管理混乱，职责分配不清，重复审批，层层请示。

大量汗牛充栋的流程文件来自哪里？这个问题可能让人感觉很奇怪，流程肯定来自对药企事项和工作的梳理。

那么，第二个问题，谁梳理的这些流程？这可能需要分析，很多流程是管理层梳理的，也有很多流程是请管理咨询公司梳理的，也有一些是部门梳理的。

第三个问题，这些流程有多少在真正地运用？答案会让你瞠目结舌，因为你会发现这些画到纸上的流程 70% 都是闲置的、无效的。

依此可看出，管理层和管理咨询公司的流程管理，是最大的谎言。

笔者以前也做过多次的流程项目，用 Office Visio 画的流程图美轮美奂，交付给药企。药企觉得很专业，但其实笔者非常汗颜，因为笔者知道这些看起来美轮美奂的流程图其实有很大一部分对这家药企没用。

主要原因是除了一些财务审批和基础管理的流程图可能有用之外，其他的一些流程图基本都是项目组凭空想象或者照搬照抄的其他企业流程，可能修改了几个数据，或者修改了几个内容就上交了，至于很多流程有没有用不重要，反正药企基本不会用。

说到这，估计很多管理咨询公司会骂人，至于把行业潜规则说出来吗？

其实，笔者不是想透露管理咨询界的潜规则，而是想探讨一种真正有效的流程制作途径，从而帮助药企真正依靠流程来提升工作效率，促进组织蜕变。

一家国有医药企业专门邀请我们做流程管理，因为这家药企的高层认为药企内扯皮现象严重，不做流程就很难理清责任。

笔者的项目组进驻2个半月后，交付了流程成果，共计208张流程图，非常漂亮。这家国有药企的高层通读了以后，感觉很不错，于是就顺利结案了。

但4个月后，这家国有药企的高层打电话给笔者，觉得做的流程图没问题，但之前吵架、推卸责任、扯皮现象反而更严重了，问笔者这是什么原因。

这时，笔者经过3天的访谈后，发现了笔者的项目组制作的流程图根本不是依靠对业务、对事项的理解做的，而是基本凭空想象做的。

由于对医药企业内部的业务不熟悉，流程图中很多关键内容并没有被体现出来。比如参与各地的招投标流程，基本不是医药行业可以适用的流程，而是其他行业的招投标流程，这样的流程根本没法用。更重要的是，很多事项和现有的这家国有药企的业务模式难以对接。

由于项目组是在接到项目后临时组建的（某咨询公司的项目组都是临时组建的），项目组成员早就去其他项目了，而且即使让这些项目成员回来，笔者还是要单另支付工资。最主要的是，这些项目组成员来了也没多大用处，因为这些人员根本不懂医药行业的业务。

笔者无奈，就自己出费用，高价外聘了一位医药行业的资深人士。笔者和这位老师又花费了3个月的时间，完成了这家国有药企的流程项目。

我们后来的流程项目怎么做的？

其实我们做的工作就是组织讨论，个别沟通，反复培训。

首先拿出来财务和基础管理的流程，大约23个，在每个周末和相关部门领导进行沟通，明确流程节点上的部门职责、权限、时效和内容，然后确定流程图。之后就开始一边继续沟通，一边培训，还有一项重要工作就是指导部门管理人员自己做本部门的流程图。

做完财务和基础管理的流程后，我们又开始做重要性流程，最终有约 82 个，解决了这家药企所有的关键和基础的工作事项，而原来做的 200 多个流程，基本没用了。

结果经过 3 个月时间，这家药企的部门领导和高层都学会了怎样做流程，怎样培训流程，怎样运行流程，怎样根据经营策略调整来改进流程。

后来笔者在这家药企做了几年顾问，参与到药企的整体运行中，对药企的经营决策各个方面予以支持和帮助，并在流程上帮助这家药企进行流程信息化。流程经过信息系统后，效率远高于部门和部门、人与人的对接。

这个案例给笔者一个教训，就是做流程必须要和药企各个部门充分对接，让药企人员参与进来，共同探讨，共同制定，这样制作出的流程才有实际效益，否则就是一堆无用的废纸。

一、真正的流程来自哪里

真正的流程来自对项目和事件的充分沟通和讨论，达成共识的观点，这样这些事项的流程点就产生了。然后根据这些流程点勾画流程图，之后就流程图在进行讨论，这时的讨论就是明确职责、确定权限、明晰工作内容。最后确定共识性的流程图。这样的流程图才有应用价值，才能真正地提高组织效率，避免扯皮。

所以，真正的流程图来自部门内部、部门和部门之间、部门和领导层之间的充分沟通和探讨，不是凭空想象的。

流程是药企管理的支点，要进行流程的升级，就要首先检索现有既存流程的使用程度。首先梳理出财务和基础的管理流程，经过一项项流程的沟通探讨，确定职责、权限、工作内容，最后确定共识性的流程图。确定财务和基础管理流程后，先不急于构建新的流程，而是对确定的财务和基础的管理流程进行反复培训。因为参与沟通的可能是部门主要的管理层，或者部门与部门之间的领导，而一般员工不可能全程参与，这就需要对员工进行流程培训。

二、流程管理的主要作用

（1）**可以让组织高效运作**。关键事项的标准化流程，可以让药企的员工节省沟通时间，提高做事的效率。因为关键事项的流程方案就在员工的脑海里，做到哪一步找谁，谁负责哪些内容，谁有审批权限都显而易见，员工不会因为找不到具体责任人而迷惑、踌躇、反复，耽误工作时间。流程明确了每个流程节点的关键内容、权限和责任，减少了扯皮和事项管理的真空，这样可以提高事件在药企中的运行效率，一件事可以通过流程很快得到解决。

（2）**可以提高竞争能力**。药企内部管理效率提升了，就会对市场、对政策、对竞争对手有快速的反应。比如某省的招标政策发生了变化，需要药企更改原来的招投标策略，提高参与费用，那么这件事项不必再经过高层探讨，只需经过几个流程节点就可以马上实施。

比如某竞争对手在市场上突击性进行市场活动，药企可以在很短时间经过几个关键流程点，半个小时内就可以通过市场部发出指令，投放资源、费用和人力进行市场反击，而且这样的事项可能不需要经过营销总经理的办公会议讨论，更不必上报到药企总经理层面，因为一切行为都在流程控制之中，责任明确。

（3）**可以提升并购重组的效率和质量**。一个药企如果有成熟的流程体系，在进行并购新的药企时，可以将原来成熟的流程体系灌注到新并购的药企内，这样可以让新并购的药企很快进入正轨，因为都是走同样的流程，节点都一致，管控点也一致。

三、药企的流程管理怎样升级

药企的流程管理升级需要一步步地推进，一开始不要那么多。一般药企的财务和基础管理流程合起来不会超过 30 个流程，但梳理这 30 个流程需要 3 个月时间，沟通、讨论、确定流程所花的时间不会太长，但经过培训，让大家都习以为常则时间比较长。

我们要确定的 30 个流程是公司层面的经典流程，至于一些非常小的事件，或者基本不重要的事件就由部门内部自行做管理流程，上报经过批准即可。

3 个月后，财务和基础管理流程确定了、实施了，就要开始确定更难的更高层次的流程。

流程管理是一个长期的过程。很多药企基本没有流程沟通会，但流程沟通会非常重要。根据一些流程项目经验，笔者给出了分几段升级药企流程管理的简单思路。

（一）业务流程标准化

药企的业务流程标准化是指对业务进行标准化的制定，比如生产上可以依据生产标准制定生产过程中的行为标准，文件的打印和发送可以通过确定的权限制定行为标准。

业务流程标准化一定要让整个药企使用统一的模式进行规范，不能各个部门自己搞自己的一套，而且，一定要落到纸面上。虽然现在互联网、智能手机等比较发达，但这些容易改动，只有把流程落到纸面上，装订成册，让每部门一本，才能让员工觉得这是规则，是必须遵守的。当然，传播的时候可以通过信息手段进行传播，应用的时候可以把纸面流程数字化，以方便应用。

业务流程标准化一定要相对固定，不能今天这样明天那样，改来改去，让员工无所适从。

业务流程标准化设计的步骤如下：

（1）先列举事项

列举事项就要从药企的最高管理层入手，如董事长、总经理、副总经理等的各自职责是什么，权限是什么，根据这些职责和权限分析事项数量。

列举完最高管理层后，再列举各个部门的事项。

注意，这些事项的弹性系数要小。有些弹性较大的事项是无法用一般的流程方式固定的，而且，即使强制性固定，也会让药企的管理"带着枷锁跳舞"。

（2）分析工作内容和权限

这一点非常重要，也需要熟悉工作的人才能做好这个工作。一些流程不能被应用也主要是制作流程的人根本不懂业务，不懂某个职位的工作内容。不同药企，即便都是同一职务，可能工作内容也不尽相同，这就是为什么其他药企的流程拿到另一家药企不能使用的原因。

对流程制作者来说，请相关节点的员工参与流程的制定，进行充分的沟通探讨，可以帮助其理清工作思路，分清工作权限，明确工作内容，同时经过充分的探讨初步确定流程。

（3）简化工作，减少层级

经过分析工作内容和权限，就明确了哪些工作是可以简化的，哪些层级是可以减少的。比如市场促销活动费用的申请和审批，在有预算的情况下，经过当事人申请、市场部经理审核、营销总经理审批即可。有些药企可能需要财务审核、总经理审批，最后财务才予以支付，这样流程太长，贻误"战机"。

（4）打破部门之间的沟通和权力界限

一些工作经常存在跨部门运作，这时经常需要部门领导的沟通才能确定下来，这不仅耽搁时间，同时也让员工对沟通的内容无所知晓而产生懈怠。况且，如果每次跨部门的工作都要经由部门领导的沟通才能推进，那么这家药企的效率可想而知。

流程就是要打破部门界限，只关注事项的解决过程时间最短，责任最明确，能够以最大效率和最小成本完成各项业务。

（5）用程序化进行业务流程标准化设计

程序化就是把员工的工作时间、工作内容和工作权限通过程序确定下来，这样就会形成一个工作岗位一套标准化工作流程。

确定工作时间。比如某项工作推进到下一步，下一步可能是跨部门的，那么给所跨的部门一定时间限制，比如有些工作一小时内必须完成，有些工作可能几分钟就必须完成，有些工作可能把时间宽限到 1天。确定好时间，规定的时间一过，出现问题就是这个部门的问题，这样便于追责。

确定工作内容。以事项的节点为牵引，找到实际的控制点和岗位，明确事项在每个控制点和岗位的内容和标准，经过当事人和主管人员沟通确定后就明晰了每个节点的工作内容。

确定工作权限。就是确定每个控制点和岗位有哪些职责，哪些权限。比如仓储人员可以拒绝生产车间把不合格的产品当作合格产品，财务部门可以拒绝其他部门超越权限的费用申请额度，研发人员可以拒收供应链提供的不合格的实验材料。因为如果跨权限做事，当事人会有责任，但对接的人员在流程上要承担更大的责任。工作权限的划分非常重要，它是结合工作时间、工作内容而经过上层甚至药企高层授权的。工作权限一旦确定，就不能轻易改变，改变就有可能形成经营风险。

（6）确定流程，进入执行和调整阶段

根据上述 5 点，就可以初步确定流程内容。

对初步确定的流程进行运作，观察运作过程中出现的问题，汇总梳理，通过现场调研和管理层检查等手段对流程进行评定。

流程运行一段时间后，根据汇总的评定结果和问题召开一次沟通会议，对流程存在的问题找到解决办法，优化流程。

流程优化是一项长期的工作，最好每季度都对现有的流程进行沟通、评定、调整和优化，这样可以让流程更好地运作。

（二）让流程把药企带入精益化管理的层级

随着医药行业竞争加剧，招投标的延续和二次议价的普及，医药行业薄利时代到来，这就要求药企在各方面进行精益化管理，以期降低药品的成本，形成规模化竞争。

药企管理精益化要求药企对现有的流程进行更深层次的优化，这种优化不是阶段性根据工作时间、工作内容和工作权限的优化，而是通过对每个节点的细致研究，找到更好的流程，更能降低成本的流程。

药企精益化管理最好从每个部门展开，要求每个部门对现有的工作节点进行分析，找出节点上的各种成本使用情况，同时找出哪些成本可以降低。比如药品生产环节，怎样减少残次品或不合格的比例，怎样缩短药品生产线的清洗时间，怎样减少原料的浪费。比如仓储，怎样降低仓储和运输中的损耗，怎样减少运输费用，等等。

药企精益化管理要强调用数字说话，这样就可以通过流程的优化用数字体现出成本的降低。

未来，精益化、数字化、标准化是药企在激烈的市场竞争中取得胜利的核心动力，是实现各项业务、取得良好发展的前提。

（三）通过信息技术进行业务流程重组，让流程更有效率

业务流程重组（简称 BPR）就是对企业的业务流程进行根本性再

思考和彻底性再设计，从而获得在成本、质量、服务和速度等方面的改善，使得企业能最大限度地适应以"顾客、竞争和变化"为特征的现代企业经营环境。

未来药企的竞争离不开日益强大的信息技术，尤其是内部管理。

笔者见识过万达的流程信息技术业务流程重组，就是通过翻译，把所有的流程都搬到信息系统中，设置好节点、时效、权限和内容，只要一件事项发生，就必须按照信息流程走下去。如果在时效限定内，节点没完成，就会向监管层发出警报，监管层就会问责。通过信息技术进行业务流程重组将万达内部成本损耗降到最低，同时大大提升运作效率。

通过信息技术进行业务流程重组是大型药企的必经之路。未来大型药企非常可能进入微利的规模化生产阶段，这就更需要一套强大的信息流程系统来降低经营风险，提升经营效率，降低经营成本，提升竞争能力。

总结：

药企进行流程管理的转型升级，就是要一步步标准化、精益化和信息化，就是要把很多事项做到极致。制度要精华制度，不搞形式主义，罗列些没用的内容。流程要更为简洁、直接、有效和低成本。

总之，一切都要干货，所有的流程和制度都是有用的，而且必须能全部落地，让所有的员工拿到本岗位的工作手册，就可以马上开始工作。因为其中的工作内容、工作标准、工作权限都非常清晰，全是干货。

标准化、精益化和信息化这三步流程升级是一步紧接一步的，不能跨越。如果直接到第三步，没有第一、二步做基础，根本做不好，还可能出现通路阻塞的大问题。药企还是一步步地推进，这既是一个逐步演进的过程，也是一个让药企人员对流程逐步提升认知的过程。

第五节　药企的人力资源管理转型升级

一、我国医药行业人力资源管理现状

目前，全球医药行业都处于快速的转型期。随着跨国药企的大批专利药到期，外资药企的鼎盛时代终结，全球进入仿制药竞争的高峰期。为了应对新的竞争环境，外资药企纷纷调整战略，剥离非主营业务，强化主营业务。

尤其在中国，外资药企的优势逐步降低：一方面专利药大批到期，之前依赖高毛利的专利药经营的时代逐渐成为过去，另一方面中国的化学药仿制进入新时期，这令外资药企和中国药企逐渐地站在同一起跑线上竞争仿制药。未来应对在中国的这种局面，很多外资药企开始纷纷裁员。

而且，中国的招标市场也让外资药企的超国民待遇开始有巨大的变化。在招标上，不再对原研药品给予更多的优惠条件，而是在 2015 年国家和各地开始取消对原研药的单独定价，由国家组织针对外资药企的药品价格谈判，而有些省份则是直接对外资药企的药品举起砍价的铡刀。

比如湖南，上半年湖南省药品招标中，拜耳 36 个品规中仅仅有 9 个成交，成交价格最大降幅为 11%，弃标率为 75%；勃林格殷格翰 21 个品规中仅有 7 个成交，成交价格最大降幅为 15%，弃标率为 67%；阿斯利康 24 个品规中，只有 13 个品规成交，成交价格最大降幅为 14%，弃标率为 46%；礼来议价的 20 个品种中，最大降幅为 32%；默沙东 34 个议价品种中，最大降幅为 39.8%；辉瑞 34 个议价品种中，最大降幅已经达到了 55%。

"我们之前也预想到 2015 年价格或许还会继续下调，但没想到来得这么快，力度这么大。"一位参与竞标的外资药企中层称。目前外资药企面对仿制药竞争有些束手无策，于是在进行战略调整的同时，开始大规模裁员，这股裁员风潮从 2013 年持续至今。

外资药企一方面在大批裁撤依靠专利药营销为主要工作的业务人员，或裁撤非主营业务的人员；另一方面也在招收对仿制药营销或者精通中国药品营销的人员，这种招聘可能是通过合作或合资企业完成。比如笔者查询海正辉瑞目前有 600 多个职位招聘信息，估计有上千的职位缺口，尤其是大批招聘区域营销人员。

国内药企的情况也不好过。随着 2015 年各个省份频繁推进招标，以及各省对二次议价的普及，价格铡刀让很多药企在一些省或者一些市的招标或二次议价中失守。这种失守导致一些药企被迫无奈对落标省份改变营销模式，变自营队伍为大包销售，结果是出现区域化裁员情况。

比如上半年国内两家知名药企也开始了裁员，裁员人数都达到数百人。一家是河北的知名中药企业，产品以心脑血管等为主，另一家是江苏的国内知名药企，以消化类、肿瘤药药物见长。这两家国内药企是以医疗机构为主要销售通道的药企，因为一些省份落标，无奈之下对区域销售人员进行裁撤。

中国医药市场的政策性变化，导致中国医药市场上的人力资源结构也发生了重大变化。

外资药企的大批裁员释放出了很多比较专业的人才，这给渴求专业营销人员的中国药企提供了大量的生力军。同时，外资药企对仿制药营销人员的招聘，也让国内药企有较大的招聘压力。这种压力目前还没有凸显，随着外资药企战略的调整到位，会变得更加明显。

中国医药市场人力资源结构的变化，导致很多外资药企和国内药企原来的薪酬绩效体系、人才培育体系、人力资源管理体系等都发生了大的变化。

一方面外资药企会因为战略调整而调整原来的薪酬结构，从专利药经营的薪酬结构向仿制药、专利药并进的薪酬结构方向调整，甚至有些业务单元直接向仿制药薪酬结构调整。另一方面，中国药企的薪酬结构会因为外资药企的竞争和国内市场的变化，为了吸引更多优秀的人才而进行薪酬结构的调整。中国销售人员既往的薪酬结构较为简单，主要是低底薪、低福利、高提成。这种薪酬结构的目的是让销售人员尽最大努力获得良好的销售结果才能获得较高的收入，不同于外资药企高底薪低提成为主要薪酬结构的专利药营销模式。

而在人才培养上，无论外资药企还是国内药企，都会花费大量的资源和精力进行更多人才培养上的突破，但可能方向不同。比如国内可能更重视市场学术方面的人才和研发方面的人才，而外资药企可能更注重仿制药营销和新药注册方面的人才，这是因为起点不同。

未来，外资药企会越来越重视仿制药的销售，在仿制药销售上会招聘大量的人员，而中国药企则会越来越重视学术方面的人才。这种现象会导致在一定时期后，双方在竞争上趋同，中国药企学术营销能力提升，而外资药企仿制药销售能力提升。

同样，在薪资吸引力方面，二者将会有较大的竞争。因为在业务逐步趋同的情况下，企业品牌和薪酬水平将成为吸引人才的重点。这将会导致外资药企调整高底薪、低提成的薪酬结构，而国内药企将会提高底薪，同时降低提成。

当然，国内医药企业要想留住优秀人才，单在薪资方面调整是不行的，必须整体对人力资源进行升级，这样才能吸引和留住更多的人才。

二、我国药企对主要人才的需求情况

（1）高端人才的需求。现在国内的药企都处于转型升级的阶段，对能够推动药企转型的高端人才和能协助药企更好发展的高端人才是任何中国药企都渴求的。因为高端人才不仅能带来新的经营管理方法、手段，还能协助药企看清发展方向，制定出更好的发展模式，而且高端人才比较多可以改变现在药企的人才结构，提升药企竞争能力。未来，高端人才对药企的发展会起到决定性作用。

（2）**并购、重组和资本运作人才**。实业加资本，将成为大多数药企发展的根本模式。并购、重组和资本运作将会让药企短期内迅速扩大规模，形成良好的行业地位，也会让药企优化资源配置，改善竞争态势，获得更好的发展机会。现在随着政策的演变，未来几年中国药企之间的并购重组会加速，并购、重组和资本运作人才将会是中国药企渴求的重要战略人才。

（3）**综合性营销人才**。以前，国内药企重视销售，不重视市场，未来国内药企会对两个方面都重视。这样，中国药企就会对既懂得销售又懂得市场的复合型人才需求更多，具有单一方面能力的人才会被逐步淘汰，因为未来中国药企参与医药行业的竞争需要更多的市场知识、营销知识、品牌知识和专业的医药医疗知识，这些可能是有些销售型人才所不具备的。

（4）**研发人才**。国务院的《关于改革药品医疗器械审评审批制度的意见》中关于新药审批新规和仿制药一致性评价，让绝大部分药企都会对研发趋之若鹜。因为新药审批更重视临床数据的真实性，同时，未来推行仿制药一致性评价，将会逼迫药企对现有的药品进行再次研发，以期获得与原研药一致的数据，从而获得继续拥有药品经营的资质，这都需要更多真正的研发人才。而以前药企只懂得对药品数据造假，基本不会做研究、做临床的假研发人员，将会无路可走。

总结：

我国医药行业正从多、小、散走向数量较少、大规模和集中态势发展。我国医药企业原来的人力资源管理体系已经不适应新的竞争环境，人力资源战略已经成为药企未来竞争的关键战略。人力资源战略和药企的产品战略、研发战略、营销战略一样重要，甚至更重要，因为没有人才，什么战略都是浮云。升级现有的人力资源管理体系，将成为药企转型升级获得发展机遇的重点，。

三、药企人力资源管理的升级

笔者在几年的医药行业管理咨询经历中，看到了很多药企聘请外部人士或管理咨询公司做的人力资源方案。这些人力资源方案有些还不错，有些还有调整空间，因为这些人力资源方案都有一个共性的问题，就是做人力资源方案的人基本不懂业务。比如某药企的人力资源体系设计方案，对研发、生产和营销人员采用一套薪酬制度，可能略有调整，但薪酬基数、薪酬带宽等基本一致，好在这套方案最后也没有真正落地。其实如果真强制落地，会给某药企造成混乱。

但也有做得好的，比如笔者就遇到过某公司的项目经理为某药企做的人力资源管理体系就非常清晰到位。笔者还特地和该项目组聊了一上午，发现这个项目组的项目经理对医药行业非常熟悉。他以前是一家化工企业的副总，主管过生产、营销和人事部，后来读完 MBA 就开始做管理咨询。他有个特点，就是做每个行业项目前都要仔细研究这个行业的竞争现状，在达到对这个行业非常了解的情况下才分析服务客户的情况，再针对性地设计方案，这导致他的项目都做得很好，深受客户认可。

笔者和他聊医药行业，他能很清晰地说出代理模式、经销模式、大包模式、小包模式、控销模式、过票等医药行业内的一些术语，还对目前的医药行业政策有较好的理解。

从该项目经理做项目的情况可以看出，对药企业务熟悉的人能做出比较适合药企的人力资源管理体系。那么，我们就要考虑一件很重要的事，就是药企自己的人力资源部门的人员尤其是管理层，是否需要懂业务。

笔者认为，医药行业是一个较为特殊的行业，药企的人力资源部人员更应懂得业务，无论是研发、生产、市场、销售，还是供应链等都应该仔细钻研，都应该熟悉。因为即使招聘可以联合业务部门完成，但薪酬、绩效、培训、人才培养等专业方面，业务部门无法帮助人力资源部人员，而人力资源部人员不懂，就无法做出真正有效的方案。这也是很多药企人力资源部门设计的方案总是被质疑甚至被批评的原因。

那么药企怎样对人力资源管理升级？

对现有药企的人力资源管理升级，是一个很复杂的事情，而且不是一朝一夕就能完成的，是一个长期的循序渐进的过程。而且更为重要的是，这是需要药企真正投入资源的事情。很多药企总觉得人力资源工作就是搞搞招聘，搞搞考核，搞搞培训，搞搞人事行政工作就完事了。如果这样，药企肯定发展不长久，因为不重视人的企业都不能发展长远。

现在的药企，尤其是大型的医药集团企业，基本已经具备了基础的人力资源管理的条件，笔者就从主要的三个方面谈起。

（一）重构人力资源战略

人力资源战略是科学地分析预测组织在未来环境变化中人力资源的供给与需求状况，制定必要的人力资源获取、利用、保持和开发策略，确保组织在需要的时间和需要的岗位上，对人力资源在数量上和质量上的需求，使组织和个人获得不断的发展与利益，是企业发展战略的重要组成部分。

很多药企做人力资源战略要么太复杂，要么根本不重视，更有甚者，一些药企的高层根本不知道什么是人力资源战略。

笔者根据成功企业的人力资源战略建设框架，给出适合医药行业企业的人力资源战略重构框架。这个框架相对简单，但关键的要素基本都存在。

（1）分析药企发展战略中对人力资源的实际需求。

药企的人力资源战略不是凭空出现的，而是根据药企的发展战略要求制定的，是药企发展战略实现的根本性基础。

根据药企的战略发展路径分析药企不同发展阶段的人力资源需求。比如战略初始阶段第一年对研发战略要求较高，那么第一年就要对研发人才的人力资源管理加大力度。

好的药企发展战略会在资源配置上对人才要求给出框架，但很多药企的战略没这一部分。

分析完药企发展战略对人力资源的实际需求后，就要根据药企的战略发展对人力资源的需要，分阶段、分步骤地落实人力资源行动计划、执行计划、考核目标和调整策略。

（2）根据药企发展战略的不同阶段、不同要求构建人力资源的开发战略。

人力资源开发战略就是看每个阶段需要什么样人才，怎样从药企外部寻找、招聘并留住这些人才，怎样对药企内部的人员进行选评，列出培训和培养计划。也就是说，一方面从外部招聘人才，另一方面从内部培养人才，两种方式同时推进，并列出工作计划、费用使用计划等关键要素。

对外部招聘到的人才制订培训和培养计划。是因为外部人才进入药企可能不太清楚药企的内部情况，短期很难进入工作状态，这就需要对招聘进来的人才进行培训、指导。

构建人力资源开发战略有很特别的一点，就是最好能够建立医药行业人才数据库，把医药行业内各类优秀的人才纳入这个数据库，这是非常人才竞争手段。药企什么时候需要什么类型的人才，根据数据库进行筛选，早早就开始关注筛选目标的工作动向，提前接洽，慢慢沟通，待药企真正需要的时候，能把需要的目标人才招聘进来。

建立医药行业人才数据库其实难度不大，从猎头手中购买数据就行，费用不会太高。当然，如果资金许可，也可以把这部分工作外包，利用猎头公司的数据库完成这项工作，但费用较高。还有一种办法，就是招聘 1～2 名优秀的医药行业猎头，一举两得，费用也比较低。

（3）人才结构优化战略。

根据药企战略发展的需要，对不同的团队进行学科、能力和水平等方面的优化。比如，未来药企较为看重学术营销人才，那么就要考虑营销队伍尤其是区域营销团队的构成。学医的营销人员占多少比例，学药的营销人员占多大比例，学营销、品牌等专业的营销人员占多大比例，各种比例的人才未来在药企如何发展、如何晋升，哪些职位可以留给不同专业类型、不同能力倾向的人才。

在年龄结构上要特别注意，一些药企营销队伍或者销售队伍年龄结构明显老化。比如某个药企营销团队的平均年龄是 45 岁，很多老业务员已经 50 多岁了，这样的年龄结构战斗力肯定不强，而且，非常明显的是这些年龄较大的业务人员有些会有明显的占据山头、以老为尊、不思进取的倾向。

针对药企现状，应该理清优化员工的思路，哪些员工几年内辞退，哪些员工作为重点培养对象，哪些员工在某种能力上欠缺，需要定向培养。团队中缺少哪类人才，哪类人才过多需要优化等。

上述工作看似简单，但工作量很大，而且是长期要做的事情。笔者见识过一位外资企业的人力资源总监，他非常清楚所服务企业的人才结构、人才能力倾向、人才专业组成等，甚至对 300 多个重点关注的人才履历都非常清楚。

（4）制订最适合药企的薪酬绩效战略。

制订最适合药企的薪酬绩效战略一定要深度研究整个医药行业包括外资药企的薪酬绩效现状，因为药企的薪酬绩效竞争是面对整个行业的，不是区域性的。我们招聘的人才可能在全国的四面八方，可能在各种类型的药企中，如果不了解整个医药行业的薪酬绩效竞争状况，贸然制定薪酬绩效战略，可能导致薪酬绩效没竞争性，无法有效吸引优秀人才。

比如某企业制定的薪酬绩效战略，就存在薪酬绩效结构不具竞争力的情况，结果运行半年后被迫调整，但招聘的最好时间过去了。没有招聘到需要的人才，给药企的发展带来了非常大的阻碍。

除了研究整个医药行业的薪酬绩效现状，还要做对标分析，找一些和本药企情况相似的药企。不要随便找对标，要根据本药企的市场特点，比如以医疗机构为主销渠道的药企，对标就必须找同样是以医疗机构为主要销售渠道的药企。

对标企业不能少于3家，最好上中下各找一家，这样获得的数据和情报比较客观。

对不同的业务一定要针对性地制定薪酬绩效体系，不要一刀切。比如研发和营销就是两个不同领域，制定薪酬绩效体系一定要有差别，这就要求制定不同业务薪酬绩效体系的人要对业务熟悉。

另外，不同的药企情况是不同的，即便同一职位可能薪酬绩效要求也不尽相同，照搬照抄其他药企的薪酬绩效体系基本是无效体系。

（5）人才使用战略。

人才使用战略就是整体上药企怎样能够充分而有效地使用现在和未来的人才。

首先要定基本的人才使用策略，哪些领域采用唯才是用的策略，哪些领域采用竞争上岗的策略，哪些领域采用任人唯亲的策略，哪些岗位要进行轮换。

上述的策略针对不同的部门领域可以交叉使用，比如任人唯亲策略在某些特殊岗位就比较合适。很多人力资源专家比较反对任人唯亲策略，其实任人唯亲策略在不同的药企有很大的应用范畴。比如在法规范围内做一些出格的事情，而这些事情又不需要多高的能力水平，且安全性非常重要，这时所需的岗位就必须实行任人唯亲策略。医药行业内有很多这类情况，在整个医药行业不是很规范的情况下，一些事情该做还是要做的。

确定人才使用策略后，就要对具体的岗位或者具体的人才设计使用计划。比如有些岗位对有些人才可以大力度放权，但对有些人就不能过度放权，这要分使用阶段，更要关注人员的品德、素质和能力。

人才设计使用计划针对岗位来说，首先要明确担任岗位的资质、专业、能力、工作经历等。聘任后，就要对该岗位的人才未来几年的使用情况做计划，比如什么阶段放权，怎样考核，做到什么业绩可以提升，提升的职位是什么，提升的周期和路径等。

人才设计使用计划针对人才来说，就要确定其能力水平、专业水平，还需要哪些培训，还需要提升哪些知识，还需要提升哪些能力，其缺陷在哪里，如何规避人才缺陷造成的风险等。

人才设计使用计划要设计出整体的运行方案，比如奖励方案、惩罚方案、破格提拔的标准等，先把游戏规则确定下来。

（二）明确集团、各个业务单元、下属公司的人力资源权限

重构人力资源战略后，就要对人力资源部门的权限做清晰的划分。

很多药企人力资源部（有些甚至叫人事行政部）的地位都较低，大部分做一些人事行政工作，对考核也仅仅是做做记录，没有参与的权力。在招聘上，也是仅仅起到配合业务部门联合招聘的作用，甚至招聘面试时都不是主考官，仅仅打打下手。人力资源部门地位低下，结局就是药企的整体人力资源管理水平低。

　　未来医药企业的竞争，主要是人才的竞争，这就需要把人力资源部提升到很高的战略高度，给予更大的权力，给予更多的费用。所谓有钱花到刀刃上，就是这个道理，在人力资源上多投入一分，就会有几十倍甚至上百倍的产出，人力资源部不是单纯的成本单元，而是最具有创造力、最具有产出的单元。

　　所以，笔者建议将人力资源部提升为集团直属，也设置为副总级别，甚至副总裁级别，其地位仅次于董事长或总裁，这样就可以充分发挥人力资源部在药企发展中的作用。

　　同时，提高位置后，要给人力资源部较大的权限，比如人力资源部可以和业务单元确定招聘总监一级及以下人才，而不必经过董事长审批，只需报备下。由于集团根据业务划分多个业务单元，且业务单元下属公司也比较多，这时就需要在集团放权给集团人力资源部的前提下，对集团下属各个层面的人力资源部进行权限划分，哪些事项必须由集团人力资源部审批，哪些事项可以放权给下属人力资源部门。权限划分清晰了，就能按照既定的流程顺畅运行。

（三）做好人力资源预算

　　人力资源预算不是单纯的薪酬预算或人工成本预算，而是整体人力资源战略实施过程中所需要的各项费用预算，包括人力资源部运营成本预算、招聘预算、人工成本预算、培训预算、人才培养计划预算、奖励预算、会议预算、福利预算、社保预算等。

　　有了预算就可以在预算范围内合理地使用各项费用，而不需要更多的审批，当然，财务监控还是要有的。

　　人力资源预算是在对人力资源部放权的前提下进行。没人力资源预算，放权就是空话。人力资源预算要做得细致，不要大致估算，要精确到每一项。

使用预算的时候，也要让费用处于监控状态，以便让人力资源预算费用发挥最大的作用。同时也让药企的高层能够随时监控或查看人力资源预算使用情况，这样高层可以更清楚地知道企业人力资源运行情况，从而更好地支持人力资源整体工作。

（四） 强化股权激励

股权激励在现在的医药企业发展中有着非常重要的意义，无论国企还是民企，想留住对药企经营和发展有战略意义的人才，仅仅通过高薪作用是不大的，通过股权激励，可以让高素质人才长期与企业共同发展、荣辱与共。

第六节　药企的信息化、企业文化转型升级

一、药企信息化升级的意义

在"互联网＋"的今天，信息化已经广泛应用于药企经营的各个方面。

药企进行信息化建设是为了强化运营的过程控制，同时可以管控每个工作的关键节点，保证每个关键节点都按照药企的要求完成规定的工作内容，这样就可以保证整体工作有良好的结果。

药企强化信息化管理可以优化组织结构、提升内部管理机制、优化制度流程、提升管理效率、提升客户业务对接、加强对内部各个岗位的管控。现在很多药企的经营还是利用传统的方式对企业整体运作进行管理，使用这种传统管理方式不仅效率低下，而且漏洞较多，容易被钻空子。

药企进行信息化升级，有个很重要的方面就是要把工作流程纳入信息化建设中。现在很多药企根本没想到这一点或者合作的信息化技术服

务公司没有能力提供这一点。很多药企的信息化与流程管理是分开的，这就不完全是信息化建设，因为不能通过先进的信息化技术手段来管控整个过程，且药企的整体管理提升也是有限的。

药企转型必须进行信息化升级，升级的目的就是通过互联网或者网络技术平台来实现现代化企业的管理。很多药企不明白什么是现代化企业管理体系，其实，通过信息化建设，很容易让药企升级到现代化管理的水平。比如我们经常用的 ERP 系统中就包含了很多现代的并可以容纳药企自身经营特色的管理理念，而这个理念绝对不只是信息共享和集中管控，这些理念是渗透在业务流程体系中的。

二、药企信息化升级的策略

在药企的信息化升级中，本书不讨论一般常用的如内部信息管理，而是从很多药企没有但非常重要的方面进行讨论，以便药企信息化的升级。

（一）通过信息化实现对外部信息管理

现在很少有药企对外部信息进行整理并形成报告，这是非常错误的。外部信息可以决定药企决策的走向，可以清楚地让管理层判断某个经营活动是否有效。如果药企管理层和决策层每周都能收到一份外部信息的报告，就可以在信息完备的前提下做出正确的市场预判，从而制定正确的经营方案。

一般可以由市场部和战略部门在各自对应的领域，根据前端销售人员定期定向提供的信息和从互联网上收集的相关信息加以整理、统计，每周做出一份详尽的市场分析，有利于药企及时、有效地分析市场动态，掌握市场信息，做出正确的决策。

药企的外部信息报告系统整理不要千篇一律，不要走形式，要根据不同时期的需要由高层定制。比如某个时期，高层特别关注某类疾病药品的研发情况，就需要增加相关内容。

（二）建立药企完整的信息化平台

由于药企的经营人员分散在各个集团下属企业，或者营销人员分散在各地，通过邮件和电话交流不仅速度慢，内容也有限制，药企最好建立几个平台。比如决策层交流平台、管理层交流平台、营销人员交流平台、采购人员交流平台、某项目交流平台，这样可以强化各下属企业之间、集团高层之间、营销人员之间的信息交流，甚至可以进行视频会议。

平台建设可以利用现在很多免费的平台，比如今目标软件，也可以建设内部网络。有实力的最好建设内部网络，这样可以防止商业秘密泄露。

药企可以从财务管理信息化入手，逐步建立基于互联网的办公自动化系统、资源共享系统、客户关系管理系统、资源管理系统、网络营销系统与电子商务。在各系统逐个成功对接后，自然便形成了完整的企业信息化平台。

（三）通过信息化升级全面实施业务流程重组

现在的信息技术非常有利于药企进行管理和决策层面的提升。通过信息化技术，可以把先进的管理理念逐步引入药企经营管理，可以帮助药企逐步通过业务流程重组建立现代企业的管理体系。

药企可以在信息化基础上，对原材料采购、生产、仓储、物流、销售、营销、财务、人力资源、薪酬绩效等进行深度开发，建立对药品研发链、仓储运输链、生产制造链、营销链的支持系统。扁平式的组织结构为信息技术的应用提供了组织保障，而信息技术又为企业提供了高效快捷的操作空间。

（四）帮助药企充分应用医药电商

现在很多药企都迷惑是否要介入医药电商，尤其在国家处方药网上销售政策不明朗的前提下，更是踌躇不已。其实药企有些多虑了，医药电商或者"互联网＋"不过是一种经营工具而已，就像我们的信息化平台一样。药企不是要考虑做与不做的问题，而是要考虑根据自己的发展战略，怎样利用"互联网＋"或者怎样利用医药电商的问题。

换一个角度考虑问题，也许就不难想清楚是否要做医药电商，是否要做"互联网＋"了。

现在是信息大爆炸的年代，互联网的全球性普及，为药企进行品牌建设、渠道建设、产品策划等都提供了很好的路径。药企应该积极建设自己的医药平台，再充分利用第三方的各种平台，打造药企具有竞争力的综合性平台。通过综合性平台的构建，对接市场、医疗机构和合作客户的平台，形成平台竞争态势，从而使企业在市场竞争中立于不败之地。

所以，药企一定要把互联网或者医药电商各种平台充分利用起来，逐步构建自己的综合性平台。这已经不是做不做的问题，而是要充分利用互联网这一经营工具，尽可能拓展经营业务。

三、药企企业文化现状

目前，很多药企其实是没有企业文化的，有的基本是老板文化。老板文化是在药企创业阶段形成的，这种文化属于强制性或者集权性文化。药企比较小时，老板文化有很大的作用，可以快速应对市场，进行决策。但等药企发展到一定阶段，老板文化就成了药企发展的阻力。还有一些药企，弄几句口号，提炼几个标语，或者整理出几个理念，就认为是企业文化了。

某家药企把企业的发展历史、老板的创业历史及整理出的理念和标语，弄成了一面文化墙。每有客人到这家药企，工作人员就会领着客人参观其文化墙，并详细地阐述自己的企业文化特征和内涵。其实，笔者看完后，觉得这家药企根本就没有企业文化，完全是老板文化。

那么什么是企业文化？

企业文化是一个组织由其价值观、信念、仪式、符号、处事方式等组成的其特有的文化形象。

企业文化是在一定的条件下，企业生产经营和管理活动中所创造的具有该企业特色的精神财富和物质形态。它包括文化观念、价值观念、企业精神、道德规范、行为准则、历史传统、企业制度、文化环境、企业产品等，其中企业精神与价值观是企业文化的核心。

企业文化是企业的灵魂，是推动企业发展的不竭动力，包含着非常丰富的内容，其核心是企业精神和价值观。这里的价值观不是泛指企业管理中的各种文化现象，而是企业或企业中的员工在从事商品生产与经营中所持有的价值观念。

简单讲，企业文化就是一个组织做事的风格和习惯。真正有企业文化的企业依靠文化驱动员工，既不是人管也不是制度管，而是人文管理。人文管理的核心就是文化的意义。

但不可否认，企业文化的主要来源是老板文化，但企业文化是高于老板文化的。比如华为，虽然华为的企业文化开始是来源于任正非，但在华为的企业文化确立时，任正非的痕迹已经非常少，华为内部根据任正非的既往领导风格和管理习惯形成了华为整体的风格、习惯和价值观。这种风格、习惯和价值观会在华为长期传承。

四、怎样提升药企的企业文化

有良好企业文化的药企，未来一定会成为国内乃至国际的大型药企，因为其风格、习惯和价值观已经深入企业的经营中。药企的每个人做每件事都会遵循其优良的企业文化，从而能让企业更长久地发展，能为消费者提供质量更好的产品，能为合作客户提供更好的发展机遇和利润。这样的药企不仅能造福药企内部员工，更能造福社会。

未来的中国医药企业，将是为消费者提供疾病解决方案的企业。这样的企业或有多种态势，所以，药企的企业文化必须有自己的特质，不能照搬照抄其他企业的企业文化，更不能把老板文化当成企业文化。

那么，如何升级药企现有企业文化？

（一）提炼药企的核心价值观和企业精神

任何药企都有非比寻常的社会责任，因为其生产的产品关乎消费者的生命、健康，所以，药企的核心价值观必须有社会责任的体现。

药企的核心价值观要能体现企业的使命。药企的存在就是为消费者提供品质更好的药品或其他产品，就是要有悬壶济世的慈悲胸怀。

比如同仁堂作为百年老店基业长青，其创始人乐显扬提出"可以养生可以济世者惟医药为最"，为同仁堂奠定了良好基础。同仁堂百年祖训是："炮制虽繁，绝不敢省人工；品味虽贵，绝不敢减物力。"这就是同仁堂企业文化的体现，虽然同仁堂近些年出现了或多或少的质量问题，但同仁堂的发展都是凭借这样已经成为企业文化的祖训而经历300多年不倒。

药企提炼核心价值观和企业精神，构建价值理念体系，就要体现社会责任和企业使命，就要符合作为药企的身份和地位。

药企提炼核心价值观和企业精神，还要与时俱进，要符合时代的脉搏，树立现代企业管理的投资理念、经营理念、管理理念、发展理念、人才理念、质量理念、创新理念等，形成追求卓越的企业文化精髓。

药企也要从药企员工的发展入手，从员工的实际利益出发，提炼有利于员工发展的核心价值观，形成和建立学习型组织，为员工提供更好的发展平台，把员工个人成长与企业发展结合起来，提高员工对公司的忠诚度和归属感，为企业可持续发展提供了有力支持。

（二）提炼符合药企未来发展的经营管理理念

药企进行企业文化建设，根本目的是为了提升药企的竞争能力，提升药企的运营效率，提升药企的管理水平，保证药企的发展使命和愿景的实现。

所以，药企要充分凝练发展的经营管理理念，并形成系统。经营管理理念是管理者追求企业绩效的基础，是顾客、竞争者及企业员工对企业经营行为的认同，然后在此基础上形成企业基本设想与科技优势、发展方向、共同信念和企业追求的经营目标。

经营理念是系统的、根本的管理思想。管理活动都要有一个根本的原则，一切的管理都需围绕一个根本的核心思想进行。经营理念决定企业的经营方向，和使命与愿景一样是企业发展的基石。

（三）加强企业文化制度建设

药企要创新管理制度，完善内部的运行机制，让组织结构更合理，运营效率更高，更能适应目前医药行业整体调整的现状和市场竞争现状。

制度更带有根本性、全局性、稳定性和长期性。要长期保持和不断发展企业文化，就必须通过完善体制机制，使企业文化各要素充分发挥作用，激励、约束领导和员工自觉践行企业文化理念。

药企要通过制度建设来切实提高员工队伍素质。高素质的员工队伍是任何药企持续、稳定发展的根本所在。药企企业文化建设的主要任务就是要建设一支高素质的员工队伍，促进员工全面发展，最终促进企业发展。

第四章　途径3：定位转型

第一节 对医药企业来说什么是定位

1972 年，里斯和特劳特提出了"定位理论"。"定位理论"被称为"有史以来对美国营销影响最大的观念"，被誉为改观了人类"满足需求"的旧有营销认识，开创了"胜出竞争"的营销之道。

在医药经营领域，定位其实应用的并不是很多。很多药企并没有进行真正意义上的战略定位，绝大部分药企都是什么药品都生产，什么治疗领域都进入，最终形成了混乱的产品线和模糊的品牌认知。

在医药领域，较少的药企进行了定位，但问题重重。有一些药企被"定位"，有一些药企自我定位狭窄。

马应龙是老字号企业，创始于公元 1582 年，比同仁堂还早。

马应龙自我定位为：以肛肠及下消化道领域为核心定位，围绕大健康领域积极寻求发展机会；贯彻"工业重速度，商业重质量，诊疗重布局"的思路，聚焦核心优势领域，构建药品经营、诊疗技术、医疗服务的产业链，实现产业立体化和聚焦叠加。

但实际市场中，尤其在消费者的心智中，马应龙品牌已经被定位成专业治疗痔疮的品牌。因为十几年的大量广告宣传，马应龙基本是在宣传"马应龙＝痔疮"的品牌内涵，这结果导致，一谈及马应龙就想到痔疮。

在马应龙的宣传中，笔者查到了一条非常搞笑的广告：菊花的秘密。马应龙痔疮膏的广告语："菊花残，满腔伤，内裤泛红略带黄。花落人脱肛，只能趴不能躺！"转发量非常大。

针对上面的广告语笔者询问了马应龙的相关人员，他们说这不是马应龙做的，可见马应龙在消费者的广泛认知和心智中的定位已经成型，很难改变。

而且，马应龙的确已经在痔疮治疗领域成为专家品牌、领导品牌。为了充分利用这一品牌影响力，马应龙开始扩充产品线，开始做眼霜、口服液、祛痘产品、其他皮肤产品，以期放大品牌效应，获得更多的市场经营业绩。

但马应龙的产品线扩充却出了问题。比如眼霜，网上很多人说："马应龙的眼霜是痔疮膏做的。"当然，这纯粹瞎猜，因为这些消费者不了解药品监管、生产和技术等方面专业的规范。但可见一点，就是消费者在心智中已经把马应龙死死地定位到"痔疮"这个单一病种上面，马应龙想脱离也非常困难。

所以，马应龙自我定位到肛肠及下消化道领域为核心定位是准确的，但至于服用的和脸部的产品就不要深入了，这容易让人产生不好的品牌联想。

马应龙由于自己之前大量的广告而"被定位"。好在马应龙市场经营思维敏捷，觉得既然被定位，就在肛肠领域拓展医疗市场，在各地开设马应龙肛肠医院。这样，消费者就可以在患痔疮及其他肛肠疾病时首先考虑马应龙肛肠医院。

颈复康药业其实是一家大型的中药集团公司，集中药材种植养殖、中药生产制造、药品贸易流通、中药研发为一体的大型现代化企业集团，为全国中药五十强。

颈复康药业目前的自我定位为：风湿骨病专家。

但由于颈复康药业初期大量的广告，尤其是，颈复康药业把产品的名字命名为企业的名字，使消费者一致认为颈复康药业是专门生产治疗颈椎病药品的企业，结果导致颈复康颗粒成为颈复康药业多年来主销品种，其他品牌的品种很难发展起来，一品独大多年来难以改观。

其实，颈复康药企业开始把企业定位成生产治疗颈椎病药品的企业没错，这样可以让企业从小很快做到大，形成企业规模化经营态势。但是，如果进行业务领域拓展，就不能再使用颈复康这个品牌，这个品牌应该专属于原来的药企，否则，就会导致药企难以突破一品独大的现状。

我们必须重新审视里斯和特劳特的"定位理论"。笔者认为，里斯和特劳特的"定位理论"其实没有对错问题，而是适不适合的问题。很多中国企业照搬照抄"定位理论"，把自身限制在一个狭窄的领域或者单一产品上，这其实是错用了里斯和特劳特的"定位理论"。

在中国经营的企业，其实要对来自全球的经营理论学会批判性地看待，不要只会崇拜和照搬照抄。要看这些理论哪些适合自身企业，可以应用，哪些不适合自身企业，去粗取精，去伪存真，才能让经营理论成为企业经营最有效的支撑。

罗氏制药经过多年的发展后，开始定位于肿瘤药的研发、生产和销售。

现在罗氏制药在肿瘤药领域处在霸主地位。2014 年，罗氏制药整个抗癌系列药物的销售额为 251 亿美元，约折合人民币 1600 亿元，是全球最大的抗肿瘤制药公司，在 2014 年全球十强药企排名中快速进位。

罗氏制药的成功是由于选择了一个很大的疾病市场。目前，就全球范围来说，肿瘤发病率和死亡率处于首位，而且，肿瘤的种类繁多：肺癌、肝癌、胃癌、食道癌、肠癌、鼻咽癌、乳腺癌、淋巴癌、肾癌、胰腺癌、膀胱癌、卵巢癌、子宫癌、骨癌、胆囊癌、唇癌、黑素瘤、舌癌、喉癌、白血病、前列腺癌、脑瘤、鳞癌、皮肤癌、血管瘤、脂肪癌、宫颈癌、甲状腺癌、其他癌症等。

罗氏制药目前有最畅销药物：抗血癌药物美罗华（MabThera），获多重抗癌许可的药物阿瓦斯汀（Avastin），抗乳腺癌药物赫赛汀（Herceptin），新一代抗乳腺癌新药帕妥珠单抗（Pertuzumab）。

对药企来说，什么是定位？

药企的定位，不应该说得那么模糊，即"让自己的品牌在消费者的心智中占据最有利的位置，使品牌成为某个类别或某种特性的代表品牌，当消费者产生相关需求时，便会将该品牌作为首选"。

如果医药企业单纯地使用上面的内容，就会出大问题，也就是说，如果仅仅是针对消费者进行品牌上的心智定位，是有问题的。

医药行业企业其实有两个用药群体：**用药量最大的群体是医生，其次是消费者。**

那么，药企就要根据自身产品的情况和发展的规划进行明确定位。如果规划和产品是以医院为主销市场，那么定位就要针对医生展开，让医生知道本药企在这一领域已经或者即将成为专家，可以为医生在诊疗某一疾病领域提供专业的用药指导和诊疗指导。

如果药企的规划和产品是以药店、门诊等为载体，面对消费者提供产品，那么定位就要针对消费者展开，让消费者知道，本药企在哪些领域是专家，可以专业地为消费者提供各种层次的用药指导、健康指导、疾病预防指导和疾病康复指导。

药企的定位一定不要把自己定位到较窄的治疗领域甚至单一病种上去，一定要考虑疾病在市场上产品销售额排序、市场容量和发病聚集区。

按世界卫生组织 1978 年颁布的《疾病分类与手术名称》第九版

（ICD - 9）记载的疾病名称就有上万个，但这上万个疾病市场容量有大有小。一旦药企进行非常狭窄的定位，而这个狭窄的定位市场容量又很小，再加上让医生或消费者心智上进行品牌定位的卡位，这会让药企很难获得规模化发展，也很难形成品牌拓展，这在一定程度上限制了药企的发展，可谓是自缚手脚，自断前程。

所以，药企定位就是要找到最适合药企的疾病领域、使用者、消费者和品牌对接，形成细致的定位准则，这样就可以避免定位的陷阱，落入如马应龙和颈复康等"被定位"或者狭窄定位的境地。

第二节　药企怎样进行真正意义的定位

目前全球的外资药企面临专利药大批到期的困局，纷纷进行战略调整，最明显的战略动向是对企业重新定位，向优势产业聚焦，以利于企业在某些治疗领域形成较强的竞争和防御态势。

但需要看清楚的是，外资药企重新定位的疾病领域基本是全球疾病排名靠前的疾病领域，很少定位到全球疾病排名靠后的疾病领域，不像马应龙和颈复康"被定位"或者狭窄定位。

外资药企的定位是根据自己多年发展形成的竞争优势展开的，尤其在产品研发和经营层面，是作为定位或者重新定位的一个要点。

诺和诺德是世界领先的生物制药公司，在胰岛素开发和生产方面居世界领先地位。诺和诺德总部位于丹麦首都哥本哈根，产品销售遍布179个国家，在欧美建有生产厂。

诺和诺德在经历了多年的发展后，意图进入炎症性疾病领域，并投入了大量的研发经费和资源。但由于炎症性疾病并不是诺和诺德研发和经营擅长的领域，又加之炎症性疾病领域竞争非常激烈，权衡再三后，诺和诺德决定退出炎症性疾病领域，重新定位在糖尿病领域，包括治疗、预防、肥胖和糖尿病的并发症。

这个案例说明，一旦药企定位就很难改变。所以，定位是一件非常慎重的事情，不能像一些药企的决策层一样，拍脑袋定位。

目前在中国医药行业，很少有药企去真正定位，也就是明确药企自身品牌在消费者心智中的位置，但有几家药企正在行动。比如康芝药业定位为儿童药专家，达因药业以"使千千万万中国儿童健康强壮"为己任，始终专注于儿童健康领域产品的研发与生产。

康芝药业和达因药业都以服务群体做定位，如果这两家药企通过系列宣传，经过多年的品牌塑造，就会在医生和消费者心智中形成专家形象。医生和消费者在购买治疗儿童相关疾病的药物就会优先购买这两家药企的。

对多数药企来说，目前正是比较好的定位时期。因为中国医药行业的多小散乱差的局面并没有多大改观，大部分药企都没在消费者心智中形成明晰的定位，品牌都比较模糊和散乱。

当然，需要明确的是，单一型药企定位和集团型药企定位是完全不同的。单一型药企可以把自己定位到某一固定人群或者某一固定的疾病领域，但集团型药企绝对不能这样做。在目前面对非研发竞争态势的中国医药市场，集团型药企要构建几大领域，以形成多态势的竞争格局，不能故步自封，限制集团整体的发展。

罗氏制药定位肿瘤疾病，但罗氏制药2014年整个抗肿瘤业务增长仅为2%。主要原因是罗氏仅专注于肿瘤药物的研发、生产和营销，并且一直处于抗癌药物销售的顶端，已经没有增长的空间，收益递减问题正在显现出来。

　　而名列 2014 年全球销售额排名第一的诺华以近 580 亿美元的规模夺冠，折合人民币 3700 亿元，仅抗癌药物增长率就达到了 8%，远超过罗氏制药的抗癌药物增长率。

　　作为全球性集团型药企，诺华的发展与其明确而留有余地的定位是分不开的。我们可能觉得诺华没有明确的定位，其实，诺华内部所属公司的定位非常清晰。就诺华总部来说，他并没有把自身限制到某一个单一领域或单一群体，而是把各个业务单元进行综合，形成诺华的发展定位。这个发展定位也会随着业务单元的增减而发生变化，**因为集团总部是不需要明确定位的。**

　　我们可以看一下诺华的发展定位，如图 4-1 所示：

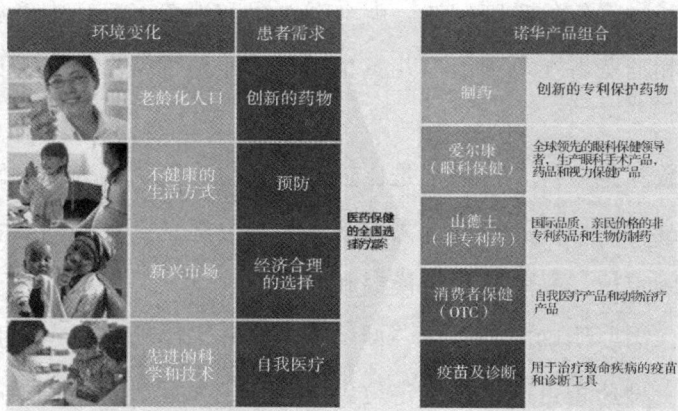

图 4-1　诺华的发展定位

　　那么中国药企如何进行合理的定位呢？

　　笔者通过对众多国内外药企的研究发现，成功定位的药企都有相同的成功要素，所以，笔者在帮助药企进行定位转型中基本采取"三步定位法"：

　　第一步定位，根据药企的规划和产品特性进行梳理，对药企药品所在的市场容量进行评估，确定进入的疾病领域；

第二步定位，确定药企产品真正的用药群体，并针对目标用药群体制定针对性解决方案。

第三步定位，不同的品牌对应不同的疾病领域或群体，并长期把品牌和疾病领域或群体对接。

"三步定位法"基本上明确了药企定位的疑惑，可以帮助药企在真正意义上建立最适合药企自身的定位。

下面我们就来详细分析药企怎样通过三步定位实现药企的定位转型。

第一步定位：根据药企的规划和产品特性进行梳理，对药企药品所在的市场容量进行评估，确定进入的疾病领域。

对药企的规划梳理，就是要对药企自身的发展有一个清醒的认识。如果发展战略规划都不明晰的话，这样进行定位是非常危险的。定位其实是药企战略规划中的一个重要方面，也就是说，未来药企要向哪个主要治疗领域发展。

比如某药企 A 产品经过专业梳理后，可以看清这些产品主要是骨病领域的，而畅销产品也在骨病领域。目前这家药企年度经营额大约 5 亿元，这样规模较小的药企定位就要定位到骨病领域，因为这家药企已经在消费者和医生群体中获得了在骨病方面产品较好的认可。但这家药企还有其他的产品，尤其是新收购的药企主要是消化系统疾病领域的，这样对药企进行定位就会涉及架构定位法。

架构定位法其实很简单，就是对多业务领域进行定位，将每个业务单元或者每个下属药企定位到一个疾病领域。

一般药企进行初步产品归类可采用较为简单的办法，即图表法，如表 4 - 1 所示：

表 4 – 1　产品归类表

国内大疾病领域	细分疾病领域	再次细分领域	最细分领域	所属药企	所属业务单元	分类标号
A						
	A		A			
		A				

比如某产品 A 在整个细分过程中，会逐步被划分到不同的领域。由于分得比较细，所以，我们可以从中获得产品 A 较为详细的属性分类。

由于图表分类法需要对整个集团药企的所有产品进行分类，需要最终归到业务单元和药企的框架中，最后要做好分类标号，以利于最终的重新排序和查询。

运用图表分类时，要进行 5 级着色，就是把现有的集团药企或药企所有的产品分为 5 级。当然，如果产品数量比较少，比如不足 50 种，那么就可以分为 4 级或者 3 级，最小的分级是 3 级，1～2 级分类容易模糊产品的竞争特性。

需要明确的是，图表分类法需要囊括药企的在销产品、储备产品和在研产品。

在销产品可以利用 3 年的历史销售数据、竞争对手的多少、市场容量、所占市场比例、市场投入和市场机会等指标进行排序，为了简便易行，最好根据药企的战略做模型设计，之后由专家、营销人员和研发人员打分，形成较为准确的排序。具体如表 4 – 2 所示。

表4-2　在销产品排序

产品名称	3年销售量	3年市场投入额	市场容量	目前所占市场比例	竞争对手数量	市场机会点	总分
A							
B							
C							
D							
E							

在销产品打分，需要提前对产品竞争情况进行调研。没调研就没发言权，调研过程可能较长，所以，最好利用专业的团队来做这件事。上面6点基本囊括了在销产品的竞争关键点，所以，通过多层次打分后，基本可以较为准确地确定正确的位置。

在销产品的竞争对手数量超过100家的设置为0分，50～100家的设置为1～5分，少于10～50家的设置为6～10分，5～10家的设置为11分到20分，5家以内的一律为30分。

市场机会点设计主要是通过系列的资料分析药企在某产品上还有多少市场，还有多少消费群体没占领。竞争对手的缺陷和攻击点需要专业人士根据资料分析，一个准确的机会点为10分。

3年的销售额和3年的市场投入总额可以自行设计打分额，可商讨决定。

市场容量打分额可以将十亿元作为一个阶段，一个阶段1分。比如100亿元为10分，1000亿元为100分。这个分值要和其他分值匹配，否则容易做大。一个分值就会起到决定性作用，容易导致偏差。

储备产品可以利用表4-3进行打分：

表 4 - 3　储备产品打分表

产品名称	市场容量	目前所占市场比例	竞争对手数量	市场机会点	总分
A					
B					
C					
D					
E					

在研产品可以利用表 4 - 4 进行打分：

表 4 - 4　在研产品打分表

产品名称	研发投入总额	研发的竞争对手数量	目前疾病市场容量	所处研发阶段	总分
A					
B					
C					
D					
E					

对主销产品、储备产品和在研产品打分后，我们基本得到了一个较为准确的产品系列表。根据这张表我们可以进行业务单元归类，之后对药企的产品进行梳理。

经过梳理后，我们就基本知道了整体的产品竞争态势，这时，药企可以根据分析结果确定聚焦方向和定位领域。药企的定位可以和聚焦疾病领域一同考虑。

一般药企尤其是集团药企，尽可能不要定位到一个领域中，因为现在的中国药企和外资药企处于不同的阶段，尤其是研发能力不同。我们国家的药企现在处于化学药仿制为主的阶段，原研药领域短期内基本无法对接，中药是我国药企的重点关注领域。

我们做疾病领域定位时，一定不要单纯地做化学药或中药，而要在已经定位的疾病领域把中药和化学药结合起来运作，因为可以通过化学药主治疗，中药主康复和调理的方式运作。中西药结合可能存在一些问题，但我们要通过中西药的同时运作来彻底占领这个疾病领域的市场，而不因为中西药合用存在问题就放弃。

需要注意的是，对药品进行业务单元归类后，会发现这些药品分散到各个药企，这时我们就要慎重地对药企的产品资源进行规划。

某医药集团下属有7家制药企业，对产品进行梳理后，确定了4个疾病领域作为定位方向。于是，某医药集团就把7个制药企业进行重新资源配置，将4个疾病领域根据各个药企的优势分配给了4家制药企业，剩余3家，一家转型主做保健品，一家转型主做器械，一家合并到其他药企。

通过内部整合后，4个疾病领域2013年的销售额就突破了5亿元，而保健品和器械企业没有多大的发展，因为当时正处于社会资源整合期，而且产品资源没有及时到位。需要明确的是，2012年，某医药集团总经营额为3亿元。

第二步定位，确定药企产品真正的用药群体，并针对目标用药群体制定针对性解决方案。

我国的药品销售，其实不是完全直接面对消费者。很多处方药品面对的可能是医生，因为很多处方药的销售渠道是医院，不走药店或者门诊。这样的药品定位的消费群体就是医院医生，因为医院医生的处方权是决定药品销售的关键因素。

也有一些药品走的是门诊或者药店，但消费者并不是很熟悉，需要药店的店员和门诊的医生做专业性推荐。比如一些品牌药企的二线产品，消费者基本不太熟悉。我们都知道斯达舒，但不知道修正药业也生产胃康灵胶囊和法莫替丁胶囊，这时候就需要店员和门诊进行专业推荐，所以，这样的药品定位的消费群体就是店员或者门诊医生。

至于大量的 OTC 产品、保健产品和家用器械，消费者有较强的辨别能力，有自己的主观购买意向。尤其是一些老人，由于经常自己购买慢性病治疗药物，已经对一些疾病的各种药物较为熟悉，他们到药店或者门诊购买意向明确，不需要太多的指导和推荐，那么这类药品、保健品和家用器械消费群体就是消费者。

这样就形成了 3 个大消费群体：医院医生群体、药店店员和门诊医生群体、消费者群体。

3 个大的消费群体其实还是有些大，我们需要再明确进一步细分。比如医生群体，三级医院的医生或城市医院的医生和区县医院的医生就有着很大的不同。尤其在药品的专业性方面，高层次医院的医生有着较好的专业性，而基层医院的医生可能相对欠缺一些，这样就要分开制定解决方案。

我们可以用表格法来明确同一产品不同市场层级的对应策略，如表 4-5 所示：

表 4-5　同一产品不同市场层级的对应策略

产品	A	B	C	D
三级医院	策略 S1	策略 S1	策略 S1	策略 S1
区县医院	策略 S2	策略 S2	策略 S2	策略 S2
乡镇医院	策略 S3	策略 S3	策略 S3	策略 S3
民营医院	策略 S4	策略 S4	策略 S4	策略 S4

比如药店店员和门诊医生，大城市的药店店员和门诊医生接受的培训和专业知识较多，而中小城市的药店店员和门诊医生就存在差距。

对于消费者来说，可以通过疾病进行人群分类。比如慢性病人群，或者更细的糖尿病人群、心脏病人群等。也可以通过性别分类，比如主营妇产科药品的药企，可以明确专为妇女事业做贡献，从妇女的生理角度和专属疾病角度提供针对性的产品和解决方案。也可以按照年龄层次分，比如康芝药业就专为儿童提供专业的药物和专业的解决方案。

至于专业的解决方案，可以参照第二章《由单一药品转向提供成套药品或整体解决方案》内容构建。

第三步定位，不同的品牌对应不同的疾病领域或群体，并长期把品牌和疾病领域或群体对接。

在我们明确了药企的治疗领域和消费群体后，就要把二者与药企的品牌对接。因为如果不成功地和消费群体的心智进行对接，就无法把药企的产品和服务形成有效的规模化态势。

很多时候中国的药企不重视品牌效应。比如近几年频频发生质量事件，上各种黑名单和被国家药监总局给予各种通报，但由于这些企业的品牌都较为混乱，没形成专业的品牌形象，被处罚却无关痛痒，但这正是限制很多药企发展的关键点。

很多销售额在10亿元以上的药企，觉得自己的药企走得越来越艰难，每年的经营业绩很难有较大的突破。其实，这些药企已经遇到了一个瓶颈，就是品牌瓶颈。因为这样的药企基本没有什么固定的品牌在消费者心智中可以形成长久的影响，更没有形成专家形象，什么药品都生产、都销售，于是，就彻底沦为一个药品的生产厂。没有特色，没有心智定位和传递，没有消费者的品牌依赖度和信任度，没有明细的品牌美誉度，更没有明确的定位领域和针对消费群体的解决方案，就是一个生产厂，生产出产品后让销售人员向市场压货、铺货，有些产品在终端停留半年也销售不了多少，于是被下架处理。

未来中国发展良好的药企，一定是具有品牌价值的药企，而不是像现在这样的生产厂。

药企定位和品牌建设是较为漫长的过程，这个过程需要投入更多的资源、更多的经历、更好的人才、更为坚实的管理，不是一蹴而就的。

但很多药企目前陷入政策和市场的迷局，看不清未来的发展方向，而是一味地看重眼前利益，总是计算今年能赚多少利润，明年经营业绩达到多少。低头走路，不抬头看方向，走来走去，于是，很多药企撞了南墙。

药企定位是方向性品牌定位。药企的品牌定位就是要亮出牌子，打响牌子，使尽一切手段，想尽一切办法，使药企的专业性品牌让目标消费群体获知、信任、购买并长久跟随。

现在的医药行业呈现多小散乱差的局面，既然有众多的小药企，我们就有充足数量的药企进行定位，进行品牌区隔。比如，单一药企如果想发展，就要把自己明确地固定到一定领域的疾病或者一定的细分人群上。以后要新进入的领域就不要纳入这个药企，而是通过收购新的药企来进入新的领域。

对于集团药企，要根据确定进入的领域，把现在的附属药企资源优化配置到各个领域中去。很多大型医药集团根本就没有明确的疾病领域定位，从而不知道怎样聚焦和集中资源，怎样优化资源配置。只有清晰定位领域，大型集团药企才能清楚地知道哪些资源向哪些药企配置。

而且，品牌具有很强的固定性，一旦确立，就很难改变。所以，药企的定位要非常慎重。一个药企最好盯上某一单一领域或单一群体，力争通过并购、重组和研发等方式成为这一个领域第一，哪怕前三也行。这就是一个单一药企的发展方向，后期形成集团药企也不要改变这个品牌固定的定位领域。

其实我们所说的定位，最终都会成为品牌定位，前两步所有的工作都会最终落到品牌上。因为品牌是关键的竞争差异和竞争区隔，最终能占领目标群体的心智，令消费群体购买某一疾病领域的药品时立刻就想到这个品牌，而不是选择其他品牌。定位的终极目的是使品牌成为消费群体的首选。

中国的药企总是想把一个品牌做成万能的。比如广药当初就想把王老吉这一品牌做成集药品、保健品、饮料、健康酒、药妆、食品、运动器械在内的大健康品牌，最终这样的品牌延伸方案不了了之。任何品牌都有其相对固定的范围，不要总是想利用现有成功的品牌做任何事情。比如做阴道炎产品的药企如果开始做食品，就难以形成品牌兼容，让消费者难以形成购买意向，因为品牌固定性已经把这家药企和阴道炎产品紧密连接，无法分割。

那么怎样进行品牌定位?

对于单一药企来说，进行品牌定位较为简单，1～3个品牌足够。比如某药企定位为心脑血管领域，就形成了3个品牌：

品牌1：系列心脑血管药品。

品牌2：系列心脑血管保健品。

品牌3：系列心脑血管家用器械。

上述品牌1、品牌2、品牌3其实都是围绕某药企品牌形成的子品牌，药企品牌成为子品牌的背书。这样这家药企就形成了关于心脑血管疾病领域系列的产品，从而可以全方位地用不同的产品序列满足心脑血管患者不同的需求。

对于集团药企来说，进行品牌定位就比较复杂。因为集团药企可能涉及多个领域，这时就要考虑是不是需要集团品牌做背书。笔者认为，最好把集团作为品牌平台，不要为任何业务单元的子品牌做背书，因为这可能形成内部品牌竞争。至于业务单元品牌的构建，就需要仔细考量，这是一个复杂而且专业的过程。

总结：

这三步是紧密相连的，不能分割使用，否则最终落到品牌定位上就会出现偏差，品牌定位失败，最终导致药企定位失败。

这三步的药企定位策略非常重要，因为这是药企战略的核心内容，没有之一。药企定位不准确，可能让药企陷入万劫不复的境地。比如柯达胶卷，定位为专业做胶卷的，而数码时代的到来让柯达胶卷直接没了市场。

所以，药企进行战略规划的时候，一定要把握好药企的定位，多探讨，多采用头脑风暴等系列的形式，最终获得最适合药企自身的最准确定位。

药企定位，既不要太宽泛，也不要太狭窄。

第三节　集团医药企业的管理定位

现在很多大型医药集团企业都存在管理过严或者管理过松的情况，这两种情况都会导致大型集团药企资源不能得到优化配置和充分利用。前面谈到的复合式管控模式就是根据不同的业务单元的特点进行合理的管控设置。对于集团总部来说，重新进行管理定位，会让所属业务单元更好地使用资源和完成经营指标。

对集团总部的管理定位是对各个业务单元进行良好管控的基础。比如某国有大型集团的医药板块，虽然经过并购获得了大量的医药企业资源，但大多数被并购的药企都按照并购前的方式自行运作，没有进行集团内部的资源整合和链接，最终无法让集团药企实现最大程度的资源优化从而强化整体竞争。这种情况基本就是医药集团总部在管理上定位模糊造成的。

通过分析成功的大型医药集团企业的总部管理模式，和现在中国医药市场的竞争状态，笔者认为集团型药企在进行转型升级中，总部需要担任集团层面 10 大基本管理功能，才能保证集团药企整体按照集团战略发展规划进行发展。

这 10 大基本管理功能包括：①战略管理；②资源整合；③资本管理；④风险管控；⑤品牌建设；⑥经营管控；⑦企业文化；⑧研发管理；⑨产品管理；⑩审计管理。

这 10 大基本管理功能，在管理定位上有明显的权限划分，医药集团总部不能完全下放给所属药企。因为这关系到集团整体发展的根本。当然，集团药企可以根据不同业务单元的特性和战略目标进行权限分割，比如非药品业务单元，可以多放一些权限。

一、战略管理

前面已经说过：集团整体都应该遵循同一战略，业务单元战略应该在集团整体战略构架下形成，绝对不允许业务单元构建脱离集团战略的个体战略，因为这会出现八匹马拉车各个有不同的方向的情况。

二、资源整合

集团药企的资源整合包括内部资源的优化重组和外部资源的兼并收购。

内部资源的优化重组是把医药集团内部所属的资源、资产、人才等根据集团药企整体战略规划发展目标重新配置，是对药企资源、产品资源、人才资源、产权资源、研发资源、生产资源和无形资产等的重新组合，以符合集团药企的战略定位。

第一，内部资源优化重组包括内部资源的重新配置、融合。

根据医药集团在相关疾病领域的定位和消费群体的定位，把集团内部现有的资源分解、组合，进行定位性结构调整，以提高集团整体的竞争能力，这是一个提升资源利用率的过程。

比如一些集团药企确定了在糖尿病领域的发展定位，但有关糖尿病的产品资源分散到了各个药企。这时，集团总部就需要对产品资源进行优化配置，把有关糖尿病的产品资源配置到一起，形成有效的糖尿病产品资源组合，强化在糖尿病疾病领域的竞争态势。

比如集团药企的研发资源分散到各个所属的药企，为了加大研发力度和提升研发水平，就需要对所属药企的研发资源进行重组，由集团层面重构药品研发格局，形成集团统一的研发平台。

比如生产层面，如果在某个区域人工成本较低，有税负优惠，原料获得便宜等优势，并且可以筹建大型生产线和多条生产线，那么，可以融合集团的技术资源、生产资源进行集中，形成生产基地，这样可以最大化地利用产能，构建规模效应。

第二，外部资源的并购。

集团药企可以根据集团整体定位和发展战略，对需要补充的产品线或者需要补充的业务单元进行有目的并购，以强化定位方向领域在市场的竞争地位和竞争态势。

外部资源的并购一定要有目的性，不要泛泛地参与并购。中国药企并购失败率达到70%的原因就是很多并购行为都是盲目的，都是没有目的性的，再加上并购后没有充分整合、重组，最终导致并购失败。

根据集团战略进行并购一般会有以下几种目的性：

（1）补充产品线，提高生产份额，强化业务单元竞争能力。

（2）强化品牌知名度，把业内在某个疾病领域的品牌药企通过并购方式纳入集团旗下。

（3）优化生产规模，发挥规模化生产优势，降低生产成本。

（4）优化原材料采购，降低生产物料采购成本，获取较低的人力成本。

（5）获取市场销售资源，尤其是医疗体系和 OTC 的销售资源。

（6）获取生产技术，获取临床在研产品，获取经营团队。

（7）进入大健康相关新的业务单元，实施多元化战略定位目的。

三、资本管理

很多集团药企不注重集团的资本管理，其实集团的资本管理也能带来很大的收益。资本管理可以降低运营成本，提升利润率，优化资源配置结构，提升集团整体竞争能力。

医药集团的资本管理是由集团层面对现有的软硬资产、资金、应收账款、存货等进行梳理、优化，一方面要保证集团整体资金的使用效率，另一方面要让资金流动起来，提升获利的可能性，降低资金使用风险。

比如某集团公司建立统一的资金池，对下属药企使用资金进行统一管理，这样不仅能让集团的资金可以短期通过理财的方式获得收益，同时，对下属药企资金使用有统一的监控措施，而且也避免了药企资金使用时的浪费现象。

四、风险管控

医药集团从总部层面对集团各个层面的运行进行风险管控，可以避免经营风险的发生。比如某药企因为原料仓储发生霉变，但集团总部并不知道，结果被药监局飞行检查发现，没收了 GMP 证书，造成巨大的经济损失。

现在很多药企的风险管控能力都比较差。未来医药行业的政策压力和经营压力都很大，这就需要在集团层面建立风险管控机制，进行风险防范。

五、品牌建设

品牌建设一定要由药企的集团总部管控。现在的医药企业不是很重视品牌建设，一些药企可能在品牌上投入了大量的资金，但收效甚微，主要是这些资金的使用可能与品牌建设关系不大。而且，一些药企出现在 CFDA 的黑名单，或者频发质量问题，主要原因是没有成熟的品牌管理机制，让这些现象严重损害了药企的品牌。

未来医药集团的品牌肯定是家族式或者矩阵式的，不会是单一品牌，这样医药集团企业就需要在品牌建设上通过一系列的品牌管控体系进行把控。每一个促销活动，每一个会议等都需要集团品牌管理部门审议，尤其是业务单元的品牌建设活动，必须由集团统一管理，这样坚持一段时间，就会形成稳定的集团品牌架构。

六、经营管控

医药集团每年都会有经营目标，这个经营目标可以是具体数字，可以是文字描述，但集团总部每个季度必须考核每个所属药企的经营目标，不能像某集团药企一样，年度考核一次，导致完成不了经营目标。

不仅是经营目标，所属药企的重大经营决策也需要进行管控，防止所属药企的经营方向和集团的整体战略方向不统一，或发生短期投机行为导致集团战略发生偏差。

七、企业文化

企业文化是在一定的条件下，企业生产经营和管理活动中所创造的具有该企业特色的精神财富和物质形态。它包括文化观念、价值观念、企业精神、道德规范、行为准则、历史传统、企业制度、文化环境、企业产品等。其中企业精神和价值观是企业文化的核心。

现在很多集团尤其由于并购或者历史的原因，内部存在多种文化，导致集团整体经营无法统一，严重影响了集团下属药企的发展，无法发挥规模化优势。

医药集团的企业文化必须由集团总部把控，制订企业文化的建设计划、工作计划、宣传计划和培训计划，这样才能让集团的决策在下属药企得以充分地贯彻执行，才能让集团整体的竞争能力提升。

八、研发管理

对中国的药企来说，优质研发资源是稀缺的，也是战略性的。未来哪一家药企拥有优质的研发资源，它就会成为医药行业时代的主角。

所以，对集团药企来说，研发资源是所有资源中最重要的部分，一定要掌控在集团总部，这样才能最大限度地提升研发能力和水平，提升集团药企的整体竞争能力。

九、产品管理

医药行业的药品，其实是相对固定的，因为药品的研发、审批等环节都比较长，获得一个药品批准文号非常不容易。

所以，药品对药企来说，是生命线，是经营的载体。集团药企必须把集团整体的产品管理牢牢掌控在手中，经常梳理和优化产品资源，让手中医药产品资源发挥最大的作用。

十、审计管理

很多药企尤其是集团型药企不注重审计管理，有的连续几年都不一定审计一次，总觉得所有的资产都牢牢掌控在手中，但实际上会有很大差异。

笔者参与收购的一家公司，报价 1.2 亿元，其中产品作价 4200 万元。双方的财务小组经过一个月的资产清理和评估后，最终作价 8600 万元，其中产品作价 4200 万元没变。两个报价数据相差甚大，董事长看到财务报表后，很惊讶。这可能是个案，但也说明了很多药企不经常做审计管理的情况。

还有一家医药集团，其下属药企自行运作，每年正常向集团交付利润，集团总觉得没问题。但经过审计后，发现该下属药企董事长私自挪用公款 2000 多万元，而从财务报表上根本看不出来。

审计管理是以提升集团药企的管理质量、经营质量为目的，是集团药企战略实施的重要保障措施之一，可以让被审计单位提高财务安全性，强化集团药企的效率。

好的审计管理可以通过对集团药企所属业务单元的经营情况、财务情况、资产情况、资源情况进行审计，并根据审计结果提出改进意见和建议，降低经营风险。

所以，审计管理应在集团层面设置职能，让审计工作成为集团药企决策的关键支撑点，强化过程审计，避免结果审计导致的经营失误。

　　总之，集团药企转型，必须对其总部管理职能重新进行定位，明晰权限划分。充分发挥总部作用和充分发挥所属业务单元的积极性，两点缺一不可。

第五章　途径4：运营模式转型

第一节　运营模式转型的意义

运营模式也叫经营模式。现在很多药企的运营模式是单一的，比如药品经营，也有一些企业在医药行业大变迁的过程中突破了单纯的药品经营，而是横向或纵向发展产业链。

对医药企业来说，运营模式的内涵包含三方面的内容：

一是确定药企要为政府、医院、药店、门诊和消费者等利益相关者提供什么样的价值和服务，也就是药企在整个医药医疗产业链中的位置。

二是药企的业务范围是什么，是单纯的药品生产和销售，还是除了药品以外提供更多的增值服务，同时，还提供保健品、快消品、投资业务、增值业务等。

三是药企如何来实现价值和服务，采取什么样的手段。比如在"互联网＋"的概念下，仁和集团从药品生产和销售转化为药品＋"和力物联网"、"叮当快药"APP、"仁和云健康"、智能可穿戴设备等，业务范围急剧扩大，为消费者提供更多的增值服务和更多的产品，并通过互联网的手段向社会、向消费者提供价值和服务，这就是典型的运营模式转型。

药企进行运营模式转型，是中国医药行业发展的必然结果，这是一种趋势。任何药企都必须跟随这个趋势发展，驻足观望和逆势而为都不是良策。

尤其是现在的医药行业，虽然医药和医疗存在刚性的发展，但这种刚性发展并不会为所有药企带来发展红利。在大浪淘沙的年代，一定有很多药企被甩出历史的车轮，成为淘汰者。

随着新医改的突进，医药行业结构性调整、政策性调整和市场化挑战的进程会加速，整体医药行业会进入低速增长期。伴随着我国经济结构的调整、优化和升级，医药行业和医疗行业也会随之调整、优化和升级。

新形势下，医药行业去污染、去低标准药品、去商业贿赂、去粗放经营和去条框限制的情况会越来越明晰，提升研发能力、提升药品生产标准、提升药品生产能力、提升药企经营能力和提升行业集中度将成为主流趋势，这是国家对医药行业健康发展进行全局考虑的主动行为。

对于医药企业来说，运营模式转型是为了其谋求长远发展和可持续发展。中国不缺少投机性的药企，而是缺少基业长青的药企。所以，有信心、有决心发展的药企，必须进行运营模式转型，自我革新，提升自身的产业链价值，提升自身在医药行业中的竞争能力。

中国的医药产业政策正发生深刻的转变，未来实行持有人和生产企业分离的制度后，就会形成以下格局：药品持有人－生产企业－流通企业（流通平台，如天猫 A 证）－销售型企业。

那么，就会出现以下几种情况：

（1）**药品持有人对接销售型企业**。销售型企业寻找生产企业或者流通企业，就会成为医药行业主导企业，会深度整合医药行业研发、产品、生产、流通资源，通过控制前端销售的模式来控制资源和产业链。

（2）**流通企业（流通平台，比如天猫 A 证）对接药品持有人**，寻找生产企业和销售型企业，通过整合研发、产品、生产和销售来控制资源和产业链。

（3）**生产企业对接药品持有人**，通过对产品、研发和生产的控制，来整合流通企业和销售企业。这种模式就是现在传统的医药企业运营模式，但是未来也会发生深刻变化，就是要对药品持有人的产品负责，不像现在一样，控制着大把的产品资源进行储备而不能运营，即使这违反了国家对药品的管理要求。

（4）**药品持有人因为手中掌控着产品，尤其是具有竞争力的药品或独家产品**。药品持有人通过组建管理公司的模式，前端寻找生产厂家，后端寻找流通商业和销售型企业，形成较为庞大的产业链系统，但自身并不需要投入如生产设备等重资产，也不需要建立庞大的销售队伍，而是通过手中的优秀产品资源，控制和整合生产、流通、销售甚至研发资源，从而获取最大的利益。

（5）**第三方运营集团**。这种第三方运营集团自身没有产品，也没有研发，更没有销售队伍，但有较大的资金实力、很强的管理能力和市场政策等资源优势。他们通过抢先掌控药品持有人的产品，来逐步整合生产、研发、流通和销售等资源，最终形成非常强势的医药行业大佬。现在这类第三方运营集团正出现苗头。但随着医改的推进，这类企业会逐渐凸显，因为他们会把重点凸显在品牌构建、产品质量严控、抢夺优质产品资源方面，而不是去背负沉重的生产体系、流通体系和销售体系，从而能够更快地适应中国医药行业发展的进程。

上述五类情形在未来就会发生，现在就是在看哪些真正具有战略眼光的决策者未雨绸缪，积极布局。而现在所谓的医药行业以生产为主的大佬们，也包括大量的生产企业，未来可能沦为真正的生产企业，为其他医药企业进行 OEM（代生产），赚取微薄的利润，而最终的盈利者是擅于整合资源和能力的企业。

所以，现在的药企必须根据医药行业新的竞争态势和互联网在消费者消费习惯的普及等新境况进行转型。尤其在运营模式上，通过深度分析医药行业市场、医药研发技术、医药行业政策、医药行业竞争态势和医药行业资源整合趋势等外部态势，来调整发展战略，要成为医药行业的资源整合者，要能通过掌控医药行业产业链的关键点来进行药企运营模式转型。

笔者在分析了众多的医药企业运营转型模式，在排除了个性化因素后看到，中国的药企转型其实有几个转型的关键点：成本、产业链、横向多元化、关键点掌控和轻资产。

那么，药企运营模式转型主要包括：

（1）成本推动型转型；

（2）产业链整合转型；

（3）多元化转型；

（4）轻资产资源整合转型。

第二节　成本推动型转型

现在的药企面临"唯低价是取"的招标模式，所以，对一些以生产为主的药企来说，规模化生产可能会成为竞争的重点，这就要求药企能够生产出有较大的价格优势并且保证质量的药品。

现在的药企其实很多是不具备成本优势的。一些药企虽然提供的药品价格偏低，但很多却是以降低药品质量为代价换取的。

笔者曾经接受几个药企的邀请，计划进行管理转型方面的合作，但笔者经过实地的调研后，就基本放弃了合作意向。比如一家药企提供的药品，每瓶出厂价格在 0.70 元，零售价格 1.80 元。而经过笔者对原材料的计算，每瓶仅仅原材料成本就超过 0.85 元。如果这家药企能规模化提供药品，但从原材料成本角度考虑，每出厂一瓶就会亏损 0.15 元，再加上生产成本、人工成本、税务成本、流通成本和营销成本等，这家药企就会存在巨大的亏损。但奇怪的是，这家药企竟然能从这个药品中每瓶盈利 10%，这是什么现象？

更为奇怪的是，明明从原材料就可以看出，这个价格是药企在亏损生产，但其在某省的招标价格竟然是每瓶 0.80 元。任何人都可以测算出的原材料成本价格，而某省的招标部门竟然不知晓这件事，还在那里宣传为消费者降低了多少购药费用。

其实国家应该或者必须知道药品的成本警戒线，因为国家大部分省份在推行唯低价是取的招标路线时，肯定会发生上述现象。这就要求国家相关管理部门对药品的质量进行监控，否则会导致出现大量的不合格药品。唯低价是取其实违背了国家药品招标"质量优先、价格合理"的原则。

上述现象可能主要存在于低价药领域。在低价药领域，价格竞争成为重点。因为我国大部分化学药都是仿制药，在没有全面进行仿制药一致性评价的前提下，更多的低于制造成本的低价药会充斥市场，这一方面是考验监管部门，另一方面是考验药企的业界良心。

其实，除了低价药，大量非低价药也存在相关问题，也就是价格可能比较高，但产品质量比较低。比如某药企生产的独家产品，购进的原材料基本是全市场最低的，而且其中一部分原材料居然购进时就存在严重的质量问题，比如腐烂、假药材等。这样的药企没有业界良心，但这也更能看出国家相关部门的监控能力较为低下。

无论哪一种情况，在合理范围内获取成本优势，是药企长久考虑的问题。

生产合格的药品，同时拥有较高的成本优势，将是一些生产型药企生存和发展的基础。

在未来医药行业内部调整加快的情况下，一些药企就会慢慢沦为真正的生产型企业，这就需要这类药企能够采购到价优质良的原材料，并能有最为先进的生产流程和生产工艺，保证药品的生产质量，否则很多药企就会在医药产业结构调整中被淘汰。

即使不会成为生产型药企，现在的药企也应该注重自身生产成本优势的构建。

成本推动型运营模式转型就是要求药企从单一的成本运作向市场需求成本运作转型。市场需求成本运作是双向的，药企既要考虑药品在运输仓储、生产、人工、设备、污染治理、税负等方面的自身成本运作，也要考虑市场上原材料、市场招投标价格、市场零售价格和消费者的接受价格。

就原材料来说，如果能够建立战略的采购合作或者通过建立采购联盟的方式，可以长期获得价格较低、质量优良的原材料，那么就建立了原材料成本优势。

就仓储运输来说，如果通过合作共建仓储，或者仓储运输外包等方式能够降低自身的仓储运输成本，就建立了仓储运输优势。

就生产来说，如果通过自身生产工艺的研发和改进，充分利用自动化生产，降低生产中原材料的浪费，提升成品数量，降低损耗等，就可以建立生产优势。

就污染治理来说，如果把污染生产部分外包，或者把治理污染工作外包，能够降低污染治理成本，那么就建立了污染治理成本优势。比如某化工企业，虽然有了治污设备，但自身的治污能力和水平较低，聘任长期的治污团队运营成本又较高，于是就把治污管理外包给某大学的环境管理学院。原来每年的治污费用大约1000万元，承包给某环境管理学院后，费用仅为700万元，但治污的质量明显提高。而某环境管理学院可以让众多的学生参与到治污实习中，不仅人工成本低，而且可以为学生提供很好的实习场所，获取更多的治污经验。

就营销成本来说，很多大型的医药集团公司下属多家药企，但基本都是一家药企一个营销队伍。这不仅浪费了大量的营销成本，而且使珍贵的营销资源不能合理地被运用。同时，同一医药集团公司的不同营销队伍在市场上活动还可能造成内部竞争，尤其是一些集团药企的药品，本身就具有较强的竞争性。这造成了大量的营销成本浪费，也降低了医药集团企业的竞争能力。比如哈药六厂和三精制药在很多药品上就存在竞争，通过对二者的营销体系的整合，可以在同一个营销平台上合理运用营销资源，降低内部竞争，强化外部的市场竞争能力。

其实很多医药集团企业在进行内部资源整合时，可以把生产资源集中利用。比如建立规模较大的生产基地，而生产基地就是提供质量合格、成本较低的药品，形成规模化生产格局，使生产基地将更多的精力投放到改进生产工艺、提升产品质量、降低生产成本上。而在营销上，采用统一的营销平台。统一调配营销资源，统一指挥营销团队，统一面对市场竞争，通过采购内部生产基地药品或产品获得营销底价，使营销平台可以把更多的精力放到提升销售规模、扩大市场覆盖面、深挖市场深度、提升营销团队的作战能力和执行能力上。而采购可以建立统一的采购平台，统一的采购平台可以面对生产、研发、营销等经营合作体系提供价优质高的设备、原材料等。

医药集团各个业务单元可以各自形成优势的内部合作系统，充分利用集团的各种资源。当然，这要求集团药企建立内部合作平台，通过内部合作平台让集团内部各个业务企业自行进行合理的内部采购。

内部采购的前提是价优质高，比如采购平台卖给生产平台的原材料要质量过关，价格要在市场上具有优势，否则就拒绝内部采购，直接向市场采购，倒逼采购平台竭尽全力采购到价优质高的原材料。而营销平台从生产平台采购，要求必须提供质量合格的产品，否则不予采购或者降低采购数量，倒逼生产平台生产出合格的产品。

上面方式更适用集团药企，当然，单一药企也可推行，这样就形成了多种监控机制。

成本推动型转型是药企目前必须要做的事情，也是未来生存的关键。成本推动型转型药企可以在更注重自身内部资源的前提下，借助外部资源进行整合，这样可能更有利于优化资源，提升整体成本优势。

第三节　产业链整合转型

现在是医药行业集中的时代，更是医药资源掠夺的时代。随着国家医药行业并购整合的加速，医药行业政策成为集中化的加速器，这导致更多的医药行业资源向大型药企或者集团药企集中。

随着互联网、物联网、B2B、B2C 或者 O2O 在医药行业中广泛运用，医药行业产业链之间的信息传递、资源传递、资金传递、药品传递更为迅速和便捷，也更为便宜，这就为药企整合或者协同产业链的资源管理提供了更为有利的条件，但竞争也会对技术性、创新性和细致性提出更高的要求。

但是，有一个现象较为突出，就是现在医药企业的并购行为大多是盲目和没有规划的。大量的药企并购案例的结果是有并购没整合，这导致大量的并购资源被浪费，而参与并购的药企却在产业链上无法凸显自身的竞争优势。

所以，药企的决策层必须尽快从无规划并购向具有纵向产业链思维的方向进行整合发展，扩展自身在整体医药产业链条上的重要性和关键地位，提升协同运用行业内资源的能力，强化与产业链上下游企业的协作关系，为自身的发展获取足够的空间和机会。

药企产业链整合转型无论是外部资源的掠夺、外部能力的获取，还是内部资源的整合，都要对所属业务单元有明确的提升核心竞争能力的作用，同时还需要更为有效地构建药企和上下游企业之间的协作关系和联盟关系，这样可以更大限度地提升药企的核心竞争力。

比如某中药企业，因为原材料的限制因素，就开始拓展 GAP 中药种植基地，因为这家中药企业清楚，没有合格的中药材供应，自身投入的中药研发体系和中药生产经营体系就无法继续做大做强，原材料限制了自己的进一步发展。拓展中药种植基地业务单元，其实就是纵深进行产业链的整合。

医药行业的产业链其实较为清晰：原材料（药品原材料、包辅材料等）、生产、流通、销售、终端。

但不同药企的产业链内容和形态是不同的，比如中药企业的产业链上游可能包括中药材种植、GAP、中药材流通、中药材加工等，而化学药的产业链上游可能包括提取、中间体等。

药企进行产业链整合，其实就是对自身所在产业链中的资源、技术、产品、队伍、终端等和自身关联度比较高的优势关键要素进行整合，通过技术和资金优势，向上游、下游、左右或者前后业务体系进行关键性链接，从而强化药企自身在产业链中的竞争能力。药企在与产业链的关键要素共生的过程中，形成较为稳定的利益联盟。

一、药企进行产业链整合的前提

药企进行产业链整合，首先要明确药企的发展战略，根据战略明确产业链整合的内容和关键点。可以说，战略方向和目标就是药企进行纵向产业链整合的前提。

比如专注于心脑血管的药企，要花费较大的精力有专门的部门长期监控心脑血管领域药物的情况，尤其是相关药企发出并购意向或股权、产品等出售意向时，要及时建立联系，并尽可能获取相关的资源。

药企进行产业链整合，要专注于相关战略领域，不要泛泛地无目的地采用机会型并购方式来获取资源。专注于相关战略领域，就要有所取舍。集团药企的各个业务单元或者单一药企要专注自身擅长的领域，不要轻易涉足不擅长或者不属于自身核心业务战略领域。对于不属于核心领域但又相关的领域，可以通过合作、协同或者建立联盟的方式来控制资源，与其他企业共同获取利益。

二、药企进行产业链整合的目标

药企进行产业链整合，根本目标是提升自身的核心竞争能力，这就要求药企必须建立产业链协同观，不要总是妄想掌控产业链所有资源和能力。以前的药企进行产业链整合主要是为了获取足够自己发展的药品文号、生产、研发技术或者营销队伍，而现在医药行业情况发生了较大的变化。随着互联网的发展，众多的平台型医药行业资源开始形成，并对医药行业的各种资源形成了有效对接，致使医药行业未来各种类型的企业数量剧增。而大量增加的企业基本都是在某一个或者几个关键点上有着很强的竞争优势，更为细致，更为专业。比如药明康德，就在仿制药研发领域有着很强的优势。而这些竞争优势是药企根本无法通过并购获得的，于是协同发展成为未来医药行业并购的主流。

对于非关键点的整合，协同发展将会是药企进行产业链整合的有效模式。所以，对于非关键点，药企可以将协同发展作为参与产业链整合的模式。协同发展就是药企与协同企业共同发展，共同获取利益，共同抵御经营风险。

协同发展让现在几乎是信息孤岛的药企可以获取完善的相关药企核心竞争力的信息，可以让药企分担自身的经营风险，降低成本，提升效益。

成为医药行业的资源整合者而不是生产者，将是目前药企最重要的事情。

但对于关键点的整合，协同模式不适用。因为没有控制权、经营权和决策权的投资，都会游离在药企的掌控范围之外，使药企无法真正构建核心竞争力。

总之，关键点的可控性整合，非关键点的协同性整合，最终目标都是强化和提升自身的核心竞争力。对主导业务的竞争力没有提升价值的产业链整合，都是无效的，更没有意义。

三、药企千万不要试图做全产业链整合

现在一些药企，尤其是集团药企，动辄进行战略规划就想进行全产业链整合，这是一种极端错误的战略决策。毕竟药企的资源是有限的，而药企决策层的精力也有限，更关键的是药企的管理人才也有限，这就导致药企不可能在每个关键点都能做成顶尖，只能选择自身最为擅长的领域和关键点。对于不擅长的领域进行控制性整合，是在给药企增加无穷的麻烦和风险。

比如某药企因为做 OTC 产品，经常和药店终端合作，但合作的情形有好有坏。于是，这家药企就筹资进入药品零售终端，进行连锁药店投资，主要目的是强化自身生产的药品在药店的销售规模。但这家药企并不擅长连锁药店的关联，其所投资的十几家连锁药房并没有对其 OTC 产品提供大规模的销售量，反而由于经营不善导致十几家连锁药店成为某药企的包袱。

但某药企进入的中药材种植领域，经过 5 年的运行，确实带来了较大的盈利。其多个中药材种植基地，不但满足了自身中药原材料的需求，更多的中药材销售给其他药企，获得了较好的经济效益。中药材种植基地的成功，主要是负责的且处于决策层的高管人员原来就是从事中药材种植的，对这块业务非常熟悉，并有较好的经营思维和经营方法。并且，某药企对所需的中药材种植基地都较为熟悉，可以轻易知晓和获取优质的中药材种植资源。

上述案例说明，任何药企都有自身的经营特点。这些经营特点决定了这些药企只能从事自己主导和擅长的领域，而不要贸然进入自己不擅

长的领域。

或许有的药企会说："我可以找相关领域的管理人才进行管理，可以通过人力资源管理来提升全产业链各个领域的管理能力和水平。"这一点说法笔者不予否认，但需要明确的是，全产业链各个节点的决策都是药企决策层做出的，这一点根本无法通过外聘的管理人才实现。而你的决策思维基本局限于医药的生产经营，这就是很多药企进行全产业链失败的根本因素。

在中国医药行业中，全产业链思维目前还没有真正做成功的企业。很多有这种做法的药企基本陷入管理混乱的泥淖，目前还在挣扎，艰难行走。

四、药企进行产业链整合的模式

从整合企业在产业链上所处的位置划分可分为横向整合、纵向整合以及混合整合三种类型。

横向整合是指通过对产业链上相同类型企业的约束来提高企业的集中度，扩大市场势力，从而增加对市场价格的控制力，获得垄断利润。

纵向整合是指产业链上的企业通过对上下游企业施加纵向约束，使之接受一体化或准一体化的合约，通过产量、价格、市场或者技术控制实现纵向的产业利润最大化。

混合整合又称为斜向整合，是指和本产业紧密相关的企业进行一体化或约束，既包括了横向整合又包括了纵向整合，是两者的结合。

目前，药企进行产业链整合的模式有多种形式，基本突破了上述三种整合模式。分析国内外药企的成功整合案例，以及我国医药保健行业的发展进程，可以得出以下几种有效的模式：

（一）股权并购模式

股权并购模式是很多药企采用的模式，通过对上游或者下游产业链关键点的企业并购，实施股权控制，从而获得该企业的控制权、决策权和经营权，让该企业为药企的战略服务。

股权并购基本都是以主业为核心向产业链纵深发展的多元化策略。

比如德国拜耳通过并购的方式对滇虹药业进行整体收购，从而进入中药业务领域。拜耳收购滇虹药业是高溢价收购，就是因为拜耳在收购东盛集团药业的白加黑后，看到了中国 OTC 市场和中药市场的巨大潜力，从而不惜巨资投入，以强化在 OTC 市场和中药市场的核心竞争力。

但需要有一点明确，就是拜耳整体收购的滇虹药业是处于中药王国的云南。云南的中药材品类繁多，有大量的道地药材，是我国中药材重要原材料产地，所以，拜耳的战略可谓极其高明。

（二）合资建立公司

合资建立新型公司，以优质产业链资源投入方式形成有效的公司制对接，是现在进行产业链整合的有效方式。这既可以避免原来业务的竞争，还可以通过合资公司持续不断地获取更多的产业链关键点经营要素。

比如海正药业与辉瑞合资成立合资公司海正辉瑞制药有限公司，其中海正药业、海正杭州公司、辉瑞卢森堡公司各占合资公司注册资本的5％、46％、49％。海正药业在合资公司中处于控股地位，合资公司将专注于研发生产高质量的品牌仿制药，其产品组合将覆盖抗肿瘤、心血管、抗感染等治疗领域。

海正辉瑞制药有限公司让海正药业获得了品牌仿制药的生产技术和制剂进入国际市场的机会，而对于辉瑞来说，可以通过海正辉瑞制药有限公司进入仿制药领域竞争，扩大自身在中国市场乃至亚洲医药市场的仿制药竞争能力。

（三）非关键点的战略联盟产业链整合

医药行业的战略联盟就是产业链上的药企或其他相关企业，通过战略联盟的形式整合到一起，以期提高战略联盟成员在产业链上的参与度和获利能力，从而最终提升战略联盟成员的自身核心竞争力。

对于医药企业来说，战略联盟是一种产业链整合、优化资源配置的重要模式。从现在的医药行业政策和竞争格局来看，医药行业的战略联盟可能起到抱团取火，共渡难关的作用，同时，也利于药企的生存和发展。

在医药行业的战略联盟中，企业之间可以分别进行内部资源的整合和互补，缩短产业链，发挥协同优势，从而形成利益共同体，共同应对风险。

中国的医药行业战略联盟非常多，比如河南圣光联盟、齐鲁医药商业联盟、大西北药店联盟、黑龙江药店联盟、四川蓝海联盟、四川医药商业联盟等。医药行业的战略联盟较多，失败的也较多，所以，医药行业的战略联盟必须把参与联盟企业的合作机制、利益分配、资源共享程度、业务联系等考虑周全，否则就会出现问题。

战略联盟是一种君子性的联盟形态，没有强制性，更缺乏可控性。利益纠纷或者竞争态势变化可能导致战略联盟内部分散，所以，对药企来说，战略联盟适合产业链非关键点的整合，不合适关键点的整合。

所以，药企一定要明确自身在各种战略联盟中的地位和作用，千万不要拿自己的核心竞争力参与到联盟中，这可能会损害药企自身的利益。比如一些所谓的医药商业合作联盟，其主导企业通过联盟运作，可以获取参与企业的业务机密，获取参与企业的协作和终端客户信息，从而可以抢夺其他参与企业的业务。

（四）产业集群整合模式

产业集群是未来区域化医药资源整合的主体模式。现在，一些省份已经开始医药产业集群的整合，通过政府行为让医药行业内的企业进行整合，省内医药资源并购重组，形成大型的医药集团态势，面对全国的医药行业竞争。

产业集群中的核心企业可以通过并购方式控制上下游企业，也可以通过战略联盟方式整合区域医药产业链，可以通过政府参与或主导方式通过业务或者市场方式整合中小药企，从而建立一个风险共担、机遇共享、共同发展的医药产业集团。

贵州省是主动推动药企整合重组的省份。2007 年、2010 年，贵州省就曾提出推动药企整合重组，培育几个大型医药集团。尽管有政策助推，但整合并购的效果并不理想。

目前，贵州省计划利用 3~4 年时间，将现有 155 家药品生产企业整合到 50~80 家左右。

2014 年，被誉为贵州医药产业"巨人计划"的新医药产业发展规划发布。根据规划，到 2017 年，贵州省新医药产业总产值将突破 800 亿元；形成 100 亿元医药大集团 1 个以上，50 亿元医药集团 1 个以上，20 亿元医药企业 10 个以上，10 亿元医药企业 10 个以上；培育 20 亿元医药大品种 3 个，10 亿元医药大品种 10 个，5 亿元医药大品种 30 个，1 亿元医药大品种 40 个。

以政府推动的产业集群是一种较为有效的模式，但这种模式的主要参与者必须是自愿的。否则，政府推动的产业集群可能沦为形式主义，政府推动的产业集群必须考虑好各个药企的利益和发展规划，不能强制性推动，不然就有可能泯灭药企发展的动力，让区域医药经济弱化。

第四节　多元化转型

一、我国医药企业面临真正多元化机遇

药企多元化发展，究其原因就是我国的医药政策让很多药企难以像以前那样，通过经营药品就可以获得高额利润。于是，随着国家对大健康整体引导，很多药企纷纷进入多元化战略构建阶段。药企采用多元化战略，可以获得更多的发展机会，更多的利润点，更多的新市场，从而避免了单一经营药品的风险。

我国的医药行业发展其实比较短暂，真正的发展不过 30 几年的时间。30 几年前作为国家全面管控阶段，医药企业的发展是计划性的，基本没有发展的机遇。

我国医药商品发展大概经过五个阶段，分别是：

1949 ~ 1984 年：药品市场计划调控阶。

1984 ~ 1995 年：医药行业下放计划管理权限、实行企业承包经营阶段。

1995 ~ 2000 年：药品零售放开阶段。

2000 ~ 2006 年：药品经营全面放开，管制宽松，文号泛滥，医药行业无序发展。

2007 年至今：价格管制逐步趋紧，政府无形的行业管控开始发力。随着新医改的推进，政策开始泛滥，政出多门，部门利益牵扯，新医改已经失去方向感。

经过 1984 ~ 2013 年 30 年的发展，中国的医药行业已经形成了真正的竞争态势和行业规模，这个时候才是真正整合资源的时候。

2006 ~ 2013 年医药行业处于高速增长期，医药行业在国家政策的

调控下进入有序发展阶段。加上医药企业管理的强化和行业资金的充足，很多医药企业通过第一次转型，从大宗普药和抗生素向专科用药进行产品线多元化转型，并获得了良好的业绩。专科药龙头企业梯队形成，营销队伍稳定，盈利模式确立。

随着专科用药占比上升，疾病谱更加细化，医药市场刚性需求逐步打开，出现越来越多的新需求，包括肿瘤科、心脑血管科、血液、保健。这些领域诞生了恒瑞医药、益佰制药、天士力、中恒集团、以岭药业、信立泰、东阿阿胶、云南白药、汤臣倍健等公司。

而目前，消化、肾、精神等领域还未得到充分发展，出现的品牌产品甚少，龙头企业业务没真正形成。

对比我国和其他发达国家人均用药水平，我国医药市场到目前为止还没有真正打开，百姓用药需求和健康需求还没有真正得到满足，医疗市场细分领域用药需求更多，市场潜力巨大。

之前的医药行业并购、业务单元多元化都还处于试探阶段，没形成整合。大型国企基本上是物理性的加减法，通过并购堆砌起庞大虚弱的骨架，缺乏奔跑的力度。民营企业多元化和资源整合不专业，结果不理想。比如，号称进了世界500强的国药，不过是依靠商业流通的业绩堆出来的，比如一些民营企业试图走快消品路线却屡屡碰壁。

在行业发展和管理没有真正成熟的时候，进行多元化，容易获得不良的结果。现在，各项行业政策日益明朗，医药行业发展处于转型期的转折点，这时进行多元化专业性发展正是良机。

在这个转型期下，我国医药企业必须进行分层级的多元化发展模式，在专业领域形成自己的核心竞争力。随着发展路径的调整，逐步梳理清楚未来的发展方向。

此期间，对中国药企来说，不是切割业务单元的时候，因为在没有真正形成核心竞争力之前，规模化和多元化可以为企业提供更多的研发资金、生存概率和市场机会，更能从中获取真正的价值核心。

华润切割为华润万东和上海医疗器械，在业务单元多元化战略上就是非常失败的战略举措，未来华润还会重建医疗器械板块，但竞争能力则不复存在。

二、中国药企多元化发展向左走向右走

看着全球性药企的核心强化的战略选择和国内医药生产多元化的战略选择，中国药企似乎正面临着两种抉择。

（一）进行多元化战略发展

多元化发展也是有分类的，一种是相关多元化发展，另一种是无限制多元化发展。

全球性药企在经历多元化发展过程中，基本是按照主控业务相关多元化发展，非主控业务采取财务投资经营模式的多元化战略。而我国的一些药企在多元化发展上却非常混乱，基本不是在按照相关多元化发展。

比如以苗药起家的贵州某药企主营产品咳速停糖浆、维 C 银翘片、金感胶囊三大感冒药和心脑血管用药银丹心脑通软胶囊，利用低价竞争策略，迅速击败对手抢得市场份额。但由于中药材价格上涨，主打产品原料上涨幅度高达近一倍，公司经营面临成本急剧上升的风险。

面对中药原料上涨，贵州某药企开始进行相关多元化，从上游进入中药材种植领域，建设太子参种植示范基地，获得了资本和市场的巨大成功。

但贵州某药企却在太子参上走得过远。随着太子参市场下滑，加之没有对自己主营品种的原材料进行重视，导致其竞争对手太极集团从原材料下手，制作成本低于贵州某药企，使贵州某药企的主销产品失去原来的价格优势。

在内忧外患的情况下，贵州某药企开始非相关多元化发展布局，筹巨资跨界进入胶原蛋白领域，向所谓的大健康领域拓展，推出爱透胶原蛋白饮料和口服液。但由于在保健食品和饮料方面的管理能力局限，又加上对胶原蛋白生产风险的认识不足，贵州某药企不仅在胶原蛋白项目上失足，更造成了公司资金压力。

贵州某药企相关多元化业务失去控制和非相关多元化经营失败，正是为缺乏市场研究和缺失战略路径控制的多元化战略买单。而贵州某药企在房地产等非相关多元化战略上更是加重了主营业务的经营压力和资金压力。

药企搞多元化战略的前提是把主营业务已经做到了极致，在保证主营业务不受影响的前提下，经过精心的规划和调研，来确定正确的多元化战略。而且在实施多元化战略过程中，必须保证多元化业务与主营业务存在关联性，这样才能成功，才是理性地实施多元化战略。

（二）切割弱势业务单元，强化核心业务单元

这种情况在国内也比较常见。企业在经营过程中，根据自己的资源和能力优势，还有市场的发展潜力，来决定切割极度弱势的业务单元，聚集资金、精力和人力强化对主业的经营。

这种情况需要区别对待，比如和主营业务相关的业务单元最好不要彻底切割，可以采用战略型投资管控的模式来解决，或者引入对弱势业务熟知的资本协同经营。这样不仅可以壮大弱势业务单元，还能从中提升更多的经营管理能力，更能优化公司整体业务单元结构。

切割弱势业务单元一定要进行充分的市场研究。如果业务单元的市场发展处于高峰期，或者处于较好的增长期，应该强化而不是简单切割，否则就是丢了西瓜拣芝麻，得不偿失了。

因为华润万东不能给华润医药带来更多的经营业绩支持和利润支持，华润医药以战略性退出的方式把华润万东和上海医疗器械进行医疗器械业务单元整体切割。

而市场的实际情况是，医疗器械行业在中国正处于高速增长期，华润万东和上海医疗器械在医疗器械方面已经积累了较多的技术，并且拥有较大的市场基础。在这种情况下，华润医药战略性退出医疗器械市场实在令人匪夷所思。

而且，华润医药并未因为宋林出事而纠正这种明显的战略失误，反而在公告中称："截至公司公开征集股份受让方及上海医疗器械（集团）有限公司在上海联合产权交易所100%股权转让信息挂牌期满，只有鱼跃科技作为意向受让方向北京医药集团有限责任公司递交了受让申请材料并支付了履约保证金，同时，鱼跃科技还向上海联合产权交易所递交了受让上械集团100%股权的申请材料。"

华润医药当初控股万东是为了打造华润医药全产业链，这在目前中国医药行业整体转型的背景下是正确的并购战略。但是，由于华润医药购入万东后，还是持续大型医疗器械生产，没有对原有的产品进行升级和正确构建华润医药在医疗器械领域的产品群，导致在一二线市场大型器械饱和，三四线市场及其县级市场面对购入大型器械政策性尴尬的情况下，大型器械市场收入萎缩，同时在全球医疗器械强企针对性制订适合在华医疗器械产品结构的围攻下，竞争力下降。而且，华润医药由于资金较为紧张，进军医疗市场扩展受到资金限制。在这种情况下，只好割让医疗器械业务模块，这是由于经营问题导致的结果。

所以，华润医药割让医疗器械业务模块无论从现在看还是对未来而言，绝对是最大的一步错棋，是绝对的战略性错误，因为我国医疗器械板块呈现的增长态势是医药、医疗都无法比拟的。

华润医药高层可能看到一些外资医药企业在剥离相关多元化业务，

于是从这个思路上逐步剥离弱势业务模块，这是认识性错误。其实，分析全球药企的发展历程，不难看出，全球医药企业尤其是老牌医药企业和中国的医药企业发展所处的阶段不同，内部的资源结构和核心业务结构存在巨大差异，这导致不同阶段的战略存在差异。

中国医药企业进行战略转型到底怎么走？

是进行多元化还是切割目前多元化？

很多药企非常迷茫。

其实我们只要想清楚一点，中国药企和全球性药企不在同一个发展阶段。虽然目前医药市场的全球性竞争激烈，但我国药企必须从经历多元化过程中寻找和逐步建立自己的核心竞争优势。核心竞争优势并不是企业长期持有的，过去的核心竞争优势可能不适用未来的发展，何况中国的药企目前还没有在很多领域真正建立自己的优势。如果不进行有选择的多元化战略，我们可能在现有的道路上越走越弱。

全球医药企业经过多元化的规模经济发展已经认识到销售额和利润的短暂增长并不完全等同于企业实质性的持续增长。同时各国医药政策频频设置障碍和新药研发越来越难等因素，导致全球医药企业通过核心业务单元并购，并剥离非相关业务单元，进行战略转型，追求的是企业核心竞争力的有效增强。这就要求转型必须使药企的资源和能力得到充分发挥，以支撑药企的持续增长，而不仅仅是追求规模扩张经济效应。

这是一个从单一化到多元化又回归到单一化的过程。于是多数全球医药企业放弃了单纯意义上的多元化战略，企业重新集中到核心业务上来。这表明，医药企业转型最根本的落脚点必须回归到自有的资源和能力上来，这是形成核心业务的决定因素。

对于我国医药企业来说，由于尚未形成真正意义上的整体医药产业核心业务，距离规模化经营存在差距，必须通过多元化模式形成规模经济效益。所以，不易完全采取全球医药企业的当前战略构建思维。

三、中国药企怎样进行有效多元化

随着医药行业整体调整的进程加快，以及国家对大健康的提倡和推动，我国药企进入多元化发展的高峰期。比如一些药企开始进入中药领域，一些药企进入保健品领域，一些药企进入快消品领域。

药企多元化发展，一般包括产品多元化、业务多元化、市场多元化和投资多元化。

需要指出的是，笔者所指的横向多元化是相关多元化，不是无限制多元化，因为药企从事无限制多元化除了短期投机之外，目前成功者较少。

医药产品多元化对药企来说，主要是进入多个疾病领域，比如经营风湿类药品的药企进入骨科疾病药品领域，经营肠胃用药的药企进入心脑血管领域，或者以临床为主的药企进入 OTC 领域。

业务多元化对药企来说，主要是指药企不仅做中药业务单元、化学药业务单元，也开始从事医疗器械、保健品、功能性饮料和食品、化工原料药和中药材种植等相关领域。

市场多元化对药企来说，可能以前以国内市场为主，根据战略规划以后可能以国外市场为主，或者以前以医院市场为主，以后以药店和门诊为主，也就是在范围上扩展和在深度上延伸。

投资多元化对药企来说是指药企通过对有形资本和无形资本进行投资运用，扩大资本的利用效率，形成药企新的利润增长点。比如可以通过药企的品牌与其他企业合资形成新的公司，可以利用研发或生产技术作为资本建立投资形式，可以投资相关业务单元，也可以短期投资非相关业务单元。

多元化对中国药企来说，既是一种诱惑，也是一种陷阱。所以，如何正确进行多元化战略，成功运营多个业务单元，让每个业务单元都能获得更好的发展，都能为药企的战略提供最大的支持，是每个药企必须深刻思考的。

中国药企进行多元化的发展，除了参考外资药企的发展路径似乎没有多少可以借鉴的标杆。尤其是在"互联网＋"的新形势下，很多外资药企的多元化发展要素已经发生了深刻的变化。

药企进行多元化发展不要盲目进行，一定要选择好进行多元化的时机。医药行业目前是一个多边发展的行业，药企必须严格评审各种多元化的机会，审视自身的条件与进入多元化的条件是否匹配，衡量自身进入某个或者某几个新业务单元的时机是否成熟，自身的资源是否匹配，自身的管理能力是否匹配，否则盲目进入多元化发展就会导致药企进入多元化的陷阱。

比如目前某企业进军大健康产业，一下就推出了大量的多元化产品，比如猴头菇饼干、玛咖黄精植物饮料、玛咖饼干、左旋肉碱粗粮饼干、松花粉饼干、婴儿用品，还有牙膏、茶叶、面膜、矿泉水等，简直成了功能性食品的百货柜。这种没有规划的多元化战略其实是投机型战略，根据市场上已经热炒的概念进行投机型跟进，直接获取现成的市场。

但是，这种投机型多元化战略不会走长，因为类似的战略行为已经被很多企业使用，结果都是短期盈利，长期亏损。比如某家保健品企业就曾经大量跟风生产市场上概念性保健品，后来多款保健品销量一直无法提高，十几种保健品让生产线总是处于频频更换产品生产的状态，但即使这样，最终核算下来也几乎没有盈利。后来这家保健品企业专注于做中老年保健产品，才获得了较好的发展。

所以，中国药企要成功进行多元化发展，就要长期紧密跟踪医药行业和大健康整个系统的运营情况，资本跟进趋势和政策趋势，尤其是对拟进入的市场或产品要有详尽的调研和分析。如果发现药企自身进入某个多元化的时机不成熟，就要立即终止。如果发现时机成熟，就要立马跟进。

中国药企如何进行有效多元化？

（一）药企进行成功多元化的关键要素

药企进行多元化其实最终的目的是强化自身的核心竞争力，不是为了短期获利，必须首先明确这一点。

我们看既往外资药企的以前或者现在的成功多元化战略案例，都是自己在某个领域有了较强的竞争能力后，才开始实施多元化战略，而采取的多元化战略都是为了更好地强化自身的核心竞争力，都是围绕核心竞争能力进行多元化布局。

围绕核心竞争力进行多元化布局，不仅可以提升和强化核心业务单元或主业，更可以让多元化的业务单元获得成功。云南白药牙膏获得成功就是因为其牙膏是围绕云南白药进行多元化，江中制药的猴头菇饼干热卖就是因为其猴头菇饼干是围绕其健胃消食片形成的多元化。

所以，药企一定要搞清楚自身的品牌影响力和自身的核心竞争力，因为围绕核心竞争力发展多元化业务容易获得成功。

很多药企可能都不知道自身的核心竞争力是什么，或者根本没有，这就要求药企先搞清楚自身的核心竞争力是什么，因为围绕核心竞争力是成功实现多元化的首要条件。

除了核心竞争力，还要看药企管理能力的突出方面。有些药企管理能力侧重于生产，有些侧重于营销，有些侧重于投资，有些侧重于研发，那么药企就要明晰自身最擅长、最核心的管理能力，这将决定药企是否能成功进行多元化。

另外，为药企的真正客户提供什么样的价值和服务也是药企进行多元化的重要条件。比如慢性病药品的药企，进行多元化就是要为消费者提供更多、更专业的慢性病预防、康养保健品、功能性食品和健康指导，把为消费者提供的价值和服务赋予相关产品中就形成了很好的具有很强竞争力的综合性产品体系，这样消费者购买产品不是单单为了买一盒猴头菇饼干，而是为了更好地保养胃。

核心竞争力、管理能力、为消费者提供的价值和服务就构成了药企成功进行多元化的三个最主要的关键要素。

（二）自身资源是否匹配

选定好适合核心竞争力、管理能力、为消费者提供的价值和服务的多元化业务单元后，药企就要评估自身的资源是否和拟进入的相关多元化匹配。

我们可以用一个简表来衡量药企和拟进入多元化单元的资源匹配程度，如表 5 - 1 所示。

表 5 - 1　多元化单元的资源匹配程度

多元化单元	成功要素	药企拥有	药企欠缺	可通过自身培育获取	可通过并购、合作、联盟等方式获取
多元化单元 1	ABCDEFG	ABC	DEFG		
多元化单元 2	ABCDEFG	DEFG	ABC		
多元化单元 3	ABCDEFG	ABFG	CDE		

表 5 - 1 中的 ABCDEFG 选项是根据拟进入业务单元的实际需求确定的。不同的业务单元所需要的成功要素不会相同，可以根据实际情况确定。比如政策环境、药企决策层的能力倾向、管理能力、核心竞争力、价值观、研发能力、获取产品的能力、资本能力、财务能力、市场营销能力、技术水平等。

（三）选择合适的多元化路径

不同的药企肯定会有不同的多元化路径，这是因药企核心竞争力、

管理能力和为消费者提供的价值和服务不同所致。医药行业内抄袭风很
重，一些没有主见的药企看别人做饮料，自己也做饮料，看别人做保健
食品自己也做保健食品。于是，医药行业内有个让人很无奈的现象：做
什么都是一窝蜂。结果大家都失败，因为一窝蜂地跟风做多元化的方式
没有做成功的。

俗话说："龙生九子，子子不同。"不同药企多元化的路径肯定是
不同的，医药企业必须根据核心竞争力、管理能力和为消费者提供的价
值和服务来确定自身的多元化战略，这个最为稳妥的过程就是：核心业
务—围绕核心业务的多元化单元—相关性逐步降低的业务单元。具体如
图 5 - 1 所示。

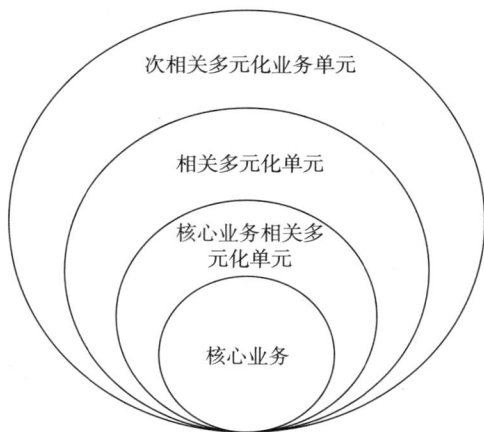

图 5 - 1　医药企业多元化路径

任何药企经营了很多年都会有核心竞争力的核心业务单元，即使是
大型医药集团公司，在不同的业务单元领域也有自身的核心业务，这就
要求药企进行多元化，首先要围绕核心业务单元进行多元化。由于关联
性强，可以兼顾品牌溢价性和品牌包容性，会让核心业务单元和围绕核
心业务单元进行多元化的业务单元都具有很强的适应性，容易获得
成功。

比如修正药业最出名的产品是治疗胃病的斯达舒，那么修正药业多元化应该围绕胃病展开；比如以岭药业以心脑血管药物为品牌药物，那么以岭药业就应该围绕心脑血管的预防、康养进行多元化布局。

（四）围绕核心业务，适度多元化

前面说过中国医药企业有严重的跟风行为，不考虑自身的条件，就跟随别人进行混乱多元化，这种做法非常容易失败。

对于计划进行多元化的药企，应该恪守围绕核心业务，适度多元化，所有多元化业务都是为了强化核心业务，都是为了让药企自身的核心业务单元更具有竞争力这一原则。

药企进行多元化不要距离核心业务太远，否则就会发生舍本逐末的情形，得不偿失。

药企做多元化是为了做成功，如果开始就知道不会成功的多元化业务就不要去做，而那些距离核心业务单元太远的或者根本不相关的多元化业务，是非常容易失败的，这样就可以避免多元化风险。

药企应该在自己所熟悉和所擅长的疾病领域或者药物领域进行多元化，这样可以有策略地让多元化业务快速进行拓展，较短时间就会形成规模化效应。

（五）药企不要再做大健康多元化，而是要做其中专而精的部分

现在药企一说多元化，就宣称自己进入大健康领域，计划要做的事情非常多，如保健品、功能性饮料、食品、快消品、可穿戴设备、网上平台等。

这种做法其实就是没有目标多元化，基本可以确定是失败的。什么都做，最终什么都做不好就是这个道理。

大健康是一个范围非常广泛的概念，所有关系到消费者健康的事情都是大健康，比如医疗、医药、保健、食品、运动、养老、养生等，只要你能想到的关乎消费者健康的内容，都是大健康。

所以，一家药企不可能什么都做，要保持有所为有所不为的战略心态。什么都做不如专而精，这是全球医药行业的共识。目前外资药企战略重构就是向专而精的方向发展，我们虽然不会走他们的战略路线，但也要懂得适可而止。

（六）多元化经营也要注重核心竞争力的培养

药企成功进行多元化是围绕核心业务单元进行的，这就要求药企的多元化业务单元都是为药企的核心竞争力服务的，是为了更好地提升核心竞争力。

所以，药企在进行多元化时，千万不要忘记多元化的初衷，要时刻让多元化业务单元为核心业务服务。否则，如果核心业务不能发展起来，而多元化业务发展起来了，也不过是增加了财务数据，对药企长久的发展根本没有益处。

笔者曾经服务的某药企年经营额2亿多元，2013年，因为抓住保健品发展的机遇，年度保健品经营额就达到了3亿元。这时，决策层找到笔者，想把药企经营重点全部放到保健品上，弱化药品经营。笔者明确告诉药企，中国保健品市场马上进入整顿调整期，市场极其不稳定，弱化药品强化保健品经营的做法极其危险，而且忘记了自身的核心竞争力是药物经营。最终某药企听从了笔者的建议，果然，2014年某药企保健品销售额剧降，因为保健品市场调整期开始了。

四、我国医药企业多元化风险

（一）管控风险

目前，很多集团化医药企业由于对业务单元的管控存在问题，导致很多业务单元不能匹配性发展，从而延误了发展机遇，给集团药企的整体发展造成了巨大障碍。

比如华润万东，在华润医药收购前处于转型升级期，是当时国内少有的大型医疗器械的制造企业。如果华润医药收购华润万东后能够通过优化管控模式，让其进行集团管控型升级，那么，华润万东就会成为华润医药板块强势的业务单元，在国家目前鼓励支持国产大型医疗器械的今天就会获得非凡的发展良机。

笔者认为就是因为华润医药管控模式出了问题，导致华润万东被其收购后，依然按照原来的发展路径前行，导致最终被华润忍痛割爱，进行战略取舍。

我国目前集团型医药企业众多。随着我国医药经济从重数量向重质量的转变，我国医药企业正从初步积累、同质化竞争向资源整合、管理创新、模式创新等方面进行转型升级，医药企业集团化是医药经济又一个发力点和增长机制。

但是，我国的医药集团型企业目前最大的瓶颈和问题是对很多业务单元没有一个良好的管控模式，导致业务单元体系定位不清晰，各自为政，集团资源配置混乱，资源使用率低，从而影响了集团整体的发展和竞争。

除了研发能力，我国医药集团型企业与外资药企最大的差距就是对业务单元和分公司的管控。

比如贵州某药企，由于抵挡不住大健康等概念性的诱惑，举巨资进入饮料行业，先后计划构建胶原蛋白果汁饮品及凉茶饮品。由于其缺乏在饮料行业的市场推广能力，在市场营销队伍建设、管理经验等各方面还存在不足，最终兵败。

其实贵州某药企进军大健康产业的战略布局是没有错的，错就错在把自己不擅长的饮品行业作为一定时期的主要业务，忽略了其最具有优势的制药业务。如果当初贵州某药企优化对饮料业务的管控模式，让其在财务或战略管控模式下发展，不采取业务管控模式，那么也许饮品业务会真正成为贵州某药企的新生力军。

制药企业进军非相关行业，通过优化管控模式可以促进非相关业务单元蓬勃发展，并可以根据战略重构，让非相关业务单元助力主营业务单元，从而实现对主营业务无条件支持的最初目的。比如 GSK 经营饮品葡萄适和利宾纳，就是比较典型的案例。

GSK 当初开始经营葡萄适和利宾纳的时候，并没有让两个饮品采用 GSK 的品牌或者冠名，而是进行剥离性管控，最终葡萄适和利宾纳快速发展起来。而且，由于 GSK 知道中国市场是能量型饮品的巨大市场，于是采取统一合作的方式令葡萄适进入中国市场。这就是在非相关业务单元管控上采取与非相关业务领域强势品牌合作，从而放大非相关业务单元的经典案例。

后来，GSK 为了聚焦在医药健康领域的战略计划，果断剥离葡萄适和利宾纳，以 21 亿美金的价格将上面两个产品转让给了三得利，从而获得了巨额的收益。

（二）财务风险

我国药企现在很少有没有银行信贷的，很多主营业务都要依靠银行资金周转才能运行，这导致这些有银行信贷的药企一旦多元化还是要从银行贷款。所以，大部分药企进行多元化存在严重的财务风险，一旦多元化失败，就会严重影响主业的发展。

我们研究外资药企多元化的进程发现，基本都是主业发展到一定规模，企业留存大量的资金需要投资获利或者为了降低税费，需要通过投资方式避税，这时就可以进行多元化发展，进行大规模多元化投资。即使一旦投资失败，也不会影响主业发展。

我国药企现在是什么热就投什么，比如这段时间"互联网＋"概念热，很多药企就投资互联网，建立网上销售平台，结果运行了一段时间后，发现对药企的经营没有什么用处。还有的药企投资基因，结果投入的基因公司连资质都没有，让投资打了水漂。

不把鸡蛋放到一个篮子里是正确的，但也要适可而止，要考虑自己的财务实力，不能过度分散投资，结果什么都不能成功，导致资金链紧张，甚至断裂。

根据自身的财务实力，有目的进行多元化，保持药企运行的稳健性，才是最好的多元化策略。

（三）决策风险

目前，很多药企多元化是失败的。究其原因，除了财务和管控风险之外，决策层的决策风险也是导致失败的主要因素。

药企的决策层基本对药品的经营有着非常成熟的经验，他们十几年或者几十年从事药品经营，对药品经营内的各种运行模式非常清楚，也擅长药品经营内的各种投资。但是对多元化来说，这种经验就显得有些不足。比如某药企投资功能性饮料，投入了大量的资本、大量的资源，但结局是失败的，而这种失败的原因是开始投资的决策就是错误的，再加上投资功能性饮料过程中很多的决策失误，结局可想而知。

任何人其实都有一个认知和能力的局限。医药行业的人不可能对其他行业都非常熟悉，对其他行业的内在运行机制、运行模式、运行技巧都存在认知的盲区，在这种情况下，进行多元化决策非常容易出现问题。有时一些决策在医药行业内看似明智，但在其他行业就不一定明智。

有人觉得，可以通过招聘懂行的人才进行决策，其实这根本做不到。因为刚招聘进来的人才，药企决策层不可能直接把决策权交付给他，基本都是医药人才决策，指导行业内的人做事，结果不言而喻。

所以，国内药企进行多元化战略时决策风险非常大，尤其是投资保健品、医疗器械和功能性食品等。这些细分行业和药品经营完全不是一回事，而我们还是用药品经营的思维去决策和管理，容易走经验主义路线。药企进行多元化一定要注意和警惕经验主义风险，致使决策失误。

（四）管理风险

不同的行业有着不同的管理需求，比如饮料或食品行业就是完全竞争的市场，这和药品这个政策性市场完全不同。

药企进行多元化，存在着严重的管理风险。尤其进入新的领域，管理的难度就会急剧加大，而我们既往的管理经营和管理能力又不能满足新领域的管理需求。虽然我们可以聘用行业的人才，但这些人才进入医药体系后会按照我们的管理模式进行调和，最终做的管理是四不像。

而一些药企基本是派遣医药企业内的人才做新业务领域的总经理或者任关键岗位。这些人才缺乏新领域的市场竞争认知，甚至对新领域的产品也是一头雾水，更不要谈消费者需求和市场需求了。所以，这些人才基本无法用新领域内精准的管理手段来指导和考核下属，下属反而经常用新领域的一些专业知识或者专业术语为自己开脱责任，结果是管也不是，不管也不是。

管理风险成为药企进行多元化的一个重要风险，所以，怎样精准地把控新兴领域的各个关键管理点，让新领域的团队按照药企多元化战略既定路径前进，是药企管理层需要慎重考虑的事情。

第五节　轻资产整合转型

前面笔者说过，因为国家允许个人或者科研单位持有药品证书，会导致第三方运营集团出现。这种第三方运营集团自身没有产品，也没有研发，更没有销售队伍，但有较大的资金实力、很强的管理能力和市场政策资源优势。他们通过抢先掌控药品持有人的产品，来逐步整合生产、研发、流通和销售等资源，最终形成非常强势的医药行业大佬。现在这类第三方运营集团正出现苗头，但随着医改的推进，这类企业就会逐渐凸显。因为他们会把重点凸显在品牌构建、产品质量严控、抢夺优质产品资源方面，而不是去背负沉重的生产体系、流通体系和销售体系，从而能够更快地适应中国医药行业发展的进程。

第三方运营集团可能不是完全按照笔者描述的情形出现，但关键点是一致的。

根据微笑曲线理论，在产业链中，附加值更多体现在曲线两端的设计和销售，处于中间环节的制造附加值最低。

如图 5 - 2 所示，当前医药行业制造产生的利润低，医药行业生产制造也已供过于求，但是研发与营销的附加价值高，因此医药行业未来应朝微笑曲线的两端发展，也就是在左边加强研发创造智慧财产权，在右边加强客户导向的营销与服务。

微笑曲线有两个要点，第一个是找出附加价值在哪里，第二个是关于竞争的形态。

在中国未允许个人或者科研单位持有药品证书前，微笑曲线很难在医药行业中应用。因为药品准字号证书和生产证书基本被医药企业掌控，也就是说，研发和生产难以真正分离。以前的药品研发临床前端实验可以没有生产厂，但如果想获得药品准字号，就必须与药品生产企业结合。

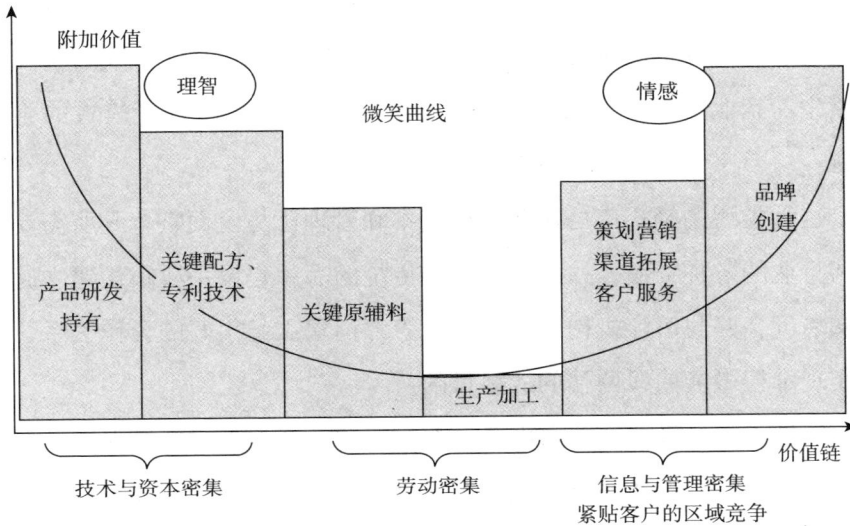

图 5-2 微笑曲线

但未来情形发生了巨大变化，国家允许个人或者科研单位持有药品证书，这就造成新药持有人和生产脱节。如果药品持有人没有经营能力，但具有很强的研发能力，这种情形下，就会出现第三方运营公司。

第三方运营公司不会去做研发，而是与众多的研发人才、研发机构签署长期垄断协议，以销售提成或者直接购买等方式长期占有新药证书，再通过委托生产的方式解决药品生产问题，之后，通过组建营销公司或者采用经销分销的方式来解决销售问题。这样，第三方运营公司主要是从药品证书使用、品牌、财务、营销和投资等高毛利角度对医药行业资源进行掌控，而不需要购置生产设备等重资产，将更多的资源和精力放到对研发的支持、对品牌的建设和对营销的掌控上去，从而实现快速发展。这就是现实中的轻资产公司。

轻资产公司可以凭借强大的资金实力和管理运营能力，轻而易举地整合医药行业内的各种资源为其所用，并占据着利润率最高的药品研发、品牌运营、资本运营和营销管理的两端，通过代工、OEM 解决生产问题。为了保证质量，轻资产公司会找现有的生产技术和设备优良的大型生产企业负责生产，从而解决了劳动密集型和重资产模式的生产问题。

这种类型的轻资产公司会通过资本和管理优势全面整合其所需要的医药行业的各种资源，并能够通过非传统的品牌建设手段很快建立起品牌知名度，并与医疗机构和各省的监管部门建立起很好的合作关系，从而实现掌控微笑曲线两端的战略目的。

这种类型的轻资产公司由于没有研发和生产的重资产投入，没有由于研发导致的巨大药品研发风险，所以，可以有庞大的资金实力投入到品牌建设和营销管理上去，可以系统全面地为消费者提供疾病、健康、预防、养老等解决方案，可以为医生提供更为专业的用药指导方案甚至疾病诊疗方案，可以凭借其强大的网络技术平台为消费者和医生提供更为周到细致的服务，可以短期内让消费者和医生对其品牌有很好的认知。

这种类型的轻资产公司或许会把销售外包，而在营销层面专门从事市场活动，比如长期大规模进行医生教育、消费者教育，召开各种类型的专业医疗技术会议，为政府解决更多的医疗问题和医药问题。他们的服务客户非常明确，就是为医生、消费者、政府提供更多、更好、更专业的解决方案，从而，让其地位在短期内无法被竞争对手撼动。他们只需严控品牌、产品和市场，就能立于不败之地。

而且，由于其轻资产特性，规避风险能力较强，发现有不适合市场或不适合经营的业务，可以较快调整。比如某业务单元发生政策性风险或者经营性风险，就可以较快地切割掉。由于其轻资产特性，发现市场机会就可以很快对接，并形成较强经营态势。

目前，轻资产医药公司的出现可能性大大增加。新进入的如 BAT、各种有实力的基金公司或者其他行业的有实力企业等，一旦察觉到这种机会，就会立即付诸实施。

因为其优秀的运营能力，让沉醉于传统医药行业的药企们几乎没有竞争的心态，完全沦为生产者。

那么，医药行业一些有眼光的决策层，就需要从现在去思考这类公司出现的可能性和对策，或者开始构建成为轻资产公司。

药企构建轻资产医药公司有天然优势，一方面对医药行业非常熟悉和了解，另一方面也拥有很大的资源，可以较快地进入各种大健康领域。

第六节　药企如何利用"互联网＋"概念

自从提出了"互联网＋"的概念后，医药行业很多药企都跃跃欲试，计划筹集巨资进入医药电商。

但迄今为止，除了仁和集团的叮当快药之外，鲜有制药企业真正成功通过运作"互联网＋"而获得医药电商成功的。

我们对目前的在"互联网＋"概念下的医药电商运作情况做一个简单的梳理：

以岭健康城：蕴含医、药、健、养，专家、医院、实体药店；代理产品、自营产品；自有综合平台，第三方平台；建成了综合性平台，形如健一网等垂直电商，非制药企业类平台。估计以岭药业在医药电商方面走得很是迷惑。

云南白药：把门户网站建成了自有商城（不伦不类），外加第三方平台。与中移动合作没看到结果。总结：处于初级阶段。

复星医药：线上：导药网、挂号网、金象网；线下：远程医疗、移动医疗、硬件设备。总结：目前具有最强的医药电商资源。

上海医药：药药好，7000 万元打造线上三大平台（电子处方平台、药品数据平台、患者数据平台）、线下三层网络（专业药房、医院合作和托管药房、社会零售药房），为患者提供处方药 O2O 销售、健康管理等服务。与京东签署战略合作，实现线上线下融合；与丁香园合作，构建 O2O，此外拥有上海网上医保支付试点牌照和医药 B2C 牌照。第三方平台。资源够用，做得怎样有待观察。

天士力：大健康网（药、酒、日用、保健品、饮料）垂直电商，第三方平台（京东、1 号店），远程医疗。

白云山：可穿戴式和可植入式医疗设备，与九州通集团、赛柏蓝布局移动互联网时代的医药云商。

康美药业：有康美之恋大健康平台（第一个业内平台），康美中药网"药材通"APP，网络医院、远程医疗，是业内最热闹的公司。

同仁堂：微信公众号、APP，第三方平台，动作缓慢，还没形成大格局。

东阿阿胶：滋补健康网（门户网站和商城区分清晰，专业为本企业服务），第三方平台，电商＋直销。

仁和集团：以健康管理为前端、以叮当快药为服务平台，以 M2F（Manufacturers to Factory）＋B2B＋O2O 全产业链模式搭建"叮当大健康生态圈"战略。

从上面可以看出，仁和集团的叮当快药获得了较大的成功，其他的药企基本建树平平，甚至没有建树。

仁和集团的叮当快药其实是以仁和集团众多的 OTC 产品为基础，对营销模式的延伸，通过帮助药店和消费者强化对接形成更多的销售，其本身并没有带给消费者更多的增值服务，但却肩负着巨大的人工成本和物流成本。这种模式也正是很多互联网平台公司如 BAT 所从事的，不过之前互联网平台公司并没认识到医药行业内真正的运行关键点，所以，走得慢或者走偏了路子，而仁和集团的叮当快药给这些互联网平台公司提供了较好的参考。于是，未来仁和集团的叮当快药模式将会面临严酷的竞争。

仁和集团叮当快药这种模式容易被复制，因为没有太多的技术含量，只是为药店和消费者提供了一个 APP 平台，并负责线下配送。所以，仁和集团的叮当快药如果想不被复制，就必须为其增加更多面对消费者的价值和增值服务，而这些价值和服务应该是专业性的，具有很强的排他性。

况且，我们需要明确一点，就是用药量最大的群体是 55 岁以上的中老年人。这些人基本上不会使用 APP 等终端平台，而会使用的 55 岁以下的群体，可能并不是药品消费的最大群体，所以，对消费群体来说，具有一定的局限性。

而且，一旦网上处方药销售的政策打开，仁和集团将面临极其强大的竞争对手：区域连锁药店。这些区域连锁药店将会从叮当快药的合作者转为竞争者，而叮当快药就会立即失去发展的意义。

仁和集团叮当快药这种模式不是每个药企都能复制的，所以，我们还是仔细分析药企如何有效使用"互联网＋"的概念。

"互联网＋"对药企的真正含义：资源整合、获得发展新动力。

（1）"互联网＋"，对制药企业药品销售来说，是增加了品牌建设渠道、非主销产品的销售渠道、与消费群体链接渠道和主销产品的推广渠道（不是销售渠道）。

（2）"互联网＋"对制药企业业务扩展来说，是增加了后端的医疗入口（医疗机构、移动医疗、远程医疗、智慧医疗），通过专科的医疗入口，形成适合自己主销产品群的新建渠道。

（3）"互联网＋"对制药企业来说，可以达到医药、线上平台和医疗三点对接的新产业链形态，强化竞争力，强化生存能力。

（4）"互联网＋"对制药企业来说是一定时期内帮助合作客户对主销品种进行推广和促销，为合作客户提供增值服务。

（5）"互联网＋"对制药企业来说是要求制药企业尽快建立一个服务于合作客户、消费者、医疗机构、政府主管部门、自身运营体系的平台，以整合各种有效资源，形成线上平台、线下服务的新的运营结构。

药企的医药电商要和新营销路径、行业发展趋势和自身发展战略相匹配。

（1）药企主销品种5年内还是以渠道为主。

（2）医疗机构直接采购。三年内在公立医疗体系中，招标采购与医疗机构采购并存，医疗机构直接采购将会逐渐成为主流。

（3）股份制医疗机构成新态。股份制医疗机构采购将区别于公益医疗采购和民营采购。

（4）网上平台采购。未来网上平台的主流趋势将以药店自有平台为主、第三方平台为辅，平台区域化明显。未来政策支持的连锁药店强势介入医药电商，将打破现有的电商市场混战、政策踌躇的局面，线上产品和药店经营品种对接，由药店直配，支付由医保直接对接连锁平台。未来医药电商将呈现明显区域化特征。

医药电商政策出台会有目录限制和配送限制，但药店介入就基本没了这些限制。

那么药企如何有效利用"互联网＋"的概念？

（1）制药企业要对现有产品进行长期梳理。哪些产品走医疗体系为主，哪些产品走流通渠道为主，哪些走药店电商平台为主，哪些交给第三方平台为主。

（2）要重新根据市场需求审视现销品种、存储品种和拟获取品种，根据市场需求重新界定各类品种销售渠道。

（3）改变现有营销组织，以应对更为复杂的市场分类局面。

（4）要形成每周对行业竞争、行业政策研究报告，以及时获取良机，规避风险。

（5）最重要的是明晰未来发展的路径和规划，借助行业新变化来获得发展的契机。

药企介入"互联网＋"要有所为有所不为：

（1）制药企业不是第三方平台，不是流通商业，不是连锁机构，所以，不要意图所有的事情都自己做完，从而陷入医药电商的庞杂陷阱。

除非你有意做第三方平台，否则不要进入垂直电商或纯电商平台。对于第三方，不会有任何优势。

制药企业参与"互联网＋"是为其主营业务服务的，是为了强大主营业务，增加行业新态势的参与度并从中获得发展的新良机。

（2）战略布局清晰，产品才能布局清晰，产品布局清晰，"互联网＋"布局才能清晰。

具体如图 5－3 所示。

利用医药电商体系构建适合药企自身的经营平台，形成强有力的竞争系统。

制药企业通过商业模式的创新，打造汇聚产业链环节有关医疗机构、连锁药店、网上药店平台、第三方平台、消费者及客户的营销平台方式，使很多分散的买卖双方得以在同一平台上进行信息沟通与交易，从而降低交易成本、提升交易速度、强化增值服务。该模型的实施关键在于形成滚雪球效应。参与交易的买卖双方数量越多，其营销平台的价值和盈利也就越高。

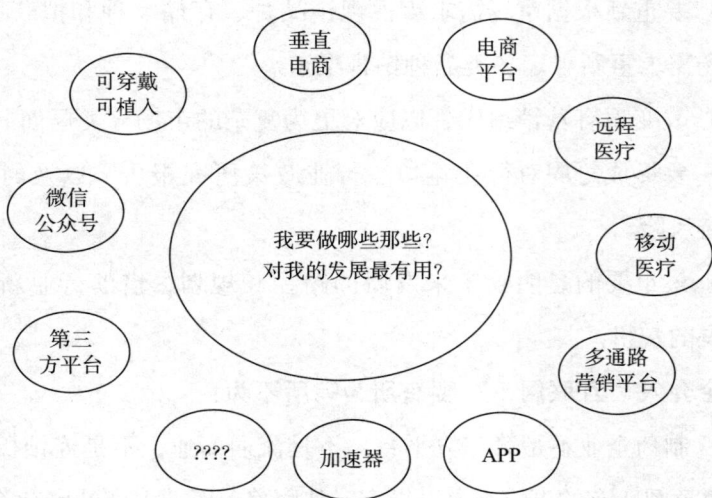

图 5 - 3 药企介入"互联网 +"的选择

该模式的另一种类型是企业营销、经营活动越来越平台化，企业通过运用信息化手段，建立联系客户、合作伙伴的商业平台，使自身的商业活动形成以平台为中心的商业模式。

具体如图 5 - 4 所示。

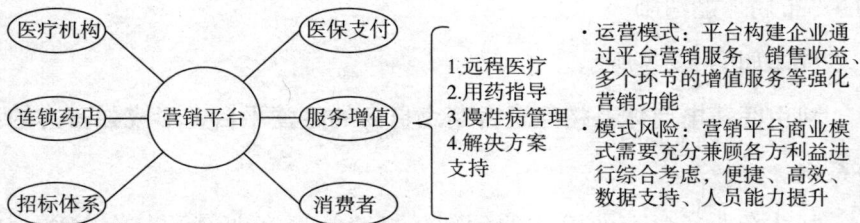

图 5 - 4 药企外部平台构建示意图

药企进行"互联网 +"的运行，其最重要的目的是为消费者、合作客户和终端提供更专业的增值服务，提供更有效的、更为便捷的合作体验，让药企的众多消费者、合作客户和终端更为长期地黏结到药企的品牌上来，而不是去参与对药企未来的战略发展基本没什么作用和意义的现行运作，除非药企以后就想做平台，不再做药品经营。

所以，利用"互联网＋"的概念强化自身，强化对消费者、合作客户和终端的增值服务才是正道，具体布局如图5－5所示。"互联网＋"的概念仅仅是一种帮助药企更为有效运营的工具而已，不要把它做成什么未来的竞争神器。

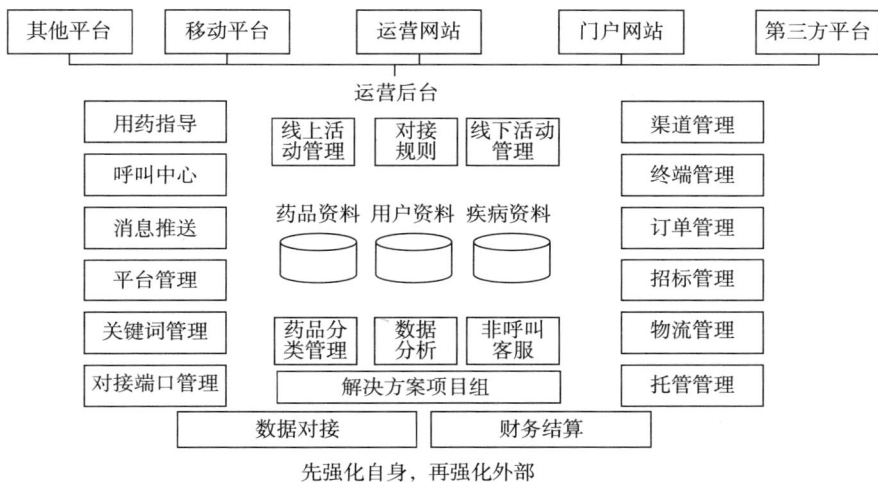

图5－5　具有"互联网＋"性质的新型制药企业运营体系布局图

第六章　途径5：跨界转型

第一节　医药行业的跨界现状

在医药行业，跨界经营已经不是什么新鲜事。有的药企跨界向外做新领域，有的其他行业的企业进入医药医疗行业。医疗医药行业就像一座围城，里面的想出去，外面的想进入。

对于跨界来说，始终有几个关键词：野蛮人、创新、门外、互联网。

野蛮人：就是说的门外汉。这些门外汉不会顾及行业内的很多规则，而是打破规则构建自己的优势和竞争能力。这种说法被很多人称道，比如微信免费，让短信运营商大惊失色；比如 360 免费，让卡巴斯基等无所适从；比如支付宝，让银行担忧不已。

但在医药行业，目前进入的野蛮人，比如煤炭企业、房地产企业或者互联网公司，都无法改变医药行业的运行规则，因为医药行业的运行规则不是完全市场化的，而是半竞争，是由政策和市场协同控制运行的。这就让很多的所谓野蛮人进入后备受约束与打击，比如阿里巴巴兵败河北，亏损了 8000 千多万元，后转向进入医药 B2B。

创新：医药行业的创新是研发和新思维，而那种依靠打破规则的创新在医药行业好像不是很实用。因为你无法打破网上禁售处方药的规定，因为你进入的医药行业必须遵循国家和各省的相关政策，因为你不能没资质就去进行干细胞研发。但这个行业需要新思维，需要能把现有资源重新排序，构建新的竞争策略和态势。

门外：医药行业的门外有很多人在虎视眈眈，但进入这个行业，就要遵循这个行业的规则。而医药行业内的企业，却也看到门外市场的巨大机会，总想向门外延伸，但面对全面竞争市场，却又显得无所适从。

互联网：门内门外的企业都想通过互联网来造就进入或者出去的机会，于是，各种形式的平台就如雨后春笋，以万为单位地出现。但从互联网真正获得发展机会的企业，少之又少，因为互联网大数据、共享和免费的特点让盈利模式成为难题。

医药企业为什么要跨界从事新的领域，其实究其原因不过是两点：

（1）拓展新的业务单元，构建新的利润点；

（2）主业发展受困，业绩欠佳，需要新业务来补充利润。

于是，在上面两点情形下，很多药企开始跨界旅程。

比如以岭药业跨界做健康饮料，连续推出怡梦、津力旺、莲花清菲三款饮品。

太极集团跨界推出太极水，太极集团号称争取在"5 年内实现 100 亿元销售额"目标。

天津天士力跨界推出帝泊洱普洱茶珍。

人福医药计划 3 年实现 10 亿元的凉茶销售额。

中新药业投资 3 亿元打造功能性植物饮料项目计划推出枣饮料、蓝莓饮料、南瓜汁饮料、五味子饮料、金银花饮料等，从而形成健康饮料序列产品。

仁和集团跨界发展叮当快药，利用 M2F ＋ B2B ＋ O2O 全产业链模式搭建"叮当大健康生态圈"。

还有，很多药企跨界进入医疗领域，并购医院，形成医药、医疗协同发展的局面。

不过，到目前为止，医药行业内跨界经营成功者寥寥。跨界进入快消品领域的，细数下来，云南白药的云南白药牙膏是成功案例，马应龙进入肛肠专科医院经营是成功案例，广药白云山跨界王老吉凉茶是成功案例。

为什么医药企业跨界进入食品、饮料等快消品行业如此热情？其实不过是国家大健康产业的引导，加上医药企业生产食品、饮料和如洗发液等快消品非常容易，而药企进入医疗领域则需要较为庞大的资金实力和较高的经营能力。

贵州某药企投资了近4亿元跨界推出的饮品"爱透"，面市后市场反响却不好。由于胶原蛋白问题被频频曝光，"爱透"项目无法持续，被变更为中药饮片项目。

医药企业跨界经营转型，失败者居多，笔者对很多案例进行分析后，认为主要有以下几方面原因：

（1）药品经营是政策性市场，依靠药企的政府关系、销售人员的客情关系，加上资金、操作空间开路，很多事情都可以完成。但在快消品市场上，这些都不起作用，需要更多的品牌知名度美誉度、市场覆盖、价格优势、产品质量、产品适应性等，而这些，都是药企不擅长的。

（2）跨界后新进入领域的运营团队还是药企的人，尤其是高层，基本都是药企指派的，用药品的经营思路去经营快消品，肯定碰壁。

（3）跨界经营的产品与药企的主业产品没有关联性，让消费者很难引起品牌联想。几乎就是新建的品牌，这让消费者很难愿意买账。比如云南白药经营云南白药牙膏就可以成功，但经营养元青洗发液就难以成功，原因很简单，就是牙膏具有止血功效，这与云南白药吻合，可以产生明晰的品牌联想。

药企跨界经营，应该从自身的主业出发，充分发挥自身优势，找到精准的跨界产品和自身主业产品的交叉点，并对新进入行业的市场运作和营销模式有彻底的了解。同时，最好采用财务管控甚至战略管控的手段来管理新进入产业，让内行管理和决策，不能发生外行指导内行的事情。

很多药企不去做市场分析调研，不去整合和分析自身资源，不做市场定位，直接就进行品牌跨界，结果药企原有的品牌资源被不断稀释。一旦不能实现跨界的成功，影响主营业务的发展，最终"赔了夫人又折兵"。

第二节　药企跨界可选择的范围

现在医药企业进行跨界转型，可能考虑更多的是大健康领域，很少有药企向非相关业务领域转型，比如去做房地产、外贸等。这种情况可能存在，但不是本书讨论的范围。本书更多的是从药企相关业务领域探讨可供药企进行跨界转型的选择，以供药企的决策层参考。

药企的一般经营范围是中药或化学药的生产和销售，那么对药企来说，只要不是中药和化学药的药品经营就是跨界。比如做医疗器械，也是跨界，因为医疗器械的经营内容和药品并不完全相同，虽然市场相同，但操作和运营手法则具有很大差异。而药企在相关领域跨界，基本是在大健康范围内。

大健康，广义讲是预防、诊断、治疗、康复、养老、养生等服务和产品的提供，包括原料产品的提供、制造、流通、医疗、医疗器械、药品、保健品、功能性食品、保健服务等领域。

大健康产业在任何国家都是增长最快的产业之一，具有很大的刚性需求。全球大健康产业增长率十几年来一直保持双位数的增长。一般国家大健康产业年增长率超过 10%，很多国家大健康产业年增长率超过20%。这种刚性需求导致药企在许可范围内跨界成功的可能性大大增加。分析中国的国内外药企及其他行业的企业进行成功跨界，提纲挈领地进行总结，可以得出一个跨界经营的思维导图。

在大健康范围内，跨界其实就三种形式：一是纵向跨界经营；二是横向跨界经营；三是斜向跨界经营。具体如图6-1所示。

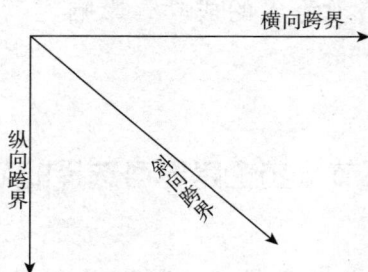

横向跨界

纵向跨界

斜向跨界

图6-1　跨界经营的思维导图

上述三种最基本的大健康范围内跨界经营态势囊括了跨界思维的整体内容，也是药企进行跨界经营思维构建的路标。我们可以根据现有业务的经营状况、拓展可能性等进行思考，从而获得最适宜药企自身的跨界范围。

但需要明确的是，这三种跨界思维都是围绕我们的主业进行的，不是突兀地进入新领域。那种因主业无法经营而进入新领域的经营决策也应当考虑原来的主营业务，这样可以更快地在新领域获得成功。

一、纵向跨界经营

纵向跨界经营就是看现有业务还有哪些可以延伸或拓展的市场、服务和产品。纵向跨界经营不是要进入完全崭新的领域，而是在现有的主营领域找到更为细分的市场，找到那些我们还没有做的业务，把没有做的业务做起来从而为我们的主业提供更好的发展机遇。

我们可以通过图6-1看一下我们还有哪些疾病领域没有做。

图 6-1　某疾病领域

已经提供的药品	A	B	C		
尚未提供的药品				D	E
尚未提供的保健品	1	2	3	4	
尚未提供的器械	1	2	3	4	
尚未提供的辅助食品	1	2	3	4	
尚未提供的增值服务	1	2	3	4	
尚未建立的平台	消费者数据	论坛	远程支持	诸多活动	
尚未提供的解决方案	1	2			

比如，做骨科药品的药企，是否为消费者提供了专业的用药指导、骨病预防和骨病康养，是否为消费者提供了更多的饮食指导和锻炼指导。如果没有，那么就要把精力放到这上面来，虽然以前没有做过，但可以跨界去做这个工作。

药企可以通过各种手段和策略帮助消费者，给消费者更为专业的支持，可以通过编辑专业书籍、专业期刊、呼叫中心或者利用 APP、互联网、微信、QQ 等媒介手段来向我们的客户提供专业支持，同时获取更多的消费者数据。

所有的工作不再是单一地向消费者提供孤立的药品，而是提供一种可行的解决方案。这种可行的解决方案不仅仅包括增值服务，还包括更多有形的产品，比如为备案的糖尿病病人提供系列无糖食品，为高血压病人提供便携式血压仪，为风湿病患者提供热敷用品，为孕妇提供防护用品，等等。

我们要做的事情有很多参考案例，比如梯瓦的共享解决方案关注三个方面：

（1）帮助患者获得所需的治疗手段；

（2）为患者提供一对一的注射训练，以保证其获得最佳的使用体验；

（3）提高患者对品牌的忠诚度。

因为梯瓦在纵向跨界做了不是药企应该做的事情，所以成为世界上最大的非专利药制药公司，其克帕松一直处于全球第一的位置，且处方量高于第二名 40%。

纵向跨界经营，我们就会跨界进入相关主业的新领域。比如做心脑血管病的药品的药企，可以做心脑血管疾病预防和康养所需的保健品、功能性食品、食品、家用医疗器械，等等。

纵向跨界经营，不用担心失败，因为我们拥有品牌黏合度很高的客户群，有成熟的市场经验，有专业的知识和技能，我们要做的就是让跨界新业务更好地支持我们药品主业的发展，并成为某一疾病领域的顶尖专家。

二、横向跨界经营

横向跨界经营，就是根据与主业的关联度，选择相关的新领域进入，从而拓宽现有业务单元，形成新的利润单元。

横向跨界经营，最好充分利用新的研发技术和互联网，这样可以较快地构建竞争优势。

比如做生殖药品的药企，可以进入干细胞领域，可以进入非生殖药品领域，也可以进入相关医疗业务，建立或者投资医院。

比如做 OTC 的药企，可以凭借互联网构建新的销售平台，如江中制药的叮当快药，也可以进入慢性管理领域，形成新的产品群。

我们也可以通过表 6－2 列举主业关联领域。

表 6 - 2　主业关联领域

主业领域	1	2	3	4
关联新领域	A	A	A	A
	B	B		B
	C		C	C

因为一些集团药企可能有几个不同的主业单元，所以列举时可以分别对应。

列举最好采用集思广益法，通过在药企进行全员问卷的形式尽可能列举相关联领域，之后根据药企自身的资源和能力确定跨界范围。

如果进行横向跨界经营，笔者不建议进入饮料行业，因为从目前来看，进入饮料行业的药企就没有成功的，王老吉是特例。

如果药企一定要在横向跨界经营上选择进入饮料行业，就要充分考虑在常见的感冒、发烧、增加抵抗力等方面思考，因为饮料具有大众普及型，功能一定要考虑覆盖群体。覆盖群体大，才能形成规模销售。

那些如"爱透"类的女性时尚健康品，强化美丽的构思，就不要去做了，因为自我限制覆盖群体，是自找麻烦的行为。

王老吉凉茶为什么能做起来，因为"上火"是每个人都会有的常见现象，所以，人人可以喝。

葛兰素史克公司的葡萄适为什么能做起来？因为葡萄适是对如感冒或流感的来源制作的，所以成为整个英国医院最佳使用的药用饮品。也因为葡萄适有多重口味，如原味、橙味、柠檬味、热带果味、苹果味、低糖橙味、黑加仑味，广泛适合各种人群。

比如，中国市场上出现一款可以预防感冒的饮品，就可能受到所有人的欢迎。但那些夸大可以美丽、可以更年轻，甚至可以预防癌症的饮品，就不要做了，纯粹是自找麻烦。

三、斜向跨界经营

斜向跨界经营，就是对纵向和横向都充分考虑，在横向列举时，最终确定的跨界范围要充分考虑纵向的选择范围。

总之，跨界经营的思维导图虽然可以帮助药企确定最终的跨界范围，但其最主要的作用是跨界经营领域要为主营业务服务。主营业务是一个药企生存和发展的根本，是药企真正做大做强的依靠，主业要突出，所有跨界新业务都是为主业服务的，都是为了让主业做强做大。

第三节　药企成功跨界转型的关键要素

医药企业经过多年传统战略发展思维的束缚，已经对既往经验有着严重的依赖性，所以，在构建新的发展战略上很难有突破。即使战略方向对了，但在战略路径选择和战略实施上，既往的经验还是有严重的影响，这导致很多跨界战略的失败。

药企最大的限制经验就是到目前为止，还没有真正去接触消费者，不知道消费者的真正需求，不了解消费者对药品的感受。其实，消费者购买为了解决病痛的折磨需要一个解决方案，而不仅仅是购买药品这么简单。我们的药企并没有给出解决方案，而是把这个最重要的工作交付给了医生或者零售药店，但医生或者零售药店的解决方案并没有凸出药企的产品。

所以，如果不从更深层次去理解消费者的真正用药需求，并以更为深度的方式让消费者获得更好的更专业的解决方案，我们就永远受限于渠道和终端，永远为医生和终端生产产品，永远不能构建庞大的客户群体，从而永远丧失经营的控制权。

药企真正的跨界，就是用最专业的方式，为主业所覆盖的消费群体提供最专业、最有效的解决方案。

以高血压为例，消费者真正的需求并不是购买降压药，而是希望让血压始终处于合理的范围，那么有效、持久、副作用小、健康就是消费者真正的需求。如果我们有一整套的专业解决方案，并提供更多的非药品的产品，以满足各类消费者的各种需求，那么，我们就可以建立针对某一疾病的庞大产品群。

药品无与伦比的竞争力，来自我们对药品注入的系统增值服务。我们不是卖药品的，而是为消费者解决疾患问题的，这也是未来药企竞争的关键所在。

上述的一切，都是药企对药品重新定位，满足消费者的实际需求，对产品群和增值服务不断升级组合，这就是真正意义上的跨界转型，区别于现实中一些药企毫无规划的跨界。

所以，药企跨界转型成功的关键，都是来自于满足消费者的真实需求。我们必须根据药企自身的资源和特质，构建跨界成功的基因，以保证我们在跨界的路途上顺风顺水。

药企跨界成功的 8 大成功要素有：

（1）具有跳出既往经验的能力。

不管是纵向跨界、横向跨界，还是斜向跨界，都是创新，而创新就不完全或者根本不需要既往医药行业的思维模式。很多药企跨界失败，究其主要原因就是被既往的经验束缚住了思维，想问题、做决策总是进入固有的思维框架中。跨界经营，一旦陷入思维定式中，就难以成功。

比如某企业做饮料，竟然只把药店作为销售终端，从而使其饮料做了三四年也销售平平。殊不知，消费者去药店是为了解决疾患问题，而不是因为口渴去药店。虽然是功能性饮料，但总不可能疗效比药品还快。面对一大堆强有力的竞争药品，饮料的功能也就是个笑话。如果把王老吉放到药店去卖，肯定卖不成大产品。

（2）要善于接受新思维，要善于学习。

由于互联网的作用，各种创新信息、创新思维急速传递、广泛传播，这导致我们必须时刻有学习的心态。不学习，依靠老经验，路不会走远的。

尤其是跨界经营，我们要进入的是新业务单元，这就要求药企的决策层要仔细学习新业务领域的各种规则、运行的路径、竞争的重点、市场的格局等，不学习怎么能对新业务单元做出正确的决策？

现在的很多药企的决策层，除了喝酒交际，很少能静下心来阅读一些关于新领域、新思维的书籍。虽然人脉能帮你发财，但自己企业发展的根本还是要靠自己的能力，别人不会帮你发展你的企业。

（3）要重视和把握消费者、医生与合作客户的真实需求。

消费者、医生和合作客户的需求是药企跨界成功的基础，一切跨界成功案例都是因为满足了消费者的真实需求，否则就会导致失败。比如某企业针对A疾病的产品组合是"保健品＋辅助器械"，结果药品与保健品都买得很火。但另一家药企也学习某企业用"药品＋功能性饮料"做产品组合，结果无人理会。

两家企业有一家真正把握了消费者的需求，另一家企业不过是强行拼凑产品组合，试图强制消费者接受，这根本不可能。

满足市场和消费者的真实需求，药企其实根本不需要创造完全新的产品。太新的产品需要培育市场，我们只需要比其他药企对市场和消费者真实需求的满足上快半步就够了，这半步其实就是跨界经营成功的关键。

（4）研究药企品牌的覆盖范围和溢价能力。

很多药企跨界经营总是把药企的品牌作为跨界业务单元的品牌，认为自身药品的品牌或者药企的品牌已经很知名了，容易被大家接受。

其实这是一个很大的误区，因为品牌也有合理的覆盖范围。广药就曾经想把王老吉品牌做成其囊括药品、保健品、饮料、中药调理产品等的品牌，但最终失败，因为王老吉形成的是饮料品牌，根本无法涵盖药品和保健品。还有做痔疮药品的荣昌制药，用荣昌品牌做口服类药品，这就容易形成不好的品牌联想。

另外就是品牌的溢价能力。很多药企的品牌溢价能力很弱，但跨界产品可能卖得比较贵，所以存在矛盾。如果药品品牌溢价能力不能支撑，就最好不要用。

（5）要专业化运作跨界单元。

俗话说："剃头的师傅虽然也用刀为客户服务，但不能代替医生的刀，一行有一行的规则。"

药企跨界经营不要听那些不着边际的所谓创新就是为了打破规则的说法，这些说法在特定行业特定环境下可能有效，但这需要付出代价。所以，还是要聘请跨界行业的专业人士来把控，不要指派药企的人员来做跨界的决策和管理工作。专业的人做专业的事。

（6）全面考虑可能性和可行性。

药企要通过仔细地调研、分析跨界领域的竞争情况，如有多少竞争对手，市场容量多大，需要哪些资源和能力，需要哪些人才，怎样做最为稳妥，最容易获得业绩。

不通过调研、分析就贸然进入跨界业务，基本就是失败的。

（7）用合理管控模式管理跨界业务。

跨界业务单元最好采用战略或者财务管控模式，根据跨界单元的战略发展步骤采用可调整的管控策略，以避免医药行业的不适合经验影响其运行。

（8）重视创新思维和研发。

没有完全新的领域，我们进入一个新的跨界领域本身就存在很多竞争对手，所以，我们必须重视创新思维和研发，通过这两个关键的要素获得跨界竞争成功的可能。

总之，跨界是药企的决策层第二次创业，要慎重，不要像现在一些药企一样，贸然进入，很快铩羽而归。

第七章　药企转型升级战略构建模型

第一节 转型期医药企业如何制定真正的发展战略

目前，国内医药市场政策纷纷，各省的医药招投标政策也是让药企应接不暇。但是，2014 年医药工业增加值同比增长 12.5%，增速较上年下降 0.2%，高于工业整体增速 4.2%，在各工业大类中位居前列。这说明医药行业的发展可持续性非常好，也吸引了很多其他行业的资本进入医药经营领域。

所以，医药企业也不必过于悲观。凡是市场存在的地方，就有生存的空间和机遇，关键是要看你怎么做，怎么走。

医药企业不同于其他行业企业的关键是政府介入深度大，国家的监管政策、发展政策都非常多，而且这个行业同质化竞争超乎寻常的激烈。同时，国家意图非常明确，就是压缩数量、提升质量，所以，这个行业的发展必须有自己独特的路径和模式。

现在的医药企业都感觉很迷茫，产品在手，销售队伍也有，但是利润在逐年下降。业绩不见得增长多少，还要频频面对国家和各省目录、招标、二次议价等的盘剥。

我们项目组在做一些药企的项目或者培训的时候，经常遇到一些非常迷茫的药企。这些药企的发展路径模糊，基本是走一步说一步。其实药企不知道，手中的产品和销售队伍就是你强大的资源。你的厂房你的管理队伍你的生产体系就是你的资源，关键看你如何整合和充分运用这些资源和能力。

有家企业在笔者刚受邀成为其常年顾问时，正请一家国外咨询公司做战略规划，规划报告即将完成。笔者看了一下，就提出一个问题："现在中国医药行业发展处于什么阶段？"这个问题看似简单，但回答出来的人不多。

现在中国医药行业发展处于什么阶段？是产品竞争向企业竞争过渡的资源和能力竞争阶段，所以，国际药企通过各种方式获取中国的生产、研发和销售资源，而国内大型国有医药集团公司也都在通过并购、重组、剥离等手段整合资源提升能力。如果看清了这一点，那么就能理出适合医药企业自身的独特发展路径。

图7-1为笔者自创的药企发展路径及体系要求图。

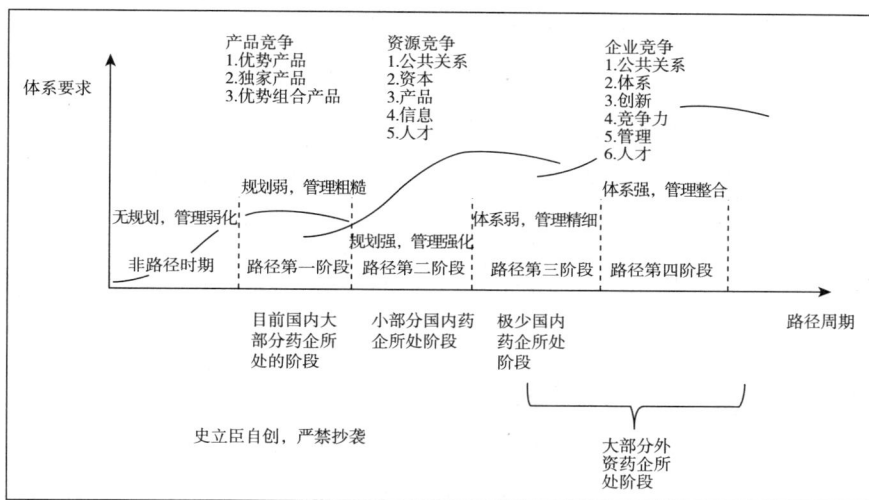

图7-1 药企发展路径及体系要求图

药企的战略规划无论是自己做的，还是请专业的咨询公司做的，都不重要，重要的是你所做的战略规划一定要在设定目标的基础上，根据整体目标步骤配比合适的可获取的资源和能力，这样在运行中才能有计划有目的地步步走稳。

但是，现在的战略规划基本套路是：行业分析，企业资源能力分析，企业愿景，企业目标，职能战略。几百页PPT，领悟能力高和执行力强的药企可以根据这种类型的战略制定发展步骤，阶段配置管理、能力和资源，领悟能力低或者执行力差的药企基本将其束之高阁。我看这些都迷糊，更不要说企业去执行。

　　好的药企战略规划必须有路径、有步骤、有根据路径和步骤的资源能力配比，并根据这些制订年度、三年、五年的经营计划，这样就会很清楚哪个阶段做什么事情，达到什么指标，怎么去做，如何考核和控制。做完战略规划后，整个医药企业核心人员都能清晰描述未来企业到底如何发展，而不是单纯地描述目标和构想。否则，即使你拥有了目标，没有具体能落实的步骤和每一步达到目标所需要的要求也是没意义的，更不要说忽略了资源竞争的战略规划。

　　资源和能力如何配比？这一点不同的药企是绝对不同的。这种基于资源和能力的战略规划方式基本无法格式化，因为企业的决策层思维模式、发展路径、竞争态势、产品资源、组织架构、企业文化、资源获取能力、资金水平、融资能力、人力资源等都不尽相同。

　　药企制定战略一定要有独特性，绝对不能千篇一律，要根据自身的特点、医药行业的发展态势、企业文化、组织特性、产品结构、自身资源和能力获取水平等很多方面构建适合药企的发展规划。这样的战略规划更注重落地、执行和风险控制。所以，好的战略规划行业分析和企业资源能力分析是很少或者没有的。这些都是报告之外的基础材料，好的战略规划更注重实效和步骤。

　　如果药企制定的战略更关注目标，那么，这个战略基本没有实现的可能性。

　　而且，真正成功的战略一定是决策层看中的战略，如果不这样就不会有现在的华为。神威药业如果当初就走中西药结合的道路，现在也会是一个中型药企，扬子江也会泯然众人矣。

　　看清药企内外部的环境和理清自身可获取的资源和能力，尽快重构真正适合自身的基于资源竞争的企业发展战略，是我国药企亟待解决的问题。那些有竞争力的药企，未来成为行业巨头的企业，一定是建立基于资源竞争战略的企业，我们拭目以待。

第二节　基于资源竞争的战略规划是药企发展的根本

近年来中国医药产业发展迅速，但目前国内药企在战略上仍存在着很多问题。企业始终没能形成真正的优势战略思维，这必将对药企的发展造成巨大的阻碍。笔者在对国内多家性质各异的药企做培训时，同许多企业老板、高层进行内部审视和检索发现药企内部存在的很多问题，主要表现如下：

（1）药企内部想法各异，有很多分歧，争吵不休：未来如何发展一筹莫展。

（2）国家各地的医改政策和招投标花样频出：怎样从中分得一杯羹，公共关系体系应怎样建立？

（3）行业内很多企业都进入多元化之路：房产、能源、日化、药妆、食品和饮料等，多元化之路到底该如何进行？

（4）医药环境变化迅速：原有规划已经不适用，如何制定公司战略规划，适应医药新环境？

（5）资本操作的不合理：怎样引进和运用资本力量？

（6）盲目引进国外的管理理论：如何学以致用，构建适合本国企业发展的自身的盈利模式？

（7）资源过度分散：企业如何充分发挥资源整合的效应？

上述问题看似彼此关联不大，但究其根本都是药企的战略规划问题。

例如，九芝堂的经营困境——人才的流失，管理因素逐步弱化了旗下的金融资产和医药资产的控制力。企业试图通过营销变革摆脱困境，但是，营销改革需要企业多方面的协调配合，而新老管理层的磨合难免出现问题，解决这些问题的关键是必须明晰企业战略规划。九芝堂需要先理清企业的发展路径和规划，之后再逐步解决经营中的各种问题，才会逐步走向正轨。九芝堂未来如何发展？如何构建适合九芝堂的优势体系？如何确定九芝堂的多元化战略？清晰的战略规划是九芝堂重整旗鼓的重中之重。长远看来，九芝堂依然有成为成功公司的基因和前景。

一、国内医药企业步入资源竞争时代

目前由于国家医药政策和医疗政策的推进和国内外药企的彼此间直面竞争的加剧，中国医药企业已经进入了路径发展中的资源竞争时代。

我国医药行业经历了多小散乱差的竞争格局后，进入了路径发展中的资源竞争阶段。这一阶段首先需要整合医药行业内和医药行业外的各种资源，其次是在整合资源的进程中对资源的充分提炼和优化，形成真正的资源优势。获得资源优势的前提是需要较强的规划能力，在规划中明确企业发展路径后，才能更好地进行资源整合，强化管理理念。

目前大型国企国药和华润都在全力对医药行业内外的各种资源进行兼并收购，战略意图非常明显，先把资源抓到手，以期在未来发展中获得优势。他们已经认识到，在自身具备资本优势的前提下，资源是未来医药行业的发展重点。

二、公共关系资源是竞争的关键

在资源竞争时代，最主要的是公共关系资源，这一点外资企业看得非常清楚。比如2013年的新版基药目录中，众多外资药企的品种成为基本药物。在抗肿瘤药物中，几乎每个品种都有外资药物的身影，这就是外资药企开始注重和占据基层医疗公共资源的开始。

医疗器械方面，随着中国医改的深化，越来越多的外资医疗企业开始关注二三线城市、基层医疗市场的市场资源，这些基层市场资源是公共资源的一部分。外资企业通过和国内企业合作或者成立公司掌控这些市场资源。美国 BD 公司亦通过收购专业制药公司进入药学领域，同时开始渗入中国基层医疗市场。目前美国 BD 公司已联合国药器械展开试运营合作模式，借助国药器械现有的分销网络来实现市场化布局。

构建和运行高效率的公共关系管理体系能让企业最快地获得资源，整合资源和优化资源。获得资源的前提是在拥有公共资源的基础上获取和运用资本的能力。无论是获得公共关系资源还是资本资源，都离不开信息。专业化团队和管理体系能快速获取、跟进和利用信息，优化资源形成企业真正的核心竞争力。人才是整个资源获得的关键。

三、国内外医药企业的成功战略

现在外资药企都在重构在华的发展战略，这是强化在中国占据和掠夺资源的能力。我们可以看到，外资药企在华战略的变化：

（1）全额收购或控股中国本土医药企业，比如美敦力收购康辉公司；

（2）与中国企业组建合资公司，比如海正药业与美国辉瑞设立海正辉瑞制药有限公司，海正和辉瑞的结合，正是辉瑞在中国市场战略的延伸；

（3）建立生产基地，根据中国外商投资企业协会药品研制和开发行业委员会（RDPAC）的数据显示，目前该协会旗下的 37 家会员公司中，70% 以上已在中国设立了生产厂，工厂数量达到 50 家；

（4）与中国企业开展单产品合作，比如，海翔药业与辉瑞制药下属子公司辉瑞亚洲制造公司签订了关于盐酸克林霉素系列有关产品的合作协议；

（5）购买国内公司股票，比如，美敦力购买深圳先健科技公司 19% 的股权，获得先健公司的产品分销权。

上述的几种外资药企在华重构的战略，关键都是对中国医药市场各种资源占据能力的强化。

我国药企无论目前是否有企业发展战略，都要重新审视战略，看一下自己的战略是否是以资源竞争为核心构建的。在路径发展的资源竞争时代，如果单纯地勾画目标，缺乏具体的资源获取和整合，为每一步的战略发展路径都匹配好资源和能力的话，实现战略预期是一句空话。

第三节　转型期集团药企最适合的战略规划模型

由于医药、医疗和保健行业政策形势和竞争形势的急剧变化，现在药企对战略规划越来越重视，但药企决策层对目前的形势看不清楚，或者对企业未来的发展自我迷失。尤其在转型期内，药企的战略规划更是让药企难以实现自我规划。

一、很多集团药企在战略上的主要问题

（1）战略缺失：目前医药、医疗和保健品企业有很多是机会主义，得过且过，没有系统化的战略规划和战略管理体系，对未来发展没有明确思路和定位，更没有明确的战略发展目标。

（2）战略混乱：没有全局意识，重战术、轻战略，重视短期目标。

（3）战略管控缺失：盲目多元化。多元化过程中企业规模迅速扩大，管理团队艰难应付，效率下降，效益降低，最后面临巨大经营风险。

（4）沉溺过往，不知应变：有些企业在国家医药医疗环境好的时候发展起来，但经过多年后，原来的竞争力由于市场变化急速下降，由于对市场外在和内在情况不甚了解和认知，调整战略的动力不足，以至于企业缺乏动态的战略意识。

（5）执行力差：好战略是企业成功的前提，但成功的关键在于对

优秀战略的执行，忽略执行将导致战略不能落地。

（6）缺乏企业文化：很多企业形式上有企业文化但实际是形式主义。由于企业发展快，又没有对应的企业文化支撑，所以，战略执行和落地受到的内部阻力非常大。

二、转型期集团药企在多元化战略上的主要问题

在医药、医疗和健康发展的新时期，国内医药企业大多进行多元化发展，业务体系可能涉及制药、医药流通、连锁终端、保健品、保健食品、食品、医疗器械、医疗和非相关多元化业务体系。在这种情况下，单一企业战略形态已经不适合，而多元化医药企业实施协同战略。协同战略并不是各业务体系或者子公司战略的简单汇总，应该用集团战略形式对多元化医药企业进行定位，而医药集团企业是一个经济联合体。

笔者结合多个战略管理咨询项目总结，认为首先要有总体发展思路，同时这个发展思路可以给各业务模块和各子公司制定战略带来一个指导和集约效应。所以，对于多元化的医药、保健和医疗器械企业，必须采用集团协同战略设计模式。

协同，是多元化医药集团企业，通过各业务单元的主次层次构建集团业务框架，形成医药、保健、器械、医疗等业务单元协同发展，彼此相互独立，最终目标是实现集团整体框架的战略目标。

很多集团药企转型期战略不能有效地促进各业务单元发展，导致集团发展混乱、业绩差的主要原因是：

（1）各业务单元主次不清晰；

（2）由于各业务单元主次不清晰，路径不明确，资源配置则不到位，这不仅影响了业务单元个体发展，也影响了集团战略框架整体发展；

（3）协同效应差，尤其是在全国市场布局中不能有效配合，各业

务单元单打独斗，分散了资源，降低了资源利用效率；

（4）缺乏协同管控机制。

现在，由于新医改的推进，内外部的竞争环境发生了非常大的变化，不确定性增强，优秀的医药、医疗和保健企业领导者要将对不确定性的管理视作是其主要职责，要把战略制定、执行和内外部环境紧密结合，做到既能看到长远又能短期发力。

笔者对药企、保健品企业和医疗机构的战略管理咨询服务案例，总结出有效的转型期战略设计体系，从业务分层、资源配置、协同管控、产品线规划、模式对标、组织优化和资本运作等方面构建真正适合我国医药、医疗和保健企业的战略体系，更利于企业的未来发展和内部优化。

三、多元化医药集团转型期战略规划模型

（一）内外部资源能力分析

对多元化集团医药企业提供的经营状况进行分析，借助深度访谈、问卷调查和对标分析，结合我国医药行业竞争状况和医药行业政策发展方向，对多元化集团医药企业的业务层级、业务单元结构、市场竞争结构、业务管控机制、内部管理、资源配置和获取、资本协同和运作、集团发展框架等方面进行综合分析，为制定适合集团、适合医药行业、适合各业务单元的集团战略体系奠定坚实基础。

（二）多元化医药集团战略体系设计

（1）根据集团的资源和能力状况，结合中国医药行业未来发展态势，制定集团未来发展的愿景和目标，构建集团目标战略体系。

（2）根据集团发展愿景和战略目标，明确集团主要业务方向，构建集团业务结构。

（3）根据集团能力、资源和未来的主要业务方向，梳理多元化医

药集团现有业务单元，确定未来的培育业务单元，根据集团主业方向确定个各业务单元主次结构。

（4）优化集团的组织结构，建立有效率的集团组织。

（5）确定集团各业务的发展方向，在协同一致的战略框架下，制定业务单元战略发展规划，优化业务单元产品结构。

（6）理顺业务单元之间的关系，构建内部协调管控机制。

（7）对各业务单元进行资源能力配置，设计资源管控和能力提升机制。

（8）构建集团自身价值链，分配各业务单元在内部价值链的作用和指标，建立内部价。

（9）构建集团政府事务发展管理体系。

（10）建立集团内部战略合作平台，建立平台的新业务孕育体系、协同管理体系、流程、组织和评估分析体系。

（11）建立集团外部战略合作平台，建立外部合作管理机制，建立项目立项、运作和管理机制。

（12）制定集团发展路径和步骤，制定各业务单元发展路径和步骤。

（13）建立集团战略实施监控体系。

（14）建立集团战略审计体系。

（15）构建集团发展风险管控机制和内部各业务单元风险管控机制。

（三）培训和实施

（1）对集团关键人物和部门进行集团战略培训，分多层次、多角度。

（2）制订集团战略实施计划，监控实施，定期进行战略审计。

（3）评估业务单元协同能力，建立评估模型。

（四）动态调整

（1）半年度战略审计，根据新情况调整战略路径，确保战略目标实现。

（2）年度战略审计，根据新情况调整战略路径，确保战略目标实现。

（3）及时根据新的发展机会、新的政策，调整战略路径。

（五）预期效果

（1）达成多元化医药集团转型战略规划设计的目标。

（2）明显提升集团发展能力和政府事务管理能力。

（3）明显提升集团对现有业务单元和新业务单元管控能力。

（4）明显提升各业务单元发展能力。

第四节　转型期单体制药企业战略规划模型

中国医药市场呈刚性发展态势，这给我国的医药企业带来了巨大的发展机遇。但同时，由于我国医药企业多年来的多小散乱差的格局导致很多企业包括大企业管理基础薄弱，真实竞争力不强。尤其很多制药企业在目前的转型期战略管理上存在很多的问题和疏漏，导致企业发展出现明显阻碍。

目前单体制药企业在制定转型期战略上存在的主要问题：

（1）战略仅存于高管的头脑中，企业人员难以具体实施；

（2）战略制定没有产品线规划，缺乏基本支撑；

（3）企业战略制定后没有营销战略规划，战略实施和落地性不强；

（4）战略体系中没有战略平台构建，阻碍了制药企业获取外部资源和孕育内部新业务；

（5）战略规划缺乏具体的路径和实施步骤，没有按照路径和步骤配置资源和能力要求，导致战略规划实施起来无从下手，依然是摸着石头过河状态。

在笔者接的制药企业转型期战略规划项目中，有国际咨询公司做完战略规划后因为战略实施性差又另找咨询公司做实施战略的制药企业，有其他国内咨询公司做完后依旧迷茫又请笔者重新做的。

所以，咨询公司为制药企业做转型期战略规划有两个最关键的前提：

（1）项目运作时的管控合伙人一定是医药行业内从业多年熟知医药行业的专家；

（2）项目思路一定要有很强的实施性，加上关键与核心的模块，比如产品线规划、具体实施的路径和步骤、营销战略等。如果没有这些，那这个战略基本是空壳子。

在总结数十家制药企业成功战略规划案例后，根据制药企业的业务特性和行业特性，笔者制定出了目前非常适合制药企业并重在落地的战略规划解决方案。

一、战略分析

（一）外部环境分析

（1）PEST 分析

（2）医药行业行业政策分析

（3）医药行业市场机会分析

（4）制药企业的竞争对手分析

（5）制药企业合作客户分析，供应商分析

（二）内部资源能力分析

（1）制药企业资源分析

（2）制药企业现有产品群分析：在销产品、储备产品、在研产品

（3）对产品的研发能力和产品获取能力分析

（4）核心产品群竞争状态分析

（5）制药企业核心能力分析

（6）制药企业生产能力分析

（7）制药企业拟进入的新业务领域的竞争、政策和市场分析

（8）制药企业管理层面分析：组织能力、营销能力，财务能力等

二、战略规划

（1）制药企业愿景

（2）制药企业使命

（3）制药企业5年目标，3年目标

（4）制药企业新的治疗领域定位

（5）根据定位的治疗领域对产品群范围确定

（6）产品群中产品线规划

（7）研发战略，产品获取战略

（8）新领域和现有领域商业模式构建

（9）组织优化或重构

（10）业务单元结构确定

（11）业务单元战略

（12）职能战略

（13）市场布局战略

（14）渠道结构设计

（15）战略路径、步骤分解

（16）战略目标年度、业务单元、职能部门和责任人分解

（17）战略各阶段目标资源能力匹配

（18）战略平台构建

（19）并购重组，资源获取管理和预期设定

三、战略风险管控体系建立

四、战略审计体系设计

五、培训和实施

（1）对制药企业人员培训，分多层次，多角度。

（2）监控实施，定期进行战略审计。

六、动态调整

（1）半年度战略审计，根据新情况调整战略路径，确保战略目标实现。

（2）年度战略审计，根据新情况调整战略路径，确保战略目标实现。

（3）及时根据新的发展机会、新的政策，调整战略路径。

七、预期效果

（1）达成多制药企业或业务单元战略规划设计的目标。

（2）建立稳定的经营团队和销售团队，增强员工归属感和认同感。

（3）建立稳定的合作商业客户。

（6）形成稳健上升的经营态势。

第五节　保健品业务单元战略规划模型

一、我国保健品业务发展现状

对于保健品企业来说，很少有制定战略的，更多的是依靠投机行为做保健品业务。这就是为什么中国没有真正的大型保健品企业和美誉度长存的保健品企业的原因，而目前一些比较有名气的中小保健品企业经常发生虚假宣传问题、产品质量问题，原因归根结底是这些企业不是在经营企业，而是抱着捞一把就走的心态。

至于医药企业做保健品业务，由于很多医药企业完全按照药品的战略管理思路规划保健品业务板块，以致到目前为止，医药企业做保健品成功的非常少。保健品企业战略完全不同于制药企业战略，因为保健品与药品的渠道结构、市场结构、客户结构、产品结构和营销架构有着很大的差异。

医药企业在从事保健品业务规划时，没有形成有效的规划思路，反而学习保健品企业做保健品方法，投机心态较强，无法形成长期的品牌价值和品牌美誉度，这在一定程度上损害了医药企业的医药主业。

二、我国保健品行业存在的主要问题

（1）缺乏技术含量的产品较多，同质化竞争严重。

（2）主要依靠夸大甚至欺诈方式进行宣传和销售，过度透支品牌美誉度，损害了企业和产品的成长，所以，业内有保健产品两三年周期的说法。

（3）没有企业真正注重研发、注重产品分类和产品线规划，产品来源主要依靠模仿。

（4）业内投机心态普遍严重，不注重企业的发展，缺乏基业长青的战略观念。

笔者在 2013 年做了一些制药企业保健品业务单元的战略规划，从而对全国很多制药企业的保健品经营状况做了分析。目前我国制药企业做保健品的很少有做过 1 亿元销售业绩的。在大健康大力发展的背景下，制药企业做保健业务具有天然优势，但为什么总也做不起来？

三、影响保健品业务的几个关键因素

这里分析几点关键因素，以期对制药企业保健业务单元有指导意义。

（一）健康文化体系的构建是最大亮点

比如 505 神功系列产品，就是因为利用传统中医理论构建了自身的健康文化体系，让消费者蜂拥而至，后期的很多保健品其实都在借鉴这个做法。

未来制药企业要想做成保健业务，首先要构建出适合自己品牌、产品的健康文化体系。文化的力量是无穷的，它能根植于消费者最深处的认识中，形成长久的产品使用指导和品牌忠诚度。

现在的很多保健品企业或者医药企业无法在脱离夸大宣传的营销手段下，根本就没法做好保健品营销。

当然，构建健康文化体系不能再依靠虚假宣传的内容，而是从我国居民高度认可的真正的中医学理论或者膳食补充理论进行延伸，形成一套对居民健康干预、养生需要和康养需要的理论体系，并为这个理论体系提供源源不断的产品。这样就可以长久经营，并塑造最为长久的品牌。

（二）注重产品研发

虽然之前很多成功的保健品品牌都是玩噱头、搞概念，但对产品研发都比较重视。

未来，好的保健品一方面是健康文化体系的产品载体，另一方面更重要的是满足居民真正的保健需求。

这就要求先详细地了解不同区域、不同年龄段、不同疾病人群、不同购买能力的消费者的真正需求是什么。对哪一种产品真正能帮助居民满足健康需求，哪一种产品适合县级以下市场销售，哪一种产品适合城市市场销售等，都需要仔细研究，获取相关的数据后，再针对不同群体研发对应的保健品，形成多角度、多层次满足消费者需求的产品结构，最后配以合理的健康文化指导体系，这类的产品或者保健企业没有不长久的。

（三）注重连锁店面的建设

很多成功的、做得比较大的保健品企业，都注重覆盖全国的连锁店面的建设。

那些单纯依靠药店、商超等非自控体系销售产品的制药企业保健品业务都很难做大，这一点笔者在和保健品企业或者药企经营保健品的高层沟通时发现很多人都没认识到。

现在理智的消费者不会单纯听听广告就马上急吼吼地跑到你指定的药店去购买。而且，消费者到了店面，也不一定就买广告宣传的产品。

笔者亲身经历了一次消费者听完广告后到药店咨询购买保健品的事情。这个消费者到了药店后，发现同类保健品非常多，功能介绍基本相似。在向店员征询意见过程中，店员倾向于推介店面利润高的产品。结果消费者自行购买了自己认为满意的产品，并没购买店员推介的和广告推介的保健品。

笔者出店面询问这个消费者的购买决策依据。消费者回答很简单，店员推介的基本都是他们不好卖或者利润高的，电视广告有忽悠人的成分，但他认为这类保健品适合自己服用所以购买。

现在很多药企经营保健品基本是依靠药店经营的，这一点本无可厚非，因为药企没有能力建立全国范围的保健品连锁店。但这样的保健品经营基本就被药店连锁卡住了喉咙，一切都是连锁药店说了算。药企的保健品能否销售或者销售的好坏，基本上药店起决定作用。即使药企自己到电视媒体做广告，一旦药店配合度不够或者借机推介别的保健产品，就浪费了媒体广告投放。

其实制药企业经营保健品可以在大型城市设立旗舰店，在药店设立专柜，在销售区域组建保健品销售人员，这必将极大地促进制药企业保健品的销售。而且，目前我们在实操过程中，已经做成了一些成功案例，证明这一点是可行的。

健康文化体系的缺失、对保健产品的研发不够重视和缺乏连锁店面经营的理念是制药企业难以做大保健品的三大短板。所以，药企至今基本没有把保健产品做起来，也无法做起来。因为他们至今不知道药品和保健品销售的路子是不同的。

四、保健品企业或医药企业保健品业务单元战略规划构建模型

笔者在总结了大量国内外保健品企业成功案例，并结合所做的很多成功的保健品企业战略规划案例后，制定出目前国内最为有效的保健品企业或医药企业保健品业务单元战略规划解决方案。

（1）企业战略愿景和目标设定。

（2）建立以基业长青发展理念，放弃投机性经营理念，用管道模式把企业做活。

（3）通过保健品产品分析模型明确适合企业的保健品分类，确定主要业务方向。

（4）在主要业务方向基础下，定位主产品群、二类产品群、辅助产品群和孕育产品群，并根据不同类别产品群规划未来 3～5 年的产品线。

（5）制订保健产品研发战略，获取战略，构建研发平台和管控体系。

（6）根据企业、产品群、市场竞争等特点构建适合企业、适合市场的新的经营模式，确定渠道模式管控模式。

（7）制定品牌发展战略，设计品牌发展路径、步骤和策略。

（8）优化组织结构，职责落实到位。

（9）制定战略实施的路径，步骤和管控机制，按照目标要求分年度分配资源。

（10）构建战略合作平台，获取有益于企业的医疗资源、市场资

源、产品资源和政府资源。

（11）制定职能战略。

（12）制定战略审计、评估、分析和管控体系。

（13）制定风险管控机制。

医药企业做保健品业务单元战略除上述内容外还需要综合构建以下内容：

（1）保健品业务与其他业务的协同。

（2）保健品品牌策略与公司品牌协同。

（3）OTC 业务与保健品业务协作。

（4）重新确定保健品渠道模式。

（5）培训和实施。

第一，对保健品企业人员培训，分多层次，多角度。

第二，监控实施，定期进行战略审计（项目团队长期跟进）

动态调整：

（1）半年度战略审计，根据新情况调整战略路径，确保战略目标实现。

（2）年度战略审计，根据新情况调整战略路径，确保战略目标实现。

（3）及时根据新的发展机会、新的政策，调整战略路径。

预期效果：

第一，达成多保健品企业或业务单元战略规划设计的目标。

第二，建立稳定的经营团队和销售团队，增强员工归属感和认同感。

第三，建立稳定的合作商业客户。

第四，延长产品生命周期，打造长久性产品结构。

第五，形成稳健上升的经营态势。

第六节　医疗器械业务单元战略规划模型

医疗器械行业是一个快速扩容的新兴市场，是颇受投资者关注的医药行业分支。随着人口老龄化，健康保健意识提升，国家对基层医疗市场的加大投入和我国医疗器械研发能力的提升，未来医疗器械行业平均增速将高于药品行业。发达国家器械与制药的产值比约为1∶1，而我国器械收入约占药品市场规模的10%，市场扩容正在进行中。

目前我国医疗器械市场发展速度快，以中小企业、低端产品为主导，产业地域集中度明显，自主知识产权和自主品牌力量薄弱。从未来发展趋势来看，市场潜力巨大，需求持续增长，进口将持续增加，市场竞争将更趋激烈。

由于医疗器械具有多样性、复杂性，技术创新投入高，开发产品周期较长，对知识产权依赖性强，对安全性和有效性要求高等特点，国内能够为医疗器械企业或业务单元进行战略规划的咨询公司不多。

笔者也是在经过几个医疗器械战略规划项目摸索之后才形成了较强的国内医疗器械企业战略规划的构建模型。

由于我国的医疗器械企业都比较小，所以，我们在为医疗器械企业或业务单元进行战略规划分类，非常有利于企业：

（1）年经营额3亿元以下的医疗器械企业或业务单元采取以营销战略为核心的战略规划设计方式。因为企业或业务单元小，资源不丰富，组织结构简单，人员少，所以没必要做完企业战略后再做营销战略，两部分可以融合做。这样有助于企业节省项目费用，同时，落地性和实操性也强。

（2）年经营额3亿元以上的，则先做企业整体战略，根据需要再做营销战略。

3亿元以下以营销战略为核心的战略规划设计方式如下:

一、企业内外部竞争环境分析

（1）医疗器械行业政策分析。

（2）企业的竞争对手分析。

（3）企业合作客户分析，供应商分析。

（4）企业自身的资源和能力分析。

二、定位医疗器械产品领域

（1）企业现有医疗器械产品的领域机会分析。

（2）新的产品领域机会分析。

（3）确定企业未来整个发展中的主要产品领域、次领域和孕育领域。

三、医疗器械市场细分及定位

（1）家用医疗器械市场细分。

（2）医疗机构医疗器械市场细分。

（3）根据市场细分和企业自身产品特性，确定两大细分市场的产品结构比例。

四、企业战略规划

（1）企业的愿景、使命和目标。

（2）商业模式构建。

（3）企业产品研发和获取战略。

（4）产品线规划。

（5）企业的组织设计和优化。

（6）企业战略的实施路径和步骤，目标分解。

（7）资源和能力配置。

（8）职能战略。

（9）构建战略合作平台，获取有益于企业的医疗资源、市场资源、产品资源和政府资源。

五、营销战略规划

（1）经营指标分解。

（2）营销模式设计。

（3）产品组合。

（4）市场定位，市场布局，渠道结构设计。

（5）营销体系设计：组织、薪酬绩效、制度流程、团队管理。

（6）营销资源和能力配置。

六、战略风险控制体系建设

七、培训和实施

（1）对医疗器械企业人员培训，分多层次、多角度。

（2）监控实施，定期进行战略审计。

八、动态调整

（1）半年度战略审计，根据新情况调整战略路径，确保战略目标实现。

（2）年度战略审计，根据新情况调整战略路径，确保战略目标实现。

（3）及时根据新的发展机会、新的政策，调整战略路径。

九、预期效果

（1）达成多医疗器械企业或业务单元战略规划设计的目标。

（2）建立稳定的经营团队和销售团队，增强员工归属感和认同感。

（3）形成稳健上升的经营态势。

3 亿元以上医疗器械战略规划设计方式如下：

一、战略分析

（一）外部环境分析

（1）PEST 分析。

（2）医疗器械行业政策分析。

（3）医疗器械市场机会分析。

（4）企业的竞争对手分析。

（5）企业合作客户分析，供应商分析。

（二）内部资源能力分析

（1）医疗器械企业资源分析。

（2）医疗器械企业核心能力分析。

（3）对产品的研发能力和产品获取能力分析。

（4）医疗器械企业生产能力分析。

（5）医疗器械企业管理层面分析：组织能力、营销能力，财务能力等。

（6）核心产品群竞争状态分析。

三、战略规划

（1）企业愿景。

（2）企业使命。

（3）企业5年目标，3年目标。

（4）产品分类领域定位和选择。

（5）各产品领域产品线规划。

（6）研发战略，产品获取战略。

（7）商业模式构建。

（8）组织优化或重构。

（9）业务单元结构确定。

（10）业务单元战略。

（11）职能战略。

（12）市场布局战略。

（13）渠道结构设计。

（14）战略路径、步骤分解。

（15）战略目标年度、业务单元、职能部门和责任人分解。

（16）战略各阶段目标资源能力匹配。

（17）战略平台构建。

（18）并购重组，资源获取管理和预期设定。

四、战略风险管控体系建立

五、战略审计体系设计

六、培训和实施

（1）对医疗器械企业人员培训，分多层次、多角度。

（2）监控实施，定期进行战略审计（项目团队长期跟进）。

七、动态调整

（1）半年度战略审计，根据新情况调整战略路径，确保战略目标实现。

（2）年度战略审计，根据新情况调整战略路径，确保战略目标实现。

（3）及时根据新的发展机会、新的政策，调整战略路径。

八、预期效果

（1）达成多医疗器械企业或业务单元战略规划设计的目标。

（2）建立稳定的经营团队和销售团队，增强员工归属感和认同感。

（3）建立稳定的合作商业客户。

（4）形成稳健上升的经营态势。

第八章　药企转型升级风险控制

第一节　药企转型可能存在的风险因素

药企进行转型升级，存在很多的风险因素，而这些风险因素可能导致药企转型升级失败。所以，药企进行转型升级，必须充分认识转型带来的风险，提前把控风险，及早做出应对措施，才可以保证转型升级在稳健的前提下获得成功。

药企升级转型要系统运行，全员参与，逐步推进，循序渐进，千万不要搞大变革式的转型。

很多管理专家或者咨询公司愿意搞变革，但笔者是比较反对的。笔者以前刚开始做管理咨询的时候，也经常动辄提变革，什么组织变革、营销变革，后来经历了几个失败案例后就不再提了，不是自我揭丑，而是经历过失败后的自我总结。

变革是什么？是改变本质，是彻底废旧立新。药企根本不需要什么变革，而是需要优化，需要升级，这就要循序渐进，逐步图之。那些搞激进变革的企业基本没有好结果，麦肯锡当年对实达的案例就是血的教训。

本来转型就存在很多不确定的风险，再去搞激进的变革，就是自掘坟墓。

另外，药企转型不是孤立存在的，而是与战略一同制定。新的战略规划其实整体就是转型规划，转型的很多内容是渗透入了战略规划中。

在第一章我们已经总结了 8 类药企难以转型成功，本节则主要梳理一下药企转型升级可能存在的风险，以期帮助药企在转型过程中尽早地知道和认识风险的存在。

一、经验主义风险

目前医药行业很盛行经验主义。"我过去就是这样做成功的，你们现在要提升业绩，就应该这么做。"经常听药企高管们带着自豪的语气说这话，而现在，面对新的政策环境、新的市场环境、新的竞争环境，既往的经验也许还有些许的借鉴价值，但更多的是要考虑新情况、新变化，尤其是药企转型升级。对药企来说，做新的发展，不能依靠老经验，否则就会让转型失败。

因既往经验导致药企转型失败的案例非常多，这一点是药企管理层和决策层必须要注意的。因为即便转型方案没有问题，但执行过程中，按照经验主义执行，也一样会导致转型失败。

二、决策风险

面临转型机会或者转型点，决策层怎样选择新的发展方向？怎样能够做出正确的转型决策？

决策对了，就有了正确的转型。决策错了，以后基本注定失败。

转型方向选择的决策，任用关键转型人才的决策，投入资源的决策，改变组织的决策，等等，都存在主观因素。因为有时候的确缺少客观的决策依据，如决策机制不健全，主观因素如决策者的能力不足，受情绪、成见影响导致判断失误。随着决策机制的不断发展与完善，客观因素在决策风险中所占的比例将越来越小，而主观方面因素将越来越重要。

三、战略转型方案制定不完善不专业的风险

转型方案的制定对药企来说是非常重要的，俗话说："开始对了，以后就对了。"

制订转型方案一定要经过详尽的调研分析，找出很多关键因素，进行充分讨论。尤其在"互联网+"的格局下和新的医药政策环境下，怎样让药企进入快速发展的轨道，具有较强竞争力，更需要仔细地思考求证。

很多药企把转型战略方案全部交给咨询公司做，这是极端错误的。因为一般的咨询公司，尤其是综合性咨询公司，与对医药行业深刻的理解存在巨大的差距。他们不清楚药企处于哪个阶段，也无法在纷乱的医药行业调整期为药企指明真正的发展方向。更离谱的是，咨询公司的项目人员中一个医药行业从业人员都没有，指望这些外行给药企做转型战略方案，基本是目掘坟墓。所以，如果找咨询公司做战略转型方案，就要考察项目组成员的履历。实在不行，就要为项目组配置擅长研究政策、擅长转型的医药行业专业人士。

战略转型方案一定要做得专业，做得完善，这是转型成功的关键。

四、管理的风险

药企战略转型会涉及方方面面，尤其是管理方面。转型需要更为精细的管理，因而各种管理制度和流程都是转型必须的。尤其是涉及部门的管理，就应该更为仔细和慎重。

管理不到位，转型就基本失败。

五、财务风险

药企应本着有多少钱做多少事情的原则，不要总是想一飞冲天。所以，药企要考虑好现有资金的承受能力，未来融资渠道的构建和拓宽，融资机会的把控。而且，运行过程中也要时刻监控资金风险，不要转型步骤过大导致资金链吃紧甚至断裂。

在财务上，要监控到位，不要在转型期出现大量的财务漏洞，让一些人员有机可乘。

六、资源短缺和资源配置错误风险

资源是药企转型非常关键的因素，资源不到位会严重拖延转型的进程。比如资金资源，药企在发现并进入谈判阶段后，如果缺少足够的并购资金则难以完成对转型非常关键的并购标的的收购，或者在转型期内，由于转型导致运营资金吃紧，让药企全员对转型产生疑虑。比如人才资源，新进入的领域需要更为专业的人才介入，但药企并没有找到合适的人才，从而延误转型进程。比如市场资源，药企没有在规定时间内获得足够的市场资源导致业绩受到影响。或者现有的资源不能合理分配到需要的领域，都可能导致转型出现问题。

七、人才风险

人才是药企转型的关键。很多药企转型基本上还是依靠原来的团队，没有根据转型需要引进新的人才。虽然经过培训和学习，原有的团队会有新的认识，但积习难改，原有的队伍大多数还是会按照原来的经验思维从事转型工作，这就给转型带来风险。

同时，进入新领域，如果人才不能及时到位，或者即使及时到位，但没有发挥应该有的作用，或者药企本身没有给这些人才一定的决策权限和管理权限，都会影响转型的结果。

八、政策风险

政策风险是药企进行转型必须要考虑的。现在的国家医药行业政策频出，而且政出多门。有些政策稳定性不够，出现了国家相关部门和地方打架的情形。比如国家卫计委一再强调坚决反对医疗机构二次议价现象，而二次议价现象却在全国开花。

有些相对稳定的政策也要考虑风险。比如医药电商的发展，现在为止国家还没出台网售处方药政策，这让很多医药电商平台非常难受和尴尬。

所以，一定要充分研究医药行业的相关政策，以及医药行业未来的政策走势，因为医药行业的国家大方向是可以预判的。

九、组织调整风险

药企要进行转型，就会根据转型战略的要求制定新的适合的组织结构，这就涉及组织结构的调整。

组织结构调整前提是组织结构要设置合理，有较好的公司治理结构。如果公司的治理结构形同虚设，或者过于激进，没有良好的运行机制，就可能导致组织结构调整失败。

有些药企转型期的组织设计不科学，权责分配不合理，而内部可能还存在机构重叠、职能交叉，甚至职能缺失问题，就会导致转型工作无法落实到位，组织运营效率低下。

还有一种情况是，新的组织对重要的老员工安置岗位不合适，重要岗位的老员工就会聚集形成反对药企转型的力量。

十、合作风险

药企转型离不开外部资源的整合，尤其是外部合作平台上很多的合作伙伴。这些合作伙伴可能是药企转型的关键外部资源，可以为药企提供人才、提供生产、提供市场。如果药企转型损害到这些合作客户，他们就会形成外部抵制药企转型的力量。

所以，要综合考虑合作客户的利益，避免出现抵制或者经营业绩受损的情况。比如，有些药企转型期需要优化合作客户结构，减少一些合作客户的数量，但由于优化过程过于激进，导致销售额快速下降，或者应收账款急剧增加，这都是风险。如何避免这些风险就需要在制定和执行转型战略方案时考虑好。

十一、市场风险

药企转型可能有一些新的产品、新的经营策略，但由于事前考虑不周，市场不接受这些新的产品或者新的经营策略，或者接受度不高，就会导致药企转型受阻。

比如某药企进行的产品组合策略，对药店采用品牌产品搭配销售的策略，但遭到药店客户的联合抵制，因为搭配的产品质次价高，很难从药店销售出去。

比如一些药企采用控销策略，对合作客户限价限量、现金结算、零容忍窜货，导致很多合作客户抵制，甚至转与药企的竞争对手合作。

十二、平台对接风险

现在有很多外部合作平台，比如医药电商平台。BAT 都在构建自己的医药电商平台，有 B2B、B2C、O2O 等模式。现在很多药企仅仅知道在这些平台注册登录和简单使用，没有任何外部推广策略，导致平台利用率低下。或者，药企无法对接一些医疗机构的采购平台，无法对接合作客户的商业平台等。这些都需要药企重构自身的平台系统，使平台利用效率最大化。

第二节 药企怎样控制转型风险

药企进行转型，必然存在转型风险，所以，要在药企原有的风险控制体系基础上进行升级，形成新的风险管控体系。

药企转型的风险可能来自内部，也可能来自外部，所以，转型的风险管控体系必须对药企内外部可能存在的风险、困难提前预判。

药企转型期的风险管控体系具体是指围绕药企转型总体经营发展目标，在管理的各环节和经营过程中执行风险管理基本流程，建立健全风险管理体系（包括组织机构、制度流程和方法技术等），培育良好的风险管理文化，从而为实现药企转型总体目标提供合理保证的过程和方法。

药企转型风险管控体系其实和药企原有的风险管控体系并没有太多的区别，而是在原有风险管控体系基础上提升，加入转型期的风险控制因素，形成加强版风险管控体系。

药企转型风险管理体系主要包括以下内容：

（1）转型风险初始信息收集；

（2）转型风险识别；

（3）转型风险评估；

（4）转型期内各部门的风险管理职责划分和对策；

（5）转型风险管理的监督与改进；

（6）药企转型风险管控流程图。

药企开展转型风险管理要努力实现以下目标：

（1）让转型形成的风险始终处于监控状态下，并形成有效的应对方案，确保成功推进药企转型；

（2）根据风险提示，药企要建立获取真实信息的风险监控机制，保证药企内外部获得的信息真实有效；

（3）根据药企转型的风险管控体系运行，确保转型产生的风险在可控范围内，以免由于不可控导致药企面临巨大的风险。

药企转型期的风险管控工作将会渗透到各个业务单元、各个部门的日常管理活动中。风险管理的报告工作要体现在每月举行的工作汇报中。

同时，每个季度，药企要专门召开风险管控工作会议。工作会议将履行以下职责：

（1）讨论转型期药企风险管理目标、风险偏好、风险承受度；

（2）讨论转型期药企风险管理方面的制度和流程；

（3）讨论转型期药企风险管理工作计划、风险管理报告；

（4）讨论转型期药企风险应对总体方案，研究重要和重大风险管理中的有关具体问题；

（5）协调解决药企风险管理中跨业务单元跨部门的重要事项；

（6）审议药企风险管理中的其他重要事项。

药企转型期风险控制体系建设的步骤：

一、药企转型期风险初始信息收集

药企转型要进入的基本是比较新的领域，或者是在原来的基础上深入经营范围，这对药企的决策层和管理层来说，都是相对新的。所以，药企必须通过各种可以用的渠道，细致、持续地收集相关领域的各种信息，建立新领域的研究机制，形成信息库。这一点，最好每周相关部门都能出具一份研究报告。

这份研究报告包括以下内容：

（1）新领域的政策变化、资源变动动态；

（2）新领域的竞争对手动态；

（3）新领域的产品竞争状态；

（4）新领域的管理新思维；

（5）药企在市场中的活动、表现；

（6）药企的相对竞争对手的弱点、优势；

（7）根据药企的要求，收集的其他方面信息。

如果每周决策层都会有上述的研究报告，那么，避免决策风险，指导药企规避转型风险就成为可能。

除了外部风险，内部也要有风险信息收集。比如药企人员对转型的认识、培训、人力资源供给情况、组织运行情况、新的制度流程执行情况、各部门的简报、内部的运营分析、财务分析等。

药企应根据实际情况，选择合适的方式对风险初始信息进行整理、汇总、统计、分析和存档，提高信息的有用性。药企应将转型期风险初始信息收集的职责分工落实到各有关职能部门和业务单位，建立健全各部门间风险信息共享和沟通机制。

药企应以收集的风险初始信息为基础，结合对各项重要管理及业务流程的分析，开展风险识别和评估。

通过对内外部的风险信息的搜集，就会形成表8－1。根据表8－1，我们就可以清晰地理解和掌握内外部的风险情况。

表8－1　风险初始信息收集流程表

部门	流程序号	业务	流程描述	对应风险点描述	产生原因	控制措施	备注
	1						
	2						
	3						
	4						
	5						
	6						
	7						

二、风险识别

药企转型的风险在不同阶段是不同的。比如初期，可能风险更多来自药企内部，中期可能风险更多来自客户或者市场。所以，药企每季度在风险管控会议上，都应该明确下一季度的主要风险。

本书前面已经列举了很多药企转型风险：

（1）经验主义风险；

（2）决策风险；

（3）战略转型方案制定不完善不专业的风险；

（4）管理的风险；

（5）财务风险；

（6）资源短缺和资源配置错误风险；

（7）人才风险；

（8）政策风险；

（9）组织调整风险；

（10）合作风险；

（11）市场风险；

（12）平台对接风险。

上述风险可能具有一定的共性，但转型期，药企应该根据自身所面对的经营局面对其他新的风险进行识别，以保证转型的顺利实施。

比如，某药企转型时就面临非正式组织即小利益团队的抵制问题，因为药企转型损害了这部分既得利益者原有的非正常收益。某药企发觉后，立即着手解决，把风险降到了最低。

三、药企转型期风险评估

转型期风险评估包括风险分析和风险评价两方面的工作。开展风险分析，应对识别出的风险及其特征进行明确定义，分析和描述风险发生可能性的高低、风险发生的条件。开展风险评价，主要是研究判断风险对药企实现经营发展目标的影响程度。

应根据风险类型特点和风险管理实际需要，合理选择定性和定量评估方法。

药企应根据风险发生可能性的高低和对经营发展目标影响程度的大小，区分极高、较高、中、低、极低5个等级。

在风险评估过程中，应针对具体风险，结合转型期相关经营发展目标，制定适用5个等级风险的定性或定量评估标准。

在评估多项具体风险时，应对各项具体风险进行比较，确定关注重点和管理优先顺序。

风险评估过程中，应对各具体风险之间的关系进行分析，以便发现各具体风险之间的抵消、叠加和正负相关性等组合效应，从风险策略上对风险进行统一集中管理。

药企应采取定期和日常相结合的方式开展风险评估。定期评估由主管领导组织有关部门实施，形成风险评估报告。开展定期评估，应根据需要成立跨部门的风险评估小组，提高风险评估的协同性和评估工作质量。

日常评估由各部门结合战略规划、审查、预算制定、本部门的经营活动、跨部门工作等业务工作进行。评估结果应体现在有关专业报告中，并提供给决策层。

风险评估应由药企自行组织实施，必要时也可聘请有资质、信誉好、风险管理专业能力强的咨询机构协助实施。

转型期风险影响程度如表8-2所示。

表 8 - 2 转型期风险影响程度

流程序号	风险发生可能性		风险影响程度										对公司利润总额影响多少（万元）
			对公司声誉的影响					对公司运行的影响					
			轻微	较小	中等	严重	非常严重	轻微	较小	中等	严重	非常严重	
1	风险点	风险发生可能性	极低										
			低										
			中等										
			高										
			极高										

　　风险事件发生可能性是指就药企目前的管理水平下，风险事件发生的概率或频繁程度。

　　本体系把药企转型期风险定义为 5 个等级，分别赋值 1 ~ 5 分，1分表示可能性极低，5 分可能性极高。具体如表 8 - 3 所示。

表 8 - 3 药企转型期风险等级

等级	可能发生描述
1 - 极低	风险事件发生可能性极小，可能不会发生（3 年发生一次）
2 - 低	风险事件发生可能性很小（1 年发生一次）
3 - 中	风险事件可能发生（1 季度发生一次）
4 - 较高	风险事件很有可能发生（1 月发生一次）
5 - 极高	风险事件发生几乎可以确定（每周、每日或者持续发生）

　　药企转型期风险影响程度如表 8 - 4 所示：

表 8 - 4　药企转型期风险影响程度

等级	财务影响	公司声誉影响
1 - 轻微 该类事件对公司经营有轻微影响	对公司利润影响在×万元以下	在经营区域有一定影响（品牌、市场份额、竞争力、形象），这种影响短期内自行消除
2 - 较小 该类事件对公司经营和形象有一定影响	对公司利润影响在×万元和×万元之间	在经营区域有一定影响（品牌、市场份额、竞争力、形象），这种影响需要一定时间消除，公司将付出一定代价
3 - 中等 该类事件对公司经营有一定影响，但可以被有效解决，且无后续影响	对公司利润影响在×万元和×万元之间	在经营区域有一定影响（品牌、市场份额、竞争力、形象），这种影响需较长时间消除，且需付出较大代价
4 - 严重 该类事件对公司经营有重要影响，需投入资源解决，但不会影响公司生存	对公司利润影响在×万元和×万元之间	在经营区域有一定影响（品牌、市场份额、竞争力、形象），需长时间消除，且需付出巨大代价
5 - 非常严重 该类事件如不能有效解决，将影响公司生存	对公司利润影响在×万元以上	影响无法消除 公司面临破产或中断

四、转型期内各业务单元各部门的风险管理职责划分和对策

药企在转型期内应该把对风险的把控向各个业务单元和各个部门划分。比如某集团药企在转型期内，就首先划分出集团层面风险，之后把集团层面风险分解到各个所属的企业。各个所属的企业根据集团要求又把风险分解到各个部门。同时，集团药企每月要有风险报告，这样集团层面和下属企业都可以随时警惕各种对应的风险，在具体工作中可以避免相关风险的发生，保证集团整体风险的控制。

五、转型风险管理的监督与改进

建议药企进行转型时，在方案阶段就明确风险管控的具体工作。

一般每周要有信息收集报告，每月要有各个部门或者业务单元的风

险报告，每季度要有集团层面的或者决策层层面的风险管控会议，每年
度要有年度风险总结分析会议，这样就可以随时警惕各种风险的发生，
及时制定风险应对方案，最终让药企整个转型过程都处于掌控之中。

六、药企转型风险管控流程图

分配好各个业务单元和各个部门的风险管控职责后，就要根据风险
的不同内容和权责画出风险管控流程图，这样可以清晰地知道每个关键
节点的职责和权限，以保证风险管控始终处于流畅的运行状态。

总结：

转型期的药企应该建立健全风险管控机制和风险应对机制。现在很
多药企自身并没有风险管控体系，那么，进入转型期，就必须建立风控
体系，对可能发生的各种风险和突发事件预警，并制定应对方案，明确
相关部门的风控职责，规范风险处理程序，确保药企转型和经营过程中
遇到的各种风险始终处于掌控之中。

DC（北京鼎臣医药管理咨询中心）简介

北京鼎臣管理咨询有限责任公司下属业务中心包括：北京鼎臣医药管理咨询中心，北京鼎臣医疗管理咨询中心，北京鼎臣健康管理咨询中心，北京鼎臣投资中心，北京鼎臣培训中心。

北京鼎臣医药管理咨询中心拥有由行业知名管理专家、资深专业顾问和企业实战派组成的国内规模大、专业化程度高的医药、医疗、健康管理咨询团队。

北京鼎臣医药管理咨询中心主要从事医药产业研究、医药行业研究、医药管理咨询、医药投资支持和药企课程培训。

北京鼎臣医药管理咨询中心有四大大业务板块：

（1）医药产业研究、医药行业研究业务：透视医药产业，帮助医药企业看清政策环境、市场环境，正确而快速发展。

（2）医药管理咨询业务：包括医药企业的集团管控、转型升级、战略规划、营销战略、体系规划、职能战略、可行性调研、组织构建与流程设计、人力资源、薪酬绩效、市场营销、并购重组、尽职调查、营销托管。

（3）医药投资支持业务：帮助医药客户寻找产业投资机会，确定医药产业投资策略；寻找符合要求的目标企业，协助建立双方联系和合作关系；为已投资的企业提供增值服务（包括尽职调查、股权激励、企业战略、市场营销、人力资源、资本规划、并购重组等）。

（4）药企课程培训体系：可以满足各类药企的各种课程需求。课程培训特点是根据药企需求进行课程定制，我们将提供观点系统、实用性强和指导性强的课程培训内容。

业务热线：400－0153－100　　邮箱：slcfw@sina.com

1120 本土管理实践与创新论坛

这是由100多位本土管理专家联合创立的企业管理实践学术交流组织,旨在孵化本土管理思想、促进企业管理实践、加强专家间交流与协作。

论坛每年集中力量办好两件大事:第一,"**出一本书**",汇聚一年的思考和实践,把最原创、最前沿、最实战的内容集结成册,贡献读者;第二,"**办一次会**",每年11月20日本土管理专家们汇聚一堂,碰撞思想、研讨案例、交流切磋、回馈社会。

论坛理事名单(以年龄为序,以示传承之意)

常务理事:

彭志雄	曾 伟	施 炜	杨 涛	张学军	郭 晓
程绍珊	胡八一	王祥伍	李志华	陈立云	杨永华

理　　事:

卢根鑫	曾令同	宋杼宸	张国祥	刘承元	曹子祥	宋新宇	吴越舟
吴 坚	戴欣明	刘春雄	刘祖轲	段继东	何 慕	秦国伟	贺兵一
张小虎	郭 剑	余晓雷	黄中强	朱玉童	沈 坤	阎立忠	张 进
丁兴良	朱仁健	薛宝峰	史贤龙	卢 强	史幼波	叶敦明	王明胤
陈 明	岑立聪	方 刚	张东利	郭富才	叶 宁	何 屹	沈 奎
王 超	马宝琳	谭长春	夏惊鸣	张 博	李洪道	胡浪球	孙 波
唐江华	刘红明	杨鸿贵	伯建新	高可为	李 蓓	孔祥云	贾同领
罗宏文	史立臣	李政权	余 盛	陈小龙	尚 锋	邢 雷	余伟辉
李小勇	全怀周	沈 拓	徐伟泽	崔自三	王玉荣	蒋 军	侯军伟
黄润霖	金国华	吴 之	葛新红	周 剑	崔海鹏	柏 龑	唐道明
朱志明	曲宗恺	杜 忠	远 鸣	范月明	刘文新	赵晓萌	张 伟
熊亚柱	孙彩军	刘 雷	王庆云	俞士耀	丁 昀	黄 磊	罗晓慧
伏泓霖	梁小平	鄢圣安					

推荐作者得新书！

博瑞森征稿启事

亲爱的读者朋友：

感谢您选择了博瑞森图书！希望您手中的这本书能给您带来实实在在的帮助！

博瑞森一直致力于发掘好作者、好内容，希望能把您最需要的思想、方法，一字一句地交到您手中，成为专业知识与管理实践的纽带和桥梁。

但是我们也知道，有很多深入企业一线、经验丰富、乐于分享的优秀专家，或者往来奔波没时间，或者缺少专业的写作指导和便捷的出版途径，只能茫然以待……

还有很多在竞争大潮中坚守的企业，有着异常宝贵的实践经验和独特的闪光点，但缺少专业的记录和整理者，无法让企业的经验和故事被更多的人了解、学习、参考……

这些都太遗憾了！

博瑞森非常希望能将这些埋藏的"宝藏"发掘出来，贡献给广大读者，让更多的人得到帮助。

所以，我们真心地邀请您，我们的老读者，帮助我们一起搜寻：

推荐作者。

可以是您自己或您的朋友，只要对本土管理有实践、有思考；可以是您通过网络、杂志、书籍或其他途径了解的某位专家，不管名气大小，只要他的思想和方法曾让您深受启发。

推荐企业。

可以是您自己所在的企业，或者是您熟悉的某家企业，其创业过程、运营经历、产品研发、机制创新，等等。不论企业大小，只要乐于分享、有值得借鉴书写之处。

总之，好内容就是一切！

博瑞森绝非"自费出书"，出版项目费用完全由我们承担。您推荐的作者或企业案例一经采用，我们会立刻向您赠送书币 100 元，可直接换取任何博瑞森图书的纸质版或电子版。

感谢您对本土管理的支持！感谢您对博瑞森图书的帮助！

推荐邮箱：bookgood@126. com   推荐手机：13611149991

欢迎登录"博瑞森管理图书网"了解我们！

博瑞森图书

互联网+

书名．作者	内容/特色	读者价值
移动互联网新玩法：未来商业的格局和趋势 史贤龙　著	传统商业、电商、移动互联，三个世界并存，这种新格局的玩法一定要懂	看清热点的本质，把握行业先机，一本书搞定移动互联网
创造增量市场：传统企业互联网转型之道 刘红明　著	传统企业需要用互联网思维去创造增量，而不是用电子商务去转移传统业务的存量	教你怎么在"互联网＋"的海洋中创造实实在在的增量
画出公司的互联网进化路线图：用互联网思维重塑产品、客户和价值 李蓓　著	18个问题帮助企业一步步梳理出互联网转型思路	思路清晰、案例丰富，非常有启发性
7个转变，让公司3年胜出 李蓓　著	消费者主权时代，企业该怎么办	这就是互联网思维，老板有能这样想，肯定倒不了
重生战略：移动互联网和大数据时代的转型法则 沈拓　著	在移动互联网和大数据时代，传统企业转型如同生命体打算与再造，称之为"重生战略"	帮助企业认清移动互联网环境下的变化和应对之道
跳出同质思维，从跟随到领先 郭剑　著	66个精彩案例剖析，帮助老板突破行业长期思维惯性	做企业竟然有这么多玩法，开眼界
今后这样做品牌：移动互联时代的品牌营销策略 蒋军　著	与移动互联紧密结合，告诉你老方法还能不能用，新方法怎么用	今后这样做品牌就对了
互联网＋"变"与"不变"：本土管理实践与创新论坛集萃．2016 本土管理实践与创新论坛　著	本土管理领域正在产生自己独特的理论和模式，尤其在移动互联时代，有很多新课题需要本土专家们一起研究	帮助读者拓宽眼界、突破思维
微商生意经：真实再现33个成功案例操作全程 伏泓霖　罗晓慧　著	本书为33个真实案例，分享案例主人公在做微商过程中的经验教训	案例真实，有借鉴意义

行业类：零售、白酒、食品/快消品、农业、医药、建材家居等

书名．作者	内容/特色	读者价值
1. 总部有多强大，门店就能走多远 2. 超市卖场定价策略与品类管理 3. 连锁零售企业招聘与培训破解之道 4. 中国首家未来超市：解密安徽乐城 5. 三四线城市超市如何快速成长：解密甘雨亭 IBMG国际商业管理集团　著	国内外标杆企业的经验＋本土实践量化数据＋操作步骤、方法	通俗易懂，行业经验丰富，宝贵的行业量化数据，关键思路和步骤
涨价也能卖到翻 村松达夫　【日】	提升客单价的15种实用、有效的方法	日本企业在这方面非常值得学习和借鉴
零售：把客流变成购买力 丁昀　著	如何通过不断升级产品和体验式服务来经营客流	如何进行体验营销，国外的好经营，这方面有启发
餐饮企业经营策略第一书 吴坚　著	分别从产品、顾客、市场、盈利模式等几个方面，对现阶段餐饮企业的发展提出策略和思路	第一本专业的、高端的餐饮企业经营指导书
赚不赚钱靠店长：从懂管理到会经营 孙彩军　著	通过生动的案例来进行剖析，注重门店管理细节方面的能力提升	帮助终端门店店长在管理门店的过程中实现经营思路的拓展与突破
汽车配件这样卖：汽车后市场销售秘诀100条 俞士耀　著	汽配销售业务员必读，手把手教授最实用的方法，轻松得来好业绩	快速上岗，专业实效，业绩无忧

左侧纵向分类标签：
- 互联网+
- 零售·超市·餐饮·服装·汽车

类别	书名/作者	内容	评价
白酒	变局下的白酒企业重构 杨永华 著	帮助白酒企业从产业视角看清趋势,找准位置,实现弯道超车的书	行业内企业要减少90%,自己在什么位置,怎么做,都清楚了
	1. 白酒营销的第一本书 2. 白酒经销商的第一本书 唐江华 著	华泽集团湖南开口笑公司品牌部长,擅长酒类新品推广、新市场拓展	扎根一线,实战
	区域型白酒企业营销必胜法则 朱志明 著	为区域型白酒企业提供35条必胜法则,在竞争中赢销的葵花宝典	丰富的一线经验和深厚积累,实操实用
	10步成功运作白酒区域市场 朱志明 著	白酒区域操盘者必备,掌握区域市场运作的战略、战术、兵法	在区域市场的攻伐防守中运筹帷幄,立于不败之地
	酒业转型大时代:微酒精选 2014－2015 微酒 主编	本书分为五个部分:当年大事件、那些酒业营销工具、微酒独立策划、业内大调查和十大经典案例	了解行业新动态、新观点,学习营销方法
快消品·食品	乳业营销第一书 侯军伟 著	对区域乳品企业生存发展关键性问题的梳理	唯一的区域乳业营销书,区域乳品企业一定要看
	食用油营销第一书 余盛 著	10多年油脂企业工作经验,从行业到具体实操	食用油行业第一书,当之无愧
	中国茶叶营销第一书 柏巍 著	如何跳出茶行业"大文化小产业"的困境,作者给出了自己的观察和思考	不是传统做茶的思路,而是现在商业做茶的思路
	调味品营销第一书 陈小龙 著	国内唯一一本调味品营销的书	唯一的调味品营销的书,调味品的从业者一定要看
	快消品营销人的第一本书:从入门到精通 刘雷 伯建新 著	快消行业必读书,从入门到专业	深入细致,易学易懂
	变局下的快消品营销实战策略 杨永华 著	通胀了,成本增加,如何从被动应战变成主动的"系统战"	作者对快消品行业非常熟悉、非常实战
	快消品经销商如何快速做大 杨永华 著	本书完全从实战的角度,评述现象,解析误区,揭示原理,传授方法	为转型期的经销商提供了解决思路,指出了发展方向
	一位销售经理的工作心得 蒋军 著	一线营销管理人员想提升业绩却无从下手时,可以看看这本书	一线的真实感悟
	快消品营销:一位销售经理的工作心得2 蒋军 著	快消品、食品饮料营销的经验之谈,重点图书	来源与实战的精华总结
	快消品营销与渠道管理 谭长春 著	将快消品标杆企业渠道管理的经验和方法分享出来	可口可乐、华润的一些具体的渠道管理经验,实战
	成为优秀的快消品区域经理 伯建新 著	37个"怎么办"分析区域经理的工作关键点	可以作为区域经理的'速成催化器'
	销售轨迹:一位快消品营销总监的拼搏之路 秦国伟 著	本书讲述了一个普通销售员打拼成为跨国企业营销总监的真实奋斗历程	激励人心,给广大销售员以力量和鼓舞
	快消老手都在这样做:区域经理操盘锦囊 方刚 著	非常接地气,全是多年沉淀下来的干货,丰富的一线经验和实操方法不可多得	在市场摸爬滚打的"老油条",那些独家绝招妙招一般你问都是问不来的
农业	农资营销实战全指导 张博 著	农资如何向"深度营销"转型,从理论到实践进行系统剖析,经验资深	朴实、使用! 不可多得的农资营销实战指导
	农产品营销第一书 胡浪球 著	从农业企业战略到市场开拓、营销、品牌、模式等	来源于实践中的思考,有启发
	变局下的农牧企业发展9大成长策略 彭志雄 著	食品安全、纵向延伸、横向联合、品牌建设……	唯一的农牧企业经营实操的书,农牧企业一定要看

医药	新医改下的医药营销与团队管理 史立臣 著	探讨新医改对医药行业的系列影响和医药团队管理	帮助理清思路,有一个框架
	医药营销与处方药学术推广 马宝琳 著	如何用医学策划把"平民产品"变成"明星产品"	有真货、讲真话的作者,堪称处方药营销的经典!
	新医改了,药店就要这样开 尚锋 著	药店经营、管理、营销全攻略	有很强的实战性和可操作性
	电商来了,实体药店如何突围 尚锋 著	电商崛起,药店该如何突围?本书从促销、会员服务、专业性、客单价等多重角度给出了指导方向	实战攻略,拿来就能用
	在中国,医药营销这样做:时代方略精选文集 段继东 主编	专注于医药营销咨询15年,将医药营销方法的精华文章合编,深入全面	可谓医药营销领域的顶尖著作,医药界读者的必读书
	OTC医药代表药店开发与维护 鄢圣安 著	要做到一名专业的医药代表,需要做什么、准备什么、知识储备、操作技巧等	医药代表药店拜访的指导手册,手把手教你快速上手
	引爆药店成交率1:店员导购实战 范月明 著	一本书解决药店导购所有难题	情景化、真实化、实战化
	引爆药店成交率2:经营落地实战 范月明 著	最接地气的经营方法全指导	揭示了药店经营的几类关键问题
	医药企业转型升级战略 史立臣 著	药企转型升级有5大途径,并给出落地步骤及风险控制方法	实操性强,有作者个人经验总结及分析
建材家居	建材家居营销实务 程绍珊 杨鸿贵 主编	价值营销运用到建材家居,每一步都让客户增值	有自己的系统、实战
	建材家居门店销量提升 贾同领 著	店面选址、广告投放、推广助销、空间布局、生动展示、店面运营等	门店销量提升是一个系统工程,非常系统、实战
	10步成为最棒的建材家居门店店长 徐伟泽 著	实际方法易学易用,让员工能够迅速成长,成为独当一面的好店长	只要坚持这样干,一定能成为好店长
	手把手帮建材家居导购业绩倍增:成为顶尖的门店店员 熊亚柱 著	生动的表现形式,让普通人也能成为优秀的导购员,让门店业绩长红	读着有趣,用着简单,一本在手、业绩无忧
	建材家居经销商实战42章经 王庆云 著	告诉经销商:老板怎么当、团队怎么带、生意怎么做	忠言逆耳,看着不舒服就对了,实战总结,用一招半式就值了
工业品	解决方案营销实战案例 刘祖轲 著	用10个真案例讲明白什么是工业品的解决方案式营销,实战、实用	有干货,真正操作过的才能写得出来
	变局下的工业品企业7大机遇 叶敦明 著	产业链条的整合机会、盈利模式的复制机会、营销红利的机会、工业服务商转型机会……	工业品企业还可以这样做,思维大突破
	工业品市场部实战全指导 杜忠 著	工业品市场部经理工作内容全指导	系统、全面、有理论、有方法,帮助工业品市场部经理更快提升专业能力
	工业品营销管理实务 李洪道 著	中国特色工业品营销体系的全面深化、工业品营销管理体系优化升级	工具更实战,案例更鲜活,内容更深化
	工业品企业如何做品牌 张东利 著	为工业品企业提供最全面的品牌建设思路	有策略、有方法、有思路、有工具
	丁兴良讲工业4.0 丁兴良 著	没有枯燥的理论和说教,用朴实直白的语言告诉你工业4.0的全貌	工业4.0是什么?本书告诉你答案
	大客户营销,好策略带动强执行 叶敦明 著	从业务开发、发起攻势、关系培育、职业成长四个方面,详述了大客户营销的精髓	满满的全是干货
	营销取胜靠订单:订单驱动下的工业品营销实践 唐道明 著	其实,所有的企业都在围绕着两个字在开展全部的经营和管理工作,那就是"订单"	开发订单、满足订单、扩大订单。本书全是实操方法,字字珠玑、句句干货,教你获得营销的胜利

	书名·作者	内容/特色	读者价值
金融	交易心理分析 （美）马克·道格拉斯 著 刘真如 译	作者一语道破赢家的思考方式，并提供了具体的训练方法	不愧是投资心理的第一书，绝对经典
	精品银行管理之道 崔海鹏 何屹 主编	中小银行转型的实战经验总结	中小银行的教材很多，实战类的书很少，可以看看
	支付战争 Eric M. Jackson 著 徐彬 王晓 译	PayPal创业期营销官，亲身讲述PayPal从诞生到壮大到成功出售的整个历史	激烈、有趣的内幕商战故事！了解美国支付市场的风云巨变
房地产	产业园区/产业地产规划、招商、运营实战 阎立忠 著	目前中国第一本系统解读产业园区和产业地产建设运营的实战宝典	从认知、策划、招商到运营全面了解地产策划
	人文商业地产策划 戴欣明 著	城市与商业地产战略定位的关键是不可复制性，要发现独一无二的"味道"	突破千城一面的策划困局

经营类：企业如何赚钱，如何抓机会，如何突破，如何"开源"

	书名·作者	内容/特色	读者价值
抓方向	让经营回归简单·升级版 宋新宇 著	化繁为简抓住经营本质：战略、客户、产品、员工、成长	经典，做企业就这几个关键点！
	公司由小到大要过哪些坎 卢强 著	老板手里的一张"企业成长路线图"	现在我在哪儿，未来还要走哪些路，都清楚了
	企业二次创业成功路线图 夏惊鸣 著	企业曾经抓住机会成功了，但下一步该怎么办？	企业怎样获得第二次成功，心里有个大框架了
	老板经理人双赢之道 陈明 著	经理人怎么选平台、怎么开局，老板怎样选/育/用/留	老板生闷气，经理人牢骚大，这次知道该怎么办了
	简单思考：AMT咨询创始人自述 孔祥云 著	著名咨询公司（AMT）的CEO创业历程中点点滴滴的经验与思考	每一位咨询人，每一位创业者和管理经营者，都值得一读
	企业文化的逻辑 王祥伍 黄健江 著	为什么企业绩效如此不同，解开绩效背后的文化密码	少有的深刻，有品质，读起来很流畅
	使命驱动企业成长 高可为 著	钱能让一个人今天努力，使命能让一群人长期努力	对于想做事业的人，'使命'是绕不过去的
思维突破	移动互联新玩法：未来商业的格局和趋势 史贤龙 著	传统商业、电商、移动互联，三个世界并存，这种新格局的玩法一定要懂	看清热点的本质，把握行业先机，一本书搞定移动互联网
	画出公司的互联网进化路线图：用互联网思维重塑产品、客户和价值 李蓓 著	18个问题帮助企业一步步梳理出互联网转型思路	思路清晰、案例丰富，非常有启发性
	重生战略：移动互联网和大数据时代的转型法则 沈拓 著	在移动互联网和大数据时代，传统企业转型如同生命体打算与再造，称之为"重生战略"	帮助企业认清移动互联网环境下的变化和应对之道
	创造增量市场：传统企业互联网转型之道 刘红明 著	传统企业需要用互联网思维去创造增量，而不是用电子商务去转移传统业务的存量	教你怎么在"互联网+"的海洋中创造实实在在的增量
	7个转变，让公司3年胜出 李蓓 著	消费者主权时代，企业该怎么办	这就是互联网思维，老板有能这样想，肯定倒不了
	跳出同质思维，从跟随到领先 郭剑 著	66个精彩案例剖析，帮助老板突破行业长期思维惯性	做企业竟然有这么多玩法，开眼界
	麻烦就是需求 难题就是商机 卢根鑫 著	如何借助客户的眼睛发现商机	什么是真商机，怎么判断、怎么抓，有借鉴
	互联网+"变"与"不变"：本土管理实践与创新论坛集萃·2016 本土管理实践与创新论坛 著	加速本土管理思想的孕育诞生，促进本土管理创新成果更好地服务企业、贡献社会	各个作者本年度最新思想，帮助读者拓宽眼界、突破思维

管理类：效率如何提升，如何实现经营目标，如何"节流"

	书名．作者	内容/特色	读者价值
通用管理	1. 让管理回归简单．升级版 2. 让经营回归简单．升级版 3. 让用人回归简单 宋新宇 著	宋博士的"简单"三部曲，影响20万读者，非常经典	被读者热情地称作"中小企业的管理圣经"
	边干边学做老板 黄中强 著	创业20多年的老板，有经验、能写、又愿意分享，这样的书很少	处处共鸣，帮助中小企业老板少走弯路
	阿米巴经营的中国模式 李志华 著	让员工从"要我干"到"我要干"，价值量化出来	阿米巴在企业如何落地，明白思路了
	阿米巴中国落地实践三部曲之科学划分阿米巴 胡八一 著	重点讲解如何科学划分阿米巴单元，阐述划分的实操要领、思路、方法、技术与工具	最大限度减少"推行风险"和"摸索成本"，利于公司成功搭建适合自身的个性化阿米巴经营体系
	欧博心法：好管理靠修行 曾伟 著	用佛家的智慧，深刻剖析管理问题，见解独到	如果真的有'中国式管理'，曾老师是其中标志性人物
流程管理	1. 用流程解放管理者 2. 用流程解放管理者2 张国祥 著	中小企业阅读的流程管理、企业规范化的书	通俗易懂，理论和实践的结合恰到好处
	跟我们学建流程体系 陈立云 著	畅销书《跟我们学做流程管理》系列，更实操，更细致，更深入	更多地分享实践，分享感悟，从实践总结出来的方法论
战略落地	公司大了怎么管：从靠英雄到靠组织 AMT 金国华 著	第一次详尽阐释中国快速成长型企业的特点、问题及解决之道	帮助快速成长型企业领导及管理团队理清思路，突破瓶颈
	低效会议怎么改：每年节省一半会议成本的秘密 AMT 王玉荣 著	教你如何系统规划公司的各级会议，一本工具书	教会你科学管理会议的办法
	年初订计划，年尾有结果：战略落地七步成诗 AMT 郭晓 著	7个步骤教会你怎么让公司制定的战略转变为行动	系统规划，有效指导计划实现
企业案例·老板传记	宗：一位制造业企业家的思考 杨涛 著	1993年创业，引领企业平稳发展20多年，分享独到的心得体会	难得的一本老板分享经验的书
	简单思考：AMT 咨询创始人自述 孔祥云 著	著名咨询公司（AMT）的CEO创业历程中点点滴滴的经验与思考	每一位咨询人，每一位创业者和管理经营者，都值得一读
	六个核桃凭什么：从0过100亿 张学军 著	首部全面揭秘养元六个核桃裂变式成长的巨著	学习优秀企业的成长路径，了解其背后的理论体系
	三四线城市超市如何快速成长：解密甘雨亭 IBMG 国际商业管理集团 著	国内外标杆企业的经验＋本土实践量化数据＋操作步骤、方法	通俗易懂，行业经验丰富，宝贵的行业量化数据，关键思路和步骤
	中国首家未来超市：解密安徽乐城 IBMG 国际商业管理集团 著	本书深入挖掘了安徽乐城超市的试验案例，为零售企业未来的发展提供了一条可借鉴之路	通俗易懂，行业经验丰富，宝贵的行业量化数据，关键思路和步骤
	借力咨询：德邦成长背后的秘密 官同良 王祥伍 著	讲述德邦是如何借助咨询公司的力量进行自身与发展的	来自德邦内部的第一线资料，真实、珍贵，令人受益匪浅
人力资源	回归本源看绩效 孙波 著	让绩效回顾"改进工具"的本源，真正为企业所用	确实是来源于实践的思考，有共鸣
	曹子祥教你做绩效管理 曹子祥 著	复杂的理论通俗化，专业的知识简单化，企业绩效管理共性问题的解决方案	轻松掌握绩效管理
	把招聘做到极致 远鸣 著	作为世界500强高级招聘经理，作者数十年招聘经验的总结分享	带来职场思考境界的提升和具体招聘方法的学习
	人才评价中心．超级漫画版 邢雷 著	专业的主题，漫画的形式，只此一本	没想到一本专业的书，能写成这效果

人力资源	走出薪酬管理误区 全怀周 著	剖析薪酬管理的8大误区,真正发挥好枢纽作用	值得企业深读的实用教案
	集团化人力资源管理实践 李小勇 著	对搭建集团化的企业很有帮助,务实,实用	最大的亮点不是理论,而是结合实际的深入剖析
	我的人力资源咨询笔记 张伟 著	管理咨询师的视角,思考企业的HR管理	通过咨询师的眼睛对比很多企业,有启发
	本土化人力资源管理8大思维 周剑 著	成熟HR理论,在本土中小企业实践中的探索和思考	对企业的现实困境有真切体会,有启发
	HRBP是这样炼成的之"菜鸟起飞" 新海 著	以小说的形式,具体解析HRBP的职责,应该如何操作,如何为业务服务	实践者的经验分享,内容实务具体,形式有趣
企业文化	华夏基石方法:企业文化落地本土实践 王祥伍 谭俊峰 著	十年积累、原创方法、一线资料,和盘托出	在文化落地方面真正有洞察,有实操价值的书
	企业文化的逻辑 王祥伍 著	为什么企业之间如此不同,解开绩效背后的文化密码	少有的深刻,有品质,读起来很流畅
	企业文化激活沟通 宋杼宸 安琪 著	透过新任HR总经理的眼睛,揭示出沟通与企业文化的关系	有实际指导作用的文化落地读本
	在组织中绽放自我:从专业化到职业化 朱仁健 王祥伍 著	个人如何融入组织,组织如何助力个人成长	帮助企业员工快速认同并投入到组织中去,为企业发展贡献力量
	企业文化定位·落地一本通 王明胤 著	把高深枯燥的专业理论创建成一套系统化、实操化、简单化的企业文化缔造方法	对企业文化不了解,不会做?有这一本从概念到实操,就够了
生产管理	高员工流失率下的精益生产 余伟辉 著	中国的精益生产必须面对和解决高员工流失问题	确实来源于本土的工厂车间,很务实
	车间人员管理那些事儿 岑立聪 著	车间人员管理中处理各种"疑难杂症"的经验和方法	基层车间管理者最闹心、头疼的事,'打包'解决
	1. 欧博心法:好管理靠修行 2. 欧博心法:好工厂这样管 曾伟 著	他是本土最大的制造业管理咨询机构创始人,他从400多个项目、上万家企业实践中锤炼出的欧博心法	中小制造型企业,一定会有很强的共鸣
	欧博工厂案例1:生产计划管控对话录 欧博工厂案例2:品质技术改善对话录 欧博工厂案例3:员工执行力提升对话录 曾伟 著	最典型的问题、最详尽的解析,工厂管理9大问题27个经典案例	没想到说得这么细,超出想象,案例很典型,照搬都可以了
	苦中得乐:管理者的第一堂必修课 曾伟 编著	曾伟与师傅大愿法师的对话,佛学与管理实践的碰撞,管理禅的修行之道	用佛学最高智慧看透管理
	比日本工厂更高效1:管理提升无极限 刘承元 著	指出制造型企业管理的六大积弊;颠覆流行的错误认知;掌握精益管理的精髓	每一个企业都有自己不同的问题,管理没有一剑封喉的秘笈,要从现场、物物、现实出发
	比日本工厂更高效2:超强经营力 刘承元 著	企业要获得持续盈利,就要开源和节流,即实现销售最大化,费用最小化	掌握提升工厂效率的全新方法
	比日本工厂更高效3:精益改善力的成功实践 刘承元 著	工厂全面改善系统有其独特的目的取向特征,着眼于企业经营体质(持续竞争力)的建设与提升	用持续改善力来飞速提升工厂的效率,高效率能够带来意想不到的高效益
	3A顾问精益实践1:IE与效率提升 党新民 苏迎斌 蓝旭日 著	系统的阐述了IE技术的来龙去脉以及操作方法	使员工与企业持续获利

	书名·作者	内容/特色	读者价值
员工素质提升	跟老板"偷师"学创业 吴江萍 余晓雷 著	边学边干，边观察边成长，你也可以当老板	不同于其他类型的创业书，让你在工作中积累创业经验，一举成功
	销售轨迹：一位快消品营销总监的拼搏之路 秦国伟 著	本书讲述了一个普通销售员打拼成为跨国企业营销总监的真实奋斗历程	激励人心，给广大销售员以力量和鼓舞
	在组织中绽放自我：从专业化到职业化 朱仁健 王祥伍 著	个人如何融入组织，组织如何助力个人成长	帮助企业员工快速认同并投入到组织中去，为企业发展贡献力量
	企业员工弟子规：用心做小事，成就大事业 贾同领 著	从传统文化《弟子规》中学习企业中为人处事的办法，从自身做起	点滴小事，修养自身，从自身的改善得到事业的提升
	手把手教你做顶尖企业内训师：TTT 培训师宝典 熊亚柱 著	从课程研发到现场把控、个人提升都有涉及，易读易懂，内容丰富全面	想要做企业内训师的员工有福了，本书教你如何抓住关键，从入门到精通

营销类：把客户需求融入企业各环节，提供"客户认为"有价值的东西

	书名·作者	内容/特色	读者价值
营销模式	变局下的营销模式升级 程绍珊 叶宁 著	客户驱动模式、技术驱动模式、资源驱动模式	很多行业的营销模式被颠覆，调整的思路有了！
	卖轮子 科克斯【美】	小说版的营销学！营销理念巧妙贯穿其中，贵在既有趣，又有深度	经典、有趣！一个故事读懂营销精髓
	弱势品牌如何做营销 李政权 著	中小企业虽有品牌但没名气，营销照样能做的有声有色	没有丰富的实操经验，写不出这么具体、详实的案例和步骤，很有启发
	老板如何管营销 史贤龙 著	高段位营销16招，好学好用	老板能看，营销人也能看
	动销：产品是如何畅销起来的 吴江萍 余晓雷 著	真真切切告诉你，产品究竟怎么才能卖出去	击中痛点，提供方法，你值得拥有
组织和团队	升级你的营销组织 程绍珊 吴越舟 著	用"有机性"的营销组织替代"营销能人"，营销团队变成"铁营盘"	营销队伍最难管，程老师不愧是营销第1操盘手，步骤方法都很成熟
	用数字解放营销人 黄润霖 著	通过量化帮助营销人员提高工作效率	作者很用心，很好的常备工具书
	成为优秀的快消品区域经理 伯建新 著	37个"怎么办"分析区域经理的工作关键点	可以作为区域经理的'速成催化器'
	一位销售经理的工作心得 蒋军 著	一线营销管理人员想提升业绩却无从下手时，可以看看这本书	一线的真实感悟
	快消品营销：一位销售经理的工作心得2 蒋军 著	快消品、食品饮料营销的经验之谈，重点突出	来源于实战的精华总结
	销售轨迹：一位快消品营销总监的拼搏之路 秦国伟 著	本书讲述了一个普通销售员打拼成为跨国企业营销总监的真实奋斗历程	激励人心，给广大销售员以力量和鼓舞
	用营销计划锁定胜局：用数字解放营销人2 黄润霖 著	全方位教你怎么做好营销计划，好学好用真简单	照搬套用就行，做营销计划再也不头痛
	快消品营销人的第一本书：从入门到精通 刘雷 伯建新 著	快消行业必读书，从入门到专业	深入细致，易学易懂
营销案例	解决方案营销实战案例 刘祖轲 著	用10个真案例讲明白什么是工业品的解决方案式营销，实战、实用	有干货、真正操作过的才能写得出来
	招招见销量的营销常识 刘文新 著	如何让每一个营销动作都直指销量	适合中小企业，看了就能用

	书名·作者	内容/特色	读者价值
营销案例	我们的营销真案例 联纵智达研究院 著	五芳斋粽子从区域到全国/诺贝尔瓷砖门店销量提升/利豪家具出口转内销/汤臣倍健的营销模式	选择的案例都很有代表性,实在、实操!
	中国营销战实录:令人拍案叫绝的营销真案例 联纵智达 著	51个案例,42家企业,38万字,18年,累计2000余人次参与……	最真实的营销案例,全是一线记录,开阔眼界
	双剑破局:沈坤营销策划案例集 沈坤 著	双剑公司多年来的精选案例解析集,阐述了项目策划中每一个营销策略的诞生过程,策划角度和方法	一线真实案例,与众不同的策划角度令人拍案叫绝,受益匪浅
产品	产品炼金术Ⅰ:如何打造畅销产品 史贤龙 著	满足不同阶段、不同体量、不同行业企业对产品的完整需求	必须具备的思维和方法,避免在产品问题上走弯路
	产品炼金术Ⅱ:如何用产品驱动企业成长 史贤龙 著	做好产品,关注产品的品质,就是企业成功的第一步	必须具备的思维和方法,避免在产品问题上走弯路
	新产品开发管理,就用IPD 郭富才 著	10年IPD研发管理咨询总结,国内首部IPD专业著作	一本书掌握IPD管理精髓
品牌	中小企业如何建品牌 梁小平 著	中小企业建品牌的入门读本,通俗、易懂	对建品牌有了一个整体框架
	采纳方法:破解本土营销8大难题 朱玉童 编著	全面、系统、案例丰富、图文并茂	希望在品牌营销方面有所突破的人,应该看看
	中国品牌营销十三战法 朱玉童 编著	采纳20年来的品牌策划方法,同时配有大量的案例	众包方式写作,丰富案例给人启发,极具价值
	今后这样做品牌:移动互联时代的品牌营销策略 蒋军 著	与移动互联紧密结合,告诉你老方法还能不能用,新方法怎么用	今后这样做品牌就对了
	中小企业如何打造区域强势品牌 吴之 著	帮助区域的中小企业打造自身品牌,如何在强壮自身的基础上往外拓展	梳理误区,系统思考品牌问题,切实符合中小区域品牌的自身特点进行阐述
渠道通路	快消品营销与渠道管理 谭长春 著	将快消品标杆企业渠道管理的经验和方法分享出来	可口可乐、华润的一些具体的渠道管理经验,实战
	传统行业如何用网络拿订单 张进 著	给老板看的第一本网络营销书	适合不懂网络技术的经营决策者看
	采纳方法:化解渠道冲突 朱玉童 编著	系统剖析渠道冲突,21个渠道冲突案例、情景式讲解,37篇讲义	系统、全面
	学话术 卖产品 张小虎 著	分析常见的顾客异议,将优秀的话术模块化	让普通导购员也能成为销售精英
	向高层销售:与决策者有效打交道 贺兵一 著	一套完整有效的销售策略	有工具,有方法,有案例,通俗易懂
	通路精耕操作全解:快消品20年实战精华 周俊 陈小龙 著	通路精耕的详细全解,每一步的具体操作方法和表单全部无保留提供	康师傅二十年的经验和精华,实践证明的最有效方法,教你如何主宰通路

思想·文化

	书名·作者	内容/特色	读者价值
思想·文化	史幼波中庸讲记(上下册) 史幼波 著	全面、深入浅出地揭示儒家中庸文化的真谛	儒释道三家思想融汇贯通
	史幼波心经讲记(上下册) 史幼波 著	句句精讲,句句透彻,佛法经典的多角度阐释	通俗易懂,将深刻的教理以浅显的语言讲出来
	史幼波大学讲记 史幼波 著	用儒释道的观点阐释大学的深刻思想	一本书读懂传统文化经典
	史幼波《周子通书》《太极图说》讲记 史幼波 著	把形而上的宇宙、天地,与形而下的社会、人生、经济、文化等融合在一起	将儒家的一整套学修系统融合起来